# コーチング バレーボール
## 基礎編

公益財団法人
**日本バレーボール協会** 編

Coaching Volleyball

世界に通じるバレーボール選手の技術・戦術・体力は、ジュニア・ユース期に培われる。しかしながら、この時期の選手をどんなに一生懸命指導したとしても、それが確かな理論に裏打ちされたものでなければ、かえって上達を妨げたり、時には間違った技術を習得したりすることもある。その意味で、経験だけに頼る指導ではなく、科学的根拠に基づくコーチングが追究されなければならない。本書は、バレーボールの指導に必要なコーチング理論、発育発達の科学、基本技術とその指導法、システムと戦術、ゲームマネジメントなどを体系的にまとめた、新時代のコーチング・バイブルである。

大修館書店

# はじめに

　今日の日本のスポーツは分化の時代を迎え、スポーツ活動に参加する人の楽しみ方も多様化しています。自らプレイすることに加えて、試合会場に足を運んで観戦したり、ボランティアスタッフとして大会運営を支援したりする楽しみが広がりつつあります。このようなスポーツ文化の中でも、バレーボールはネット競技の中で唯一、仲間とともに力を合わせてボールをつなぎ、"心をつなぐ"素晴らしいスポーツです。競技として親しまれるだけでなく、人々の交流を促し、健康を増進し、さらには人生に彩りを添える国民的スポーツとして、多くの人々に認められてきました。

　私たちには、このような魅力溢れるバレーボール文化を受け継いで、次の世代につないでいく責任があります。老若男女問わず多くの人々に、「する」だけでなく、「知る」「観る」という側面からもバレーボールへの理解と興味を持ってもらい、生涯にわたってバレーボールというスポーツに親しむことができように導く必要があります。

　この「導く」という観点から考えるとき、正しい知識を持った指導者の存在が重要です。指導者は、バレーボールの楽しさ・素晴らしさを直接伝え、広めることができる唯一の存在だからです。であればこそ、高いコミュニケーション能力や多くの社会的スキルが求められます。加えてこれからの指導者には、コーチングの専門家として、発育発達に適した練習内容と練習量、科学的根拠に裏打ちされた体力トレーニング、チームや個人のレベルに合った最適な練習方法の適用が求められます。

　このような要請に呼応した形で、『コーチングバレーボール（基礎編）』は編まれました。日本バレーボール協会と日本バレーボール学会が協働し、それぞれの英知を結集して体系的に整理した成果がここに結実しています。スポーツ医科学の知識を生かし、年齢・性別・技能レベルに合わせて「安全に、正しく、楽しく」指導し、バレーボールの「本質的な楽しさ、素晴らしさ」を伝え、競技力向上の基礎を培うことに役立つ幅広い内容が盛り込まれています。

　人間の脳には、「楽しい」と感じたことを繰り返そうとする働きがあり、数々の成功体験を通して、創造と工夫が活発に働きながら、好循環のなかで上達のスパイラルを生み出すと言われています。バレーボールのコーチングを通して、選手と成長の喜びを共有し、最終的には相互の人間的成長が成し遂げられることを期待しております。本書が、バレーボールを通した人間教育を進める指針の一助になればと願っています。

2017年1月

公益財団法人日本バレーボール協会<br>
会長　木村憲治

## 編集にあたって

### 【改訂に至る経緯】

　これまで日本バレーボール協会（以下、JVA）では、多くのバレーボール指導者のコーチングの指針として、『バレーボール指導教本』及び『バレーボールコーチ教本』の2冊を、その時々に応じて適時加筆修正を加えながら世に送り出してきた。この両教本の発刊には、我が国におけるスポーツ指導者養成事業の構想が大きく関わってきた、という経緯がある。

＊

　時代を遡ることおよそ40年。1977年に、財団法人日本体育協会では、指導者の役割に応じた資格認定と指導体制の確立を目的として「公認スポーツ指導者制度」を制定した。そして、加盟競技団体等と一致協力して、この新たな発想のもとに共通科目と専門科目を学ぶ「スポーツ指導員」「コーチ」「上級コーチ」の養成を開始している。

　時を同じくして、JVAでは、当時の中心的指導者陣が筆を執った『バレーボール指導教本』を1977年4月に発刊し、上記制度の専門科目講習の一翼を担うこととなった。後に、この「財団法人日本体育協会公認スポーツ指導者制度」は、文部大臣の告示「社会体育指導者の知識・技能審査事業に関する規程」（1987年、文部大臣認定制度の創設）に基づく制度へと改訂されている。

　この新しい認定制度の意図を酌む形で、『バレーボール指導教本』に必要な改訂が施され、『新訂バレーボール指導教本』として1988年10月に発行されている。翌年の1989年5月には『バレーボール・コーチ教本』が刊行され、中級指導者向け講習用教本として活用された。

　その後、公益法人に関する行政の関与のあり方が見直されたことによって、2005年末には国の「スポーツ指導者の知識・技能審査事業の認定に関する規程」が廃止されるにいたる。いわゆる「お墨付き」がなくなったことに伴って、「公益財団法人日本体育協会公認スポーツ指導者制度」も改訂された。時期をほぼ同じくして、「新訂」を削除した2回目の改訂版として、新しく『バレーボール指導教本』が発行（2004年6月）され、次いでコーチ教本の改訂版である『最新　バレーボールコーチ教本』が2005年7月に上梓され、今日まで多くの指導者に活用されてきた。

＊

　このように、その時々の日本のバレーボール界を代表する識者たちの理論と知識を結集してまとめ上げられてきた両教本ではあるが、直近の発行から既に10年以上の年月が過ぎ去ってしまった。加えて、今日におけるスポーツ科学の学問的発展は目覚ましく、新しい研究知見が

日々蓄積されてきている。もはや、我々指導者には立ち止まって過去を眺めている余裕はなく、常に未来志向で最新科学に立脚したコーチング諸理論を学び続けることが求められている。

さらに2013年、スポーツ指導において暴力を行使する事案が明らかになったことを受け、文部科学省では「スポーツ指導者の資質能力向上のための有識者会議（タスクフォース）」を設置して、「新しい時代にふさわしいスポーツの指導法」の在り方について報告書を取りまとめた。その中では「新しい時代にふさわしいコーチング」として「競技者やスポーツそのものの未来に責任を負う社会的な活動」であると捉え、今後取り組むべき具体的な課題を提言している。

この提言を受けて日本体育協会では、スポーツ指導者に求められる基本的資質（志向・態度・行動・知識・技能）の検討を開始し、2015年にはコーチが育成過程においてこれを確実に習得することができるよう「モデル・コア・カリキュラム」を作成し、報告している。今後、この「モデル・コア・カリキュラム」は大学教育やスポーツ指導者資格制度への導入によって、現在や未来のすべてのコーチが学ぶことができるように普及・啓発を図ることが検討されている。

このような我が国におけるスポーツ環境の急速な変化に思いを巡らせる時、刊行から10年が過ぎた現行本の内容に全面的な改訂を加えることが喫緊の課題として意識された。このような問題意識のもと、改訂作業に着手したのが2014年11月のことである。

そもそも、指導教本とコーチ教本のこれまでの経緯を踏まえると、競技の統括団体であるJVAが主体となって改訂作業を進めることは勿論である。一方で、バレーボールに関する科学研究の成果が日本バレーボール学会（以下、JSVR；1995年設立）を中心に蓄積されてきている。

そのため、改訂作業に着手するに際しては、指導者養成事業を統括する下山隆志JVA国内事業本部長に諮り、改訂作業へのJVAとしての了解を戴くとともに、日本バレーボール学会会長（当時）の立場から筆者がこの任の先鞭をつけることとなった。ここに、JVAとJSVR双方の理解と協力により、新しい協働体制の足場が整えられたことは、実に画期的であったといえる。

## 【編集に関する基本的な考え方】

前述のような経緯を経て、JVAにおいて指導者養成事業を直轄する亀ヶ谷純一指導普及委員長に諮り、JVAとJSVRの双方から編集委員を選出して改訂作業を進めることにした。その結果、JVA指導普及委員会からは亀ヶ谷純一、積山和明、緒方良、蓮一臣、橋爪裕の5名が、

JSVRからは、河合学、湯澤芳貴、松井泰二、吉田清司、小柳好生、田中博史、橋本吉登、遠藤俊郎の8名が加わり、計13名のメンバーで編集委員会を構成し、筆者が編集委員長を務めることとなった。

　編集会議では、各競技の教本の内容も参考にしながら、各章各節の執筆内容を吟味し、そこでのねらいや基本的内容を確認した。そして、各編集委員には、割り当てられた担当章に関して、自らの執筆作業に加えて、適切な執筆者の選定と執筆原稿の推敲・管理などの編集作業が付託された。

　とはいえ、編集に際しては、これまでの指導教本の方針――バレーボールの基本的・基礎的指導に関する内容に重点を置く――が変更されたわけではない。すなわち、先達の理念を充分に尊重し、それに加えて可能な限り科学研究のデータと知見を基盤に編集しようとした。そのため、執筆に当たっては、必ず最新の科学的根拠（エビデンス）を基にして論述されること、読者の理解が深まるように図表や写真をできるだけ多く用いるようにすること、などの徹底を図った。また、書名についても、「新しい時代にふさわしいコーチング」というテーマを踏まえて、『コーチングバレーボール（基礎編）』と題して世に問うことにした。

　したがって、各競技レベルの指導者のコーチングを支える豊かな内容に仕上がったと自負している。JVAの各種スポーツ指導者の講習会で教科書として利用され、また、大学でのバレーボールの実技やコーチング理論などの授業でも参考書として活用されることを期待している。本書がコーチ、プレイヤーを問わず参照され、一人でも多くのバレーボーラーの座右にあって頼りになる一冊となれば、直接編集に関わった者として、この上ない喜びである。

　なお、本書は各章に編集担当者を立て、執筆原稿の推敲を行ってはいるものの、「十分」と言い切るほど自分たちの編集能力を過信してはいない。今後は読者の皆さんのご批判・ご指摘を期待したい。

　最後になったが、このような方針と2年越しの編集作業の結果、今日ここに『コーチングバレーボール（基礎編）』としてようやく日の目を見ることができた。これも偏に我々編集委員の拙い編集作業を温かく見守ってくださった大修館書店川口修平氏のご厚情の賜物と心より感謝申し上げる。加えて、十分な執筆時間もない中、真摯にご対応された執筆者各位、さらには編集に多大な労力を割いてくれた編集委員会の各メンバーのご尽力には、適切な感謝の言葉も見つからない。

　特にJVA木村憲治会長には、ご多忙の折にもかかわらず本書の発刊に際してお言葉を寄せて頂いた。本書の果たす責任の大きさを痛感するとともに、JVAにおけるJSVRへの認知の高さ、期待の大きさを光栄に思うところである。

本書は、競技団体としてのJVAと学術団体としてのJSVRの協働体制の中で結実した果実である。しかし、これはまだJVAとJSVRのコラボレイトの最初の収穫に過ぎない。今後は2歩、3歩と共に歩みを進めていき、応用的・発展的指導に関する内容を踏まえた二度目の収穫期を迎えたいと考えている。バレーボールを心から愛する多くの読者の皆さんには、引き続き是非大きな関心を寄せて戴きたいと強く念願しているところである。

　2017年1月吉日

日本バレーボール協会評議員<br>
日本バレーボール学会名誉会長<br>
編集委員長　遠藤俊郎

コーチングバレーボール

目次

はじめに………iii
編集にあたって………iv
バレーボール用語の定義と解説………xviii

## 第1章　バレーボールを理解する　　　1

1‐1. バレーボールの誕生と発展の歴史………2
　1. バレーボールの誕生………2
　2. W・G・モーガンによる新しいスポーツの考案………3
　3. 「バレーボール」の名称誕生………3
　4. 初期のルール………4
　5. 世界への広がり………5
　6. 6人制の完成………5
　7. FIVBの設立………6
　8. オリンピック種目への道………6
　9. 日本におけるバレーボールの発展………7
　10. 戦術の変遷………8
　11. 日本におけるバレーボールの将来展望………9

1‐2. バレーボールの特性………10
　1. ゲームの特性………10
　2. さまざまなバレーボール………11
　　9人制バレーボール…11　ビーチバレーボール…11　ソフトバレーボール…11
　　障がい者バレーボール…12
　3. 技術構造………12
　　アタック…12　ブロック…12　サーブ…13　パス…13　セット…13
　4. 体力要素………14
　　スポーツ種目と体力特性…14　バレーボールに求められる体力要素…15

  1-3. バレーボール用語の変遷………16
   1. バレーボール用語の成り立ち………16
   2. 戦術の変遷と用語の変化………17
    スパイク…17 ブロック…17 サーブ…17 ノンスコアリングスキル…18
    ポジション…18

  1-4. バレーボールを取り巻く各種組織………19
   1. 日本バレーボール協会………19
    歴史…19 組織…20 現状と課題…20
   2. 日本バレーボール協会傘下のさまざまな連盟………22
   3. 国際バレーボール連盟………24
   4. 学術団体:日本バレーボール学会………24

  1-5. バレーボールに関する指導者養成制度………25
   1. 日本バレーボール協会公認指導者資格………25
    公認講師…26 ソフトバレーボールリーダー…26 ソフトバレーボールマスターリーダー…27 準指導員…27 公認スポーツ指導者養成競技別講習会講師…27
   2. 日本体育協会公認指導者資格の種類………27
    日本体育協会公認バレーボール指導員…27 日本体育協会公認バレーボール上級指導員…30 日本体育協会公認バレーボールコーチ…31 日本体育協会公認バレーボール上級コーチ…31 日本体育協会公認マスター認定指導者…31 その他日本体育協会公認資格…32
   3. 国際バレーボール連盟(FIVB)公認資格………32

## 第2章　バレーボールの基礎的コーチングを理解する　　33

 2-1. コーチングに必要な基本的態度………34
  1. 文部科学省の提言——新しい時代にふさわしいコーチング………34
   コーチングとコーチ…35 次世代を担うコーチングのあり方…35 コーチングに必要な知識と技能…35 子供に対するコーチング…36
  2. 「グッドコーチに向けた『7つの提言』」………36
  3. グッドプレイヤー・グッドコーチ………37
   グッドプレイヤー像…37 グッドコーチ像…37
  4. スポーツ指導者の倫理——倫理に反する行動や言動………38
   人道に反する行為や暴力…38 その他の反社会的行為…38 倫理に反する指導者にな

　　　　らないために...39
　5. スポーツの類別とその役割………39
　　　　学校体育・スポーツ...39　競技スポーツ...39　生涯スポーツ...39
　6. バレーボール指導者の役割………39
　　　　学校体育・スポーツの指導者...39　競技スポーツの指導者...40
　　　　生涯スポーツの指導者...40

2-2. うまくなるための理論の理解──運動学習理論とコーチング、動機づけ理論………42
　1. 「コーチ」とは………42
　2. 「うまくなること」と運動学習の関係………42
　3. 運動学習理論の関連モデル………43
　　　　目標の提示による「動機づけ」...44　ゲームライクドリルの工夫...44　情報フィード
　　　　バックの活用...44　反応回数の確保...45
　4. 運動学習理論を活かしたコーチングの実際………45
　5. 意欲を喚起する指導を考える………48
　　　　「型」の文化からの脱却...48　「禁止」と「奨励」のバランス感覚...48
　　　　怒るより褒めよう...49

2-3. チームマネジメントの基礎………50
　1. チームの構成………50
　2. チームの経営………51
　3. チームの組織構造（バレーボールチームにおけるライン―スタッフ組織）………52
　4. 指導計画の立案………53
　　　　目標の設定...53　指導計画立案にあたっての留意事項...54　計画の種類...54
　　　　期間計画...55　チームの成長...55　PDCAサイクル...56

## 第3章　子供たちを理解する──バレーボールに必要な発育発達理論とトレーニング理論　　57

3-1. 体力面から子供を理解する………58
　1. スキャモンの発育発達………58
　2. 発育発達と運動能力、体力との関係………59
　3. 発育発達とトレーニングとの関係………60
　4. 発育発達からみたトレーニングの指導………61
　　　　プレ・ゴールデンエイジ（5-8歳）...61　ゴールデンエイジ（9-12歳）...62　ポスト・ゴー
　　　　ルデンエイジ（13-16歳）...63　インディペンデントエイジ（17歳〜）...63

### 3-2. 心理面から子供を理解する………65
1. 子供の心理面の発育発達………65
2. 運動経験と子供の成長………66
3. 子供の心理面の発育発達と運動指導上の留意点………67
4. 子供のモニタリング………68

### 3-3. フィジカル面の基礎的トレーニング理論………70
1. トレーニングの4つの原理………70
2. トレーニングの5つの原則………70
3. レジスタンストレーニングの導入………71
4. トレーニングの実際………72
   体幹の安定性の強化に主眼をおいたトレーニング...72　動作の習得に主眼をおいたトレーニング...74　着地動作の習得に主眼をおいたトレーニング...77　体幹の強化に主眼をおいたトレーニング...78　チューブやミニバンドを用いたトレーニング...80　自重負荷によるトレーニング...80

### 3-4. メンタル面の基礎的トレーニング理論………84
1. メンタルトレーニングの発達基盤………84
2. メンタルトレーニングは競技力向上に役立つか………85
3. 動機づけの相互作用モデル………85
4. 内発的動機づけと最適な心理状態………86
5. フロー：内発的動機づけにおける特別な現象………87

## 第4章　バレーボールの医学と栄養　　　89

### 4-1. 障害の発生機序とその部位………90
1. 指のケガ………90
   突き指...90
2. 肩のケガ………91
   肩関節痛...91　不安定肩（動揺肩）...92
3. 腰のケガ………92
   腰痛症...92　腰椎分離症...93
4. 膝のケガ………94
   オスグッド・シュラッター病...94　膝蓋骨脱臼・亜脱臼...94　半月板損傷...95　離断性骨軟骨損傷（炎）...95

5. 足関節、足のケガ………96
　　　　足関節捻挫…96　有痛性外脛骨障害…97　足趾疲労骨折…97　足底と踵の痛み…98

## 4-2. 障害の予防と救急処置──休養、テーピング等のコンディショニングを含む………99
　　1. ケガが起きたときの対応について………99
　　2. 応急処置の方法（例：足関節外側靱帯損傷）………100
　　3. スポーツ障害の予防………101
　　　　膝の痛み…101　肩の痛み…105
　　4. 水分補給………107
　　5. 休養（睡眠）について………107

## 4-3. バレーボール選手に必要な栄養素とその摂取量、摂取法………108
　　1. ジュニア期における食の重要性………108
　　2. バレーボールの競技特性と食事………109
　　3. 体と食べ物をつなぐ発想………110
　　　　骨…110　筋肉…111　血液…112　神経…112
　　4. 日常の食、選手としての食………113
　　　　朝食…114　昼食…114　夕食…114　補食…114
　　5. 食は栄養摂取だけが目的ではない………115

## 4-4. サプリメント活用の基礎知識………116
　　1. サプリメントとは？………116
　　2. サプリメントの分類………117
　　3. ジュニア期の選手とダイエタリーサプリメント………117
　　4. ジュニア期の選手とエルゴジェニックエイド………118
　　　　練習前・練習中の栄養補給はスポーツドリンクで…118　練習直後の栄養補給は「炭水化物」＋「たんぱく質」…119

# 第5章　バレーボールに必要な基本技術とその練習法　　121

## 5-1. 基本技術の考え方………122
## 5-2. サーブ………124
　　1. サーブの目的………124
　　2. サーブの動作原理………124
　　3. フローターサーブの基本技術………128
　　4. フローターサーブの練習方法………131

5 - 3. レセプション………133
  1. レセプションの目的………133
  2. レセプションの動作原理………134
     ヒット面の形成と上肢の使い方...134  目標方向への下肢の使い方...136  ボールの落下地点への移動...137  視線と姿勢の安定...139
  3. レセプションの動作チェックポイント………139
  4. レセプションの練習方法………140
5 - 4. セット………142
  1. セットの目的………142
  2. セットの動作原理………143
  3. セットの基本技術………144
     構え...144  セット姿勢...145
  4. セッターに必要なメンタリティー………147
  5. セッター育成の考え方………148
  6. セッティングの練習方法………148
     ステーショナリー練習...148  セッターを動かす練習...149  Go Against the Flow...150  組み合わせ例...150  ロングパス練習...151  ジャンプセットを取り入れる...152
  7. オーバーハンドパスはバレーボールの生命線………152
5 - 5. スパイク………153
  1. スパイクの目的………153
  2. スパイクの動作原理………153
     「跳ぶ」動作原理(助走つきジャンプ)...153  「打つ」動作原理...155
  3. スパイクの練習方法………158
5 - 6. ブロック………162
  1. ブロックの目的………162
  2. ブロックの動作原理………163
  3. ブロックの基本技術………165
     構え...165  移動とジャンプ...165  腕の出し方と視線...166  複数枚で跳ぶ...167
  4. ブロックの練習方法………167
     低いネットでの練習①...167  低いネットでの練習②...168  台を使った練習...168  通常のネットでの練習...169
  5. 基本技術習得のための確認事項………169
  6. ブロックのよい"バレー選手"をミドルブロッカーへ………170

5-7. ディグ………171
 1. ディグの目的………171
 2. ディグの動作原理………172
 3. ディグの基本………172
    ヒット面の形成…172　構えの位置どりおよび移動…173
 4. ディグの練習方法………175
    練習メニュー作成の考え方…175　ディグ練習の組み立て…176　ディグ練習例…176

## 第6章　戦術戦略の基礎──基本的ゲームマネジメント　　179

6-1. チーム構成、スターティングポジション………180
 1. チーム構成………180
 2. ポジションの特性………181
 3. スターティングポジション………181
 4. その他の留意事項………183
6-2. 戦術的にサーブを打つ………184
    サーブの段階的指導…184　サーブの考え方…185　サーブの遂行過程…186　サーブの特性…186　サーブの分類…186　戦術例…186
6-3. レセプションフォーメーションとカバーリング………187
 1. レセプションフォーメーションとは………187
 2. 基本的なレセプションフォーメーション………187
    Wフォーメーション…188　Mフォーメーション（1-2-3システム）…190
 3. 目的や役割分担を明確にしたレセプションフォーメーション………190
    Wフォーメーションの変形…191　相対的にレセプション能力が低い選手にレセプションをさせないフォーメーション…192　ファーストテンポの攻撃を重視したフォーメーション…192　バックアタック攻撃を重視したフォーメーション…192　レフトサイド（ライトサイド）からの攻撃が得意な選手がいる場合のフォーメーション…193　スパイクサーブに対するフォーメーション…193　リベロを中心としたフォーメーション…193
 4. レセプションにおけるカバーリング（相互協力）………194
    選手の動線からみたカバーリング…194　他の選手のレセプション後のカバーリング…194　フォーメーションにおける想定外のボールやサーブに対するカバーリング…194　ジャッジ（イン・アウトの判断）…195

## 6-4. アタックフォーメーションとカバーリング………196
1. アタックフォーメーションの考え方………196
2. 攻撃の種類………197
   コンタクト回数による攻撃の分類…197　セットの高さによる攻撃の分類…197
3. 複数選手によるアタックフォーメーション………199
   基本的なアタックフォーメーション…199　アタックフォーメーションの応用…199
4. アタックカバーフォーメーションとは………201
   相手ブロックに対応したフォーメーション…201　自チームアタックミスに対応したアタックカバー…202

## 6-5. ブロックフォーメーション………203
1. ブロックフォーメーションとは………203
2. ブロックの目的………204
3. ブロックの反応の種類………204
4. ブロックフォーメーション（シフト）の種類………205
5. ブロックフィメーション（シフト）の応用………206
6. サーブ前からブロック完了までの局面移行にリード・確認すべき内容………207

## 6-6. ディグフォーメーション………209
1. ディグフォーメーションとは………209
2. ベースポジションとリード（レディ）ポジション………210
3. ベースポジションの種類………210
   前衛3選手がブロッカーとして配置できる場合…210　ブロッカーの人数が2人、もしくは1人の場合のベースポジション…211
4. リード（レディ）ポジションへの移行とフォーメーション（シフト）の種類………212
   レフトサイドからの攻撃に対して…213　ライトサイドからの攻撃に対して…214　センターからの攻撃に対して…215
5. クイックと2段トス（ハイセット）に対するリード（レディ）ポジション………217
6. トータルディフェンスとしての考え方………218

## 6-7. 基礎的ゲーム管理論──戦術を考えた選手交代、タイムアウトの取り方………219
   レギュレーションを考える…219　自チームのメンバー構想について考える…219　相手チームのメンバー構想について考える…219　メンバーチェンジ構想…220　タイムアウト構想…220　ゲーム間におけるマネジメント…221

## 第7章　基本的なゲーム分析法　223

### 7-1. データ収集の基本的な考え方………224
1. バレーボールの競技特性およびゲーム構造を理解する………224
   バレーボールの競技特性について…224　バレーボールのゲーム構造について…225
2. データ収集・分析の方法について………227
   データ分析はなぜ必要か…227　目的によって分析方法は異なる…228　ゲーム分析の簡便な方法…228　プレイ局面と関連づけたパフォーマンスの分析…232
3. ゲーム分析に必要な基礎用語………234

### 7-2. ゲーム分析の実際………236
1. ゲーム分析におけるアナリストの役割………236
   アナリスト活動の概略…236　アナリストの役割…237　情報収集…237　情報の分析…238　情報の伝達…238　分析項目…238
2. ソフトを用いたゲーム分析の実際………240
   世界トップレベルのスタンダード「Data Volley」…240　Data Volleyを用いたゲーム分析の実際…240　高度情報化社会の中でのゲーム分析…242　無料でできるゲーム分析ツール…242

## 第8章　バレーボールの競技概要とルール　245

### 8-1. 基本的なルールの考え方と審判法の基礎………246
1. 基本的なルールの考え方………246
2. 審判法の基礎………249
   ルール適用の基本原則…249　審判技術…250　基本技術の習得…250　判定基準の確立…250

### 8-2. 競技会の運営とその管理………252
1. 大会概要の決定………252
2. 準備………253
3. 前日の準備………253
4. 代表者会議………254
5. 監督情報交換会………254
6. 当日の運営………254
7. 事後処理………255

## 付録　ゲーム分析の簡便な方法　　　257

1. 数値による分析………258
2. チャート(図)記録による分析………258
3. データ活用の方法………260
   初級：サーブとレセプションに関する分析…260　中級：サイドアウトに関する分析を加える…261　上級：ブレイクに関する分析を加える…261
4. ゲーム分析の注意点………262
   データの量を減らし、質を高める…262　データは「生もの」である…262

# バレーボール用語の定義と解説

■スコアリングスキル編

| 用　語 | 定義・解説〈関連語〉 |
|---|---|
| アタック（attack） | 相手コートへボールを返球するプレイの総称。　〈スパイク、パスアタック〉 |
| スパイク（spike） | ジャンプしてボールをたたくように打ち込むアタックのこと。　〈キル〉 |
| フェイント（tip, dink） | スパイクするとみせかけて、相手ブロックの後ろや横を狙ってゆるく返球するアタックのこと。　〈オフスピードショット〉 |
| バックアタック（back row attack） | 後衛の選手が打つアタックのこと。かつてはチーム内で攻撃力の突出した選手が後衛から打つプレイだったが、現代のバレーボールではバックアタック抜きで戦術を語ることができないほど重要なプレイとなっている。　〈バックスパイク、パイプ攻撃、ビック〉 |
| クイック（quick offense） | セットアップからボールヒットまでの経過時間が短いアタックのこと。セッターとアタッカーとの相対的な位置関係によりＡ〜Ｄクイックの４種に区分される。　〈速攻〉 |
| 時間差攻撃（time differential attack） | クイックをおとりとして、わずかにずらしたタイミングで打ち込むアタックのこと。Ａクイックのジャンプをしたミドルブロッカーをおとりにして、背後から回り込んだオポジットが打つパターンが多い。　〈一人時間差攻撃、パイプ攻撃〉 |
| パイプ攻撃（pipe） | 速攻であるＡクイックをおとりとして、ほぼ真後ろの後衛からバックアタックを行う時間差攻撃のこと。ブロッカーの間に１本の管（パイプ）を通すように風穴を開ける攻撃を意味する。　〈時間差攻撃、バックアタック〉 |
| ビック（bick） | 後衛のアタッカーが打つクイックのこと。前衛のクイックに入るアタッカーとはずれた場所で打つことから、前衛アタッカーと後衛アタッカーが行うダブルクイックといえる。　〈ダブルクイック、バックアタック〉 |
| シンクロ攻撃（synchronicity attack） | 相手ブロッカーよりも多い人数のアタッカーが、ほぼ同時に助走を開始し、セットアップ前のアタッカーの助走動作がシンクロする戦術的な攻撃のこと。　〈同時多発的攻撃〉 |
| ブロック（block） | 相手のスパイクを防ぐために、前衛選手がネット際でジャンプし、腕でネット上に壁を作るプレイのこと。 |
| バンチシフト（bunch shift） | コート中央付近に３人のブロッカーが集まるブロックシステムのこと。ブロッカーが束になってプレッシャーをかけようとする意図がある。 |
| スプレッドシフト（spread shift） | サイドブロッカーがそれぞれのアンテナ付近に広がるブロックシステムのこと。 |
| デディケートシフト（dedicate shift） | ３人のブロッカーを、重点的に左または右に片寄らせるブロックシステムのこと。相手チームの攻撃がレフト側やライト側に片寄っているときに有効。 |
| リードブロック（read block） | 相手チームのトスを確認してから反応するブロックの跳び方のこと。リードとは「見抜く」の意味で、推測（guess）を意味する「読み」ではない。トスをみてから跳ぶために振られることはないが、ブロックの完成は遅くなる。 |
| コミットブロック（commit block） | アタッカーの動きに合わせて反応するブロックの跳び方のこと。おもに相手のクイックをマークするブロッカーが用いる。 |
| サーブ（service） | バックライトの選手がエンドライン後方から相手チームへボールを打ち込むプレイのこと。 |
| ジャンプサーブ（jump serve） | ジャンプ動作をともなうサーブのこと。一般的にはスパイクサーブのことをさすが、無回転のジャンプフローターやふわりとネット際に落とすなど、近年は戦略性の高いサーブが多くなっている。 |
| スパイクサーブ（spike serve） | 助走からジャンプし、あたかもバックアタックのようなスパイク動作で打つジャンプサーブのこと。最近ではトップスピンだけでなく、サイドスピンをかけたり、あえてスピンをかけないで打つスパイクサーブもある。 |

■ノンスコアリングスキル編

| 用 語 | 定義・解説〈関連語〉 |
|---|---|
| パス（pass） | 味方の選手にボールを送り出す動作の総称。次にボールに触れる味方選手が受けやすいボールを送り出すことが基本となる。両手の指を使ってボールを送り出すオーバーハンドパスと、両手を組んで前腕でボールを送り出すアンダーハンドパスがある。 |
| レセプション（reception） | 相手チームのサーブを受ける動作のこと。一般的に使われる同義の用語はサーブレシーブが多いが、男子ではサーブカット、女子ではサーブキャッチという俗語も多く使われている。 |
| ディグ（dig） | 相手チームから飛んでくるボールを受ける動作のこと（レセプションを除く）。ディグとは砂を掘り返すようなフォームのことであり、アンダーハンドパスでボールを受ける動作から名づけられたが、オーバーハンドパスで受けてもディグである。ディグする選手をディガーという。〈スパイクレシーブ〉 |
| ダイビングレシーブ（dive） | 体を空中や床に投げ出してボールを受ける動作の総称。動作によってさまざまな名称で呼ばれている。基本的に体を犠牲にすることにより、より遠くのボールを受ける技術のため、基礎的な体力と技能がないと危険なプレイでもある。〈フライングレシーブ、スライディングレシーブ、回転レシーブ〉 |
| パンケーキ（pancake） | 片腕を床と平行に伸ばし、手のひらを床に付けて、手の甲でボールを受けるワンハンドレシーブのこと。食品のパンではなく、フライパンのパン（平鍋）を意味する。パンケーキをひっくり返すときに、ケーキの下にフライ返しを差し入れる動作に似ていることから、こう呼ばれるようになった。 |
| トータルディフェンス（total defense） | ブロックとフロアディフェンス（ディグ）が連携してボールを処理すること。ブロックによって相手のスパイクコースを限定してブロックのいない場所にディガーを配置したり、ブロッカーがワンタッチを取ってからディガーがボールを処理したりする。 |
| セット（set） | 味方にアタックを打たせるためのパスのこと。トスと呼ばれているが、欧米ではセットを使うことが多い。トスは「投げ上げる」という動作をさし、セットは「配置する」という意図を含む。近年のセッターを中心とした意図的・複雑な攻撃は、まさにセットによって展開される。 |
| セットアップ（set up） | セットする一連の動作のこと。構えから始まり、セット位置へ移動、準備のためのセット姿勢、両手でボールを受けるハンドリング、セット後のフォロースルーという動きが続く。一連の動きがスムーズにいけば安定したセットを上げることができる。 |
| ハイセット（high set） | コート後方やコート外など、セッターの定位置を大きく離れた場所からアタッカーに上げるセットのこと。日本では9人制時代にブロックのワンタッチの次の2本目で攻撃につなげたことから「二段トス」と呼ばれた。 |
| ダイレクトデリバリー（direct delivery） | 先に助走するアタッカーの打点に向かって直線的な軌道でセットを上げる方法のこと。アタッカーの最高到達点に向かって最短距離でボールを供給しようとする方法だが、タイミングを合わせることが難しい技術である。〈インダイレクトデリバリー〉 |

■ポジション編

| 用 語 | 定義・解説〈関連語〉 |
|---|---|
| ウィングスパイカー（wing spiker） | 基本的には外側（サイド）から攻撃を行う選手のこと。チームでもっとも攻撃力のあるアタッカーであり、レフトサイドから攻撃することが多い。〈レフトアタッカー、エースアタッカー、アウトサイドアタッカー〉 |
| ミドルブロッカー（middle blocker） | 真ん中（ミドル）からブロックに参加する選手のこと。〈センターブロッカー〉 |
| オポジット（opposite） | セッターの対角に位置する選手のこと。役割よりも位置としての意味合いが強く、役割としてはウィングスパイカーに近い。〈ライトアタッカー〉 |
| セッター（setter） | セットアップを専門に行う選手のこと。 |
| リベロ（libero） | 守備専門の選手のこと。スコアリングスキルを行うことが制限されている。後衛に位置するどの選手とも交代できる。〈リリーフレシーバー〉 |

VOLLEYBALL
COACHING THEORY

# 1章

## バレーボールを理解する

# 1-1 バレーボールの誕生と発展の歴史

## 1. バレーボールの誕生

　南北戦争（1861-1865）が終結した19世紀後半のアメリカでは、急速な産業の発展とともに都市化が進み、貧困、道徳の退廃、青少年の非行問題、環境の悪化などが深刻な社会問題となっていた。そのような社会から子供たちを守るために、初期段階ではボストンにサンドガーデン（砂場遊園）が作られ、自由で自発的な遊びができる環境を子供に与えることによって危険な場所から隔離するとともに、子供の健全な発達を促すことに成功した。

　その成功を機に、青少年に体育やスポーツ、レクリエーションの機会を提供する多くの団体が設立され、それが少年の犯罪や非行、劣悪な住居環境やスラム街におけるさまざまな問題に対応する防衛手段となっていった。その活動がアメリカ全土に広がると、砂場だけでなくブランコやシーソーなどの簡単な遊具が設置され、さらに球技などのスポーツが行える公園となり、市民に開放されることになった。

　こうして子供たちのために遊び場を作ることが目的で始まった「プレイグラウンド運動」はやがて「レクリエーション運動」へと発展し、多くのレクリエーションスポーツとともに普及していった。さらに、学校現場においても、自然環境の保全や子供をはじめ地域住民全体の健康維持に関心が高まり、レクリエーション指導者を養成するための支援にあたった。この時期のYMCA（Young Men's Christian Association：キリスト教青年会）ではその流れに乗って会員が増加すると同時に、体育指導員によりいくつかのレクリエーションスポーツが考案された。その代表がバスケットボールとバレーボールである。

## 2. W・G・モーガンによる新しいスポーツの考案

バレーボールの考案者であるウィリアム・G・モーガン（William G. Morgan：1870-1942）は20歳のときにマウントハーモンスクールという全寮制高校に進学すると、生来の体格の良さを生かしてフットボール部で大活躍した。ある大会で相手チームのコーチをしていたJ・ネイスミス（James Naismith：1861-1939、バスケットボールの考案者）にスカウトされ、スプリングフィールドにある国際YMCAトレーニングセンター体育部担当主事養成科へ入学した。そこを卒業したモーガンは、体育指導員としてマサチューセッツ州ホリヨークYMCAに勤務した。

この当時のYMCAのスポーツ講座は、春から秋までは野球、サッカー、ラグビーなどを屋外で実施していたが、冬は積雪のために屋内での活動にならざるを得ず、適切なチームスポーツがなかった。そこで冬期に体育館で実施するスポーツとしてネイスミスがバスケットボールを考案し（1891年とされる）、それは瞬く間に全米各地のYMCAに広まっていった。

ホリヨークYMCAも冬期スポーツとしてバスケットボールを行っていたが、モーガンの担当していたビジネスマンクラスの対象者は中高年層の男性であり、バスケットボールを実施するには年齢的に不向きであった。当時はこのような年齢層や体力のない集団でも楽しめるレクリエーション的な要素の強いスポーツがなかったため、モーガンは自分で新しいスポーツを考案することにした。その際、運動量があまり多くなく、選手同士の接触が少ないゲームとしてバドミントンなどを思いついたが、ラケットなどの用具が準備できないため、ネットを高くしてボールを素手で打ち合うス

写真1　ウィリアム・G・モーガン

ポーツにたどりついた。両コートに入る人数は同じ数なら制限なしとし、野球のイニング制を採用、ボールはバスケットボールの内側のゴム製の空気袋を取り出して使用した。それは1895年のことであり、ここに現在のバレーボールの原型となる新しいスポーツが誕生した。

## 3.「バレーボール」の名称誕生

当時の記述では、このスポーツの名称は"ミントネット（Mintonette）"と"ミノネット（Mi-nonette）"の両者が混在して記録されている。ミントネットは明らかにミントン\*もしくはバドミントンをもとにしていることがわかるが、ミノネットの由来は明らかでなかった。しかし、1896年の全米YMCA体育部担当主事総会でモーガンがこの新しいスポーツを「ミントネット」と紹介したことから、ミノネットは誤植による間違いであることが明らかとなった。

1896年7月に国際YMCAトレーニングセンターで開催された全米YMCA総会において、この新

しいスポーツを紹介するために会員から選出された10人が2チームを編成し、デモンストレーションゲームを行った。このスポーツの特徴は、ネットさえ張れれば専用コートや高価なラケットは必要なく、ボール1つあればできるために安上がりであり、またコートの広さが許す限り1度に何人でも参加できると説明された。

その際にミントネットという名称を参加者に紹介したところ、アルフレッド・ハルステッド教授から「ボールをネット越しに打ち返す（Volleying）のが目的なのだから、ヴォレーとボールを組み合わせた"Volley Ball"がわかりやすい」とアドバイスを受け、ヴォレー・ボールという名前のスポーツになった。その名がVolleyball（バレーボール）と一単語で表されるようになるのは1952年のUSVBA（全米バレーボール協会）の決定を待たなくてはならない。

＊「ミントン」はYMCAでモーガンの師であったL・ギューリック（Luther Gulick：1865-1918）が考案したニュースポーツ。5～6人がネットを挟んで軽いラケットを使って毛玉を打ち合うレクリエーションスポーツだった。

写真2　初期の頃のYMCA、ビジネスマンクラスのゲーム

写真3　片面に10人以上の姿がみえる初期のゲーム

## 4. 初期のルール

1896年のデモンストレーションゲームの直後に出版された「オフィシャルハンドブック」はバレーボールの原典となった。初期の競技規則において現在のバレーボールと異なる点は、(1)何人でもゲームに参加できる、(2)イニング制である、(3)返球するまで自コート内で何回でもパスできる、(4)サーブがネットにかかりそうな場合、味方がボールを打って相手コートに入れてもサーブは有効となる、などがある。

その後、全米のYMCAに広まった新開発のバレーボールは体育館での人気レクリエーション種目となっていき、当初の寄せ集めのルールでは支障が出始めたため、新たな公認ルールの制定が審議された。

その結果、1900年に開催された全米YMCA体育部担当主事総会で現在に通じる公認ルールが決定した。その特徴は、野球の方式を色濃く残したイニング制を廃止して21点のセット制とし、ネットの高さを上げてラリーの頻度を高めたことにあった。また、サーブ権の有無によって点が入ったりサーブ権が移動するサイドアウト制を導入し、さらにプレイヤーのボールに対する扱いに制限を加える罰則ルールが決まるなど、大まかな部分は現在のバレーボールの原型ができあがったといえる（初期のルールは第8章第1項「基本的なルールの考え方」参照）。

## 5. 世界への広がり

　1900年に伝えられたとされるカナダを初めとして、バレーボールはYMCAの手によって多くの国々に伝えられていった。1920年頃までには、北米YMCA同盟から海外協力主事が派遣されたところならばどこにでも伝わっている。日本には1908年と比較的早い時期に紹介されているが、これはYMCAによるというよりも、帰国留学生による伝播であったと理解されている。

　アジア地区には1910年にYMCA体育部担当主事E・S・ブラウン（E. S. Brown：1883-1924）がフィリピンに赴任して紹介したことがきっかけとなり、まずはマニラを中心に広まった。その後ブラウンらの努力によって日本、中国にも浸透していった。

　一方、ヨーロッパには第一次世界大戦（1914-1918）のときに多くの国々に伝えられた。YMCAの活動にもよるが、アメリカ駐留軍の影響によるところが大きな特徴で、兵士らのレクリエーション活動としてのバレーボールがもとになり、ヨーロッパ各地に広がっていった。

## 6. 6人制の完成

　バレーボールは考案された当初から「性別や年齢に関わらず、健康や体力の育成に寄与できる」という、いわばレクリエーションスポーツとしての役割を期待されていたのであり、通常の運営では1対1でも10対10でも楽しくゲームができるという認識があった。

　一方で、競技スポーツとして普及するうえではプレイヤーの人数に制限を加えたりするなど、プ

写真4　ケンタッキー州フォートトーマスでのアメリカ軍兵士たちのゲーム（年代不詳）

レイの幅を広げる工夫を重ねていた。その結果が1916年のルール改正による6人制の採用であり、また接触回数の制限であった。

　味方コートに飛んできたボールは3回までしか触れることができないという新ルールは、それまで何回触れてもボールが返りさえすればよいという緊迫感のないスポーツを、3回以内に返さなくてはいけないという緊張感をともなうスポーツに変貌させた。逆にいえば、接触が許された3回を最大限に活用して「レセプション（ディグ）―セット（トス）―アタック」の三段攻撃という戦術を生み出すことにもなった。

　さらにローテーションを導入したことによって、どのプレイヤーもオールラウンドにプレイすることになると同時に、ポジションごとの役割が確立していった。もともとバレーボールはアメリカのスポーツの特徴である"ポジションの役割が明確なスポーツ"であったため、コート内のプレイヤーは各ローテポジションで複雑な動きを要求されることになったが、それは攻撃においても、また守備においても多様なパターンを作り出すことにつながり、戦術的な奥深さを作るきっかけとなった。この時代の創意工夫がその後のバレーボールの発展に与えた影響は計り知れない。

## 7. FIVBの設立

　1936年、第11回オリンピックがアドルフ・ヒトラー総統率いるドイツの首都ベルリンで開催されているとき、ポーランドから提出されたバレーボールの国際統括組織を設立しようという提言を受け、東欧やアジアなどの21ヶ国の代表者が揃って話し合いが行われた。しかし当時は世界情勢が不安定で、この会議ではバレーボールの国際組織を設立するまでにいたらなかったが、ポーランドに事務局があった国際ハンドボール連盟に付属する形で「国際バレーボール技術委員会」が設置された。しかし、1939年9月にナチスドイツがポーランドに侵攻したことを機に第二次世界大戦（1939-1945）が勃発し、この委員会は戦渦に巻き込まれて事実上消滅した。

　第二次世界大戦の終戦からほぼ1年後の1946年、またしてもポーランドの呼びかけによってチェコスロバキアのプラハで国際的な統括組織の基礎を築くための準備委員会が開催された。当初はポーランドなど5ヶ国で構成されていたが、趣旨に賛同したベルギーなど6ヶ国が後に加わり、委員長国にポーランドが選出された。翌年の1947年4月にフランスのパリで結成会議が開催され、14ヶ国が参加した結成総会において、ついに国際バレーボール連盟（FIVB：Fédération Internationale de Volleyball）が設立された。同時にアメリカンルールを簡素化して6人制の「国際ルール」を制定し、1949年に第1回男子世界選手権大会をチェコスロバキアで開催した。

## 8. オリンピック種目への道

　バレーボールがオリンピック種目に採用されるのに奔走したのは発祥国のアメリカだった。1946年に北米YMCA同盟主事であったH・T・フライアムード（Harold T. Friermood：1902-1999）は国際オリンピック委員会（IOC：International Olympic Committee）のメンバーとなり、オリンピック種目実現の礎を作ることになった。1952

表1　オリンピックにおけるバレーボール競技の男女上位3チーム

| 開催年 | 回数 | 開催地 | 男子 | | | 女子 | | |
|---|---|---|---|---|---|---|---|---|
| | | | 1位 | 2位 | 3位 | 1位 | 2位 | 3位 |
| 1964 | 第1回 | 東京（日本） | ソ連 | チェコスロバキア | 日本 | 日本 | ソ連 | ポーランド |
| 1968 | 第2回 | メキシコシティ（メキシコ） | ソ連 | 日本 | チェコスロバキア | ソ連 | 日本 | ポーランド |
| 1972 | 第3回 | ミュンヘン（西ドイツ） | 日本 | 東ドイツ | ソ連 | ソ連 | 日本 | 北朝鮮 |
| 1976 | 第4回 | モントリオール（カナダ） | ポーランド | ソ連 | キューバ | 日本 | ソ連 | 韓国 |
| 1980 | 第5回 | モスクワ（ソ連） | ソ連 | ブルガリア | ルーマニア | ソ連 | 東ドイツ | ブルガリア |
| 1984 | 第6回 | ロサンゼルス（アメリカ） | アメリカ | ブラジル | イタリア | 中国 | アメリカ | 日本 |
| 1988 | 第7回 | ソウル（韓国） | アメリカ | ソ連 | アルゼンチン | ソ連 | ペルー | 中国 |
| 1992 | 第8回 | バルセロナ（スペイン） | ブラジル | オランダ | アメリカ | キューバ | EUN* | アメリカ |
| 1996 | 第9回 | アトランタ（アメリカ） | オランダ | イタリア | ユーゴスラビア | キューバ | 中国 | ブラジル |
| 2000 | 第10回 | シドニー（オーストラリア） | ユーゴスラビア | ロシア | イタリア | キューバ | ロシア | ブラジル |
| 2004 | 第11回 | アテネ（ギリシャ） | ブラジル | イタリア | ロシア | 中国 | ロシア | キューバ |
| 2008 | 第12回 | 北京（中国） | アメリカ | ブラジル | ロシア | ブラジル | アメリカ | 中国 |
| 2012 | 第13回 | ロンドン（イギリス） | ロシア | ブラジル | イタリア | ブラジル | アメリカ | 日本 |
| 2016 | 第14回 | リオデジャネイロ（ブラジル） | ブラジル | イタリア | アメリカ | 中国 | セルビア | アメリカ |
| 2020 | 第15回 | 東京（日本） | | | | | | |

＊独立国家共同体

年に全米バレーボール連盟の会長に就任したフライアムードはIOCメンバーにバレーボールのオリンピック種目への採用を働きかけた結果、1957年のIOC総会で「男子の公式種目とする」ことが決定された。

こうしてバレーボールはオリンピックの21番目の公式種目としてリストに登載された。しかし、開催国はこの21種目の中から少なくとも15種目を選んで実施種目としなくてはならないため、そこにエントリーされるかどうかは大きな問題だった。1960年のローマ大会はすでに実施種目が決まっていたため、バレーボールがエントリーされるのは早くても1964年の東京大会であった。

その後、実施種目化をめざしたFIVBはIOCメンバーを招待したデモンストレーションゲームを開催してバレーボールの魅力を披露したり、男女世界選手権大会の盛り上がり、さらに開催国である日本でのバレーボール人気の上昇などもあって、東京大会で初めて男女バレーボールが実施種目に採用された。

## 9. 日本におけるバレーボールの発展

バレーボールが日本に渡来したのは、1908(明治41)年、アメリカの体育事情を視察に行った大森兵蔵(1876-1913)が東京YMCAに伝えたとされるが、全国に積極的に宣伝したのは、1913(大正2)年にアメリカYMCAから派遣されたF・H・ブラウン(Franklin H. Brown:1882-1973)であった。当初紹介されたバレーボールは16人制であったが、1923(大正12)年には12人制、さらに改良されて1924(大正13)年の第1回明治神宮体育大会からは9人制が実施された。1927(昭和2)年には大日本排球協會(現在の日本バレーボール

写真5　1920年代の極東競技大会女子、日本と中華民国との対戦

写真6　1920年代の極東競技大会男子、日本とフィリピンとの対戦

協会)が設立され、同時にフィリピンや中国を中心に開催されていた極東選手権大会の正式種目として9人制バレーボールが採用されたことにより、レクリエーションスポーツよりも競技スポーツとして普及・発達していった。

第二次世界大戦後、物資不足の日本では用具や施設に費用のかからないバレーボールは最初に復興したスポーツであり、競技人口も飛躍的に増加したが、これらはすべて9人制のバレーボールであった。日本における6人制バレーボール(当時は"国際式ルール"と呼んだ)の研究は1953(昭和28)年の早稲田大学チームの渡米から始まるが、本格的に国際舞台へ進出したのは1960(昭和35)年にブラジルで開催された世界選手権大会に男女日本代表を初めて派遣してからであった。以来、急速に日本の6人制バレーボールの競技力は向上し、

写真7　1950年代の高校男子の対戦

1962（昭和37）年にソ連で行われた世界選手権大会で女子が初優勝、さらには1964（昭和39）年の東京オリンピックで女子が金メダル、男子が銅メダルを獲得して以来、バレーボールは国民的スポーツとなっていった。現在までに日本はオリンピックで男子が金銀銅メダルを各1個、女子が各メダルを2個ずつ、計9個のメダルを獲得しており、チームスポーツとしては他に類をみない活躍をみせている（表1参照）。また国内では世界選手権大会、ワールドカップ等多くの国際大会が開催され、テレビ中継の視聴率も高い。一方、競技スポーツとしてだけではなく、ママさんバレー、ソフトバレーなどのレクリエーションスポーツとしても普及し、人気スポーツの一つになっている。

## 10. 戦術の変遷

　国際ルールが確立・普及した1950年代、世界におけるバレーボールの勢力図は男女ともソ連を中心とした東欧にあり、そのスタイルは一様に両サイドに構えた大型選手が高く上げられたセットをパワフルに打つという単純な戦術であった。1960年代に入ってその流れを変えたのは日本だった。海外勢に比べて体格的に劣る日本が世界の大型チームを相手にして互角以上に戦うためには、戦術を工夫せざるを得なかった。東京オリンピックで優勝した日本代表女子は、9人制で培った多彩な攻撃を戦術として取り入れた。また、当時の日本代表男子監督の松平康隆（1930-2011）が編み出したのも、やはりシステム化された攻撃だった。日本人としては大型の選手を発掘し、独特なトレーニング法により素早く動ける体力を養成したうえで、巧みなセッターから繰り出すABCDに及ぶ"クイック攻撃"、ジャンプした選手をおとりに使って相手ブロックを攪乱する"時間差攻撃"あるいは"地域差攻撃"、さらには"一人時間差"などを開発し、みごとに1972年のミュンヘンオリンピックで世界の頂点に立った。しかし、これに対抗すべく外国勢はさらなる大型化を背景に、個人技術・戦術の進歩による攻撃力・ブロック力を向上させ、あっという間に日本を追い越した。

　1980年代に入るとアメリカが画期的な「分業システム」を開発し、バレーボールの戦術を一変させた。レセプションをレフトの選手2人だけで行い、センターとライトの選手がそれ以外のプレイに専念できる環境を作った結果、ライトの選手は前衛・後衛を問わず攻撃を仕掛ける"オポジット"としてスーパーエースの役割を果たすことになった。また、センター選手のブロック力向上を背景に"リードブロックシステム"という組織的なブロック戦術を導入し、ブロックとディグとの連係を効率的に高めた。これらの分業システムは従来の攻撃戦術に対抗できる組織的戦術として進化していくことになる。

　2000年代に入ってから組織的戦術をさらに進歩させたのはブラジルだった。威力の増したジャンプサーブに対抗するため、セット位置の基準をネット際から離し、レセプションが崩れた苦しい場面でも後衛からの攻撃を組織的な戦術に組み入れ、パイプ攻撃やビックなどの新たな戦術を駆使

することで常に4人のアタッカーが同じテンポで攻撃する高度な戦術を作り上げ、世界に君臨した。

## 11. 日本におけるバレーボールの将来展望

　軽スポーツとしての使命を帯びて考案されたバレーボールは、モーガンの意図の通り（ビーチバレーなどの発展系も含めて）世界各地でレクリエーションスポーツとして活用されるとともに、競技スポーツとしてもメジャーなボールゲームとしての地位を確立している。日本においてもそれぞれの年代や技術に合わせた形で取り組まれており、プレイして楽しく見て楽しいスポーツとして定着している。しかし少子高齢化と各スポーツ種目に対する嗜好の変化にともなうバレーボール競技人口の減少は顕著で、とくに中学校・高校における選手数は激減し、チームそのものの存続が危惧される学校も少なくない。将来的にも競技人口が爆発的に増えることは考えにくい現状のなかで、これからのバレーボールのあるべき姿を模索していくことは、現在バレーボールに関わっている我々に与えられた使命といえる。

　このような時代だからこそ、初めてスポーツに出会う子供たちが安心してスポーツ活動に取り組める環境づくり、どの年代でも気軽にスポーツを楽しめるサポート体制の構築、技術をもっと高めたいという競技者の願いをサポートする指導者の養成などが重要な意味をもってくる。体罰に依存したり勝利至上主義に陥ったりせず、バレーボールの面白さを的確に伝える人材こそが"求められるスポーツ指導者"であり、将来にわたってバレーボールを側面から支える指導者を育てるシステム、そして育つ環境こそがなによりも必要である。

（河合　学）

※個人名についてはすべて敬称を略して表示した。

［引用・参考文献］
(1) 一村小百合「子供の遊び場について考える―アメリカでのプレイグラウンド運動がもたらした効果とは―」、『関西福祉科学大学紀要』12号、pp. 91-100、2008
(2) 今鷹昇一「バレーボール男女が東京オリンピックに入るまで」、『バレーボール』バレーボール編集部、1964年10月号、pp. 85-87、1964
(3) 水谷豊『バレーボール　その起源と発展』平凡社、1995
(4) 森田信博「日本におけるバレーボールの普及と極東競技選手権大会について」、『秋田大学教育文化学部研究紀要』第69集、pp. 25-36、2014
(5) 日本バレーボール学会編『バレーペディア　2012年改訂版』日本文化出版、2012
(6) 日本バレーボール協会編『日本バレーボール協会五十年史―バレーボールの発展と普及の歩み―』日本バレーボール協会、1982

［写真提供者］
(1) スプリングフィールド大学図書館アーカイブズ
Courtesy of Babson Library/ Archives of Springfield College
Special thanks to Ms. Andrea Taupier (Director)/ Mr. Jeff Monseou (Archivist)
(2) 水谷　豊

［おもな所収先］
(1) Spalding's Athletic Library- Official Volleyball Rules (1916-17)
(2) Spalding's Athletic Library- Official Volleyball Rules (1920)
(3) USVBA ARCHIVES HISTORY AND RECORDS (1906)
(4) USVBA ARCHIVES HISTORY AND RECORDS (1907)
(5) Spalding's Athletic Library-Official Y. M. C. A. Athletic League Hand-book (1907)
(6) USVBA ARCHIVES HISTORY AND RECORDS (1913)
(7) USVBA ARCHIVES HISTORY AND RECORDS (1951)

# 1-2 バレーボールの特性

## 1. ゲームの特性

バレーボールはネット型チームスポーツの一つであり、屋内の6人制や9人制、ビーチバレーボールの2人制、さらに、チーム人数だけでなく、カテゴリー別にボールやネットの高さ、コートの大きさなども異なるさまざまな様式を有している。その中でも、6人制は、オリンピックや国民体育大会などの国内外の主要大会で採用されており、現在、テレビ放映されているバレーボール、学校体育（正課体育や課外活動）で行われているバレーボールのほとんどは6人制である。

ゲームは5セットマッチで行われ、3セットを先取したチームが勝ちとなる。各セットは、ラリーポイント制の25点先取で行われるが、5セット目は15点先取となる。もしも24対24（5セット目は14対14）になった場合はデュースとなり、2点差がつくまで行われる。なお、国内大会では3セットマッチでのゲームが多くみられ、その場合、2セットを先取したチームが勝ちとなる。

バレーボールの大きな特徴として、プレイする際、手または腕などの身体でボールを「打つ（ヒットする）」ことが挙げられる。バレーボールの語源でもある「ボレー」（volley）とは「ボールが地面（床）に着く前に打つこと」であるが、バレーボールではボールをキャッチすることがルールで禁止されているため、自コートにボールを落とさないように、また相手コートにボールを落とすように、ボールを「つなぐ」「弾く」「打つ」ことが求められる。ボールをつかんだり投げたりできない、また同じ選手が連続してヒットできないため、ボールコントロールが難しい競技といえるが、双方のチームはネットで区切られており、相手チーム選手との接触がなく、返球までにブロックの接

触に加えて3回までボールヒットが許されていることから多様な攻撃パターンを作り出すことが可能な競技でもある。

ラリーはサーブから始まり、ボールが床に落ちるなどして完了する。そして、サーブ権に関係なく、ラリーに勝ったチームに1点が入る。バレーボールでは全てのラリーにおいて、レセプションサイドチームから攻撃がなされるため、攻撃回数が多いレセプションサイドチームに得点が入る確率が高い。このようにレセプションサイドチームに得点の有利さがあるので、実際のゲームでは両チームがお互いに1点ずつ得点を重ねていく状況が多くみられ、連続得点はそれほど頻繁に起こらない。それゆえ、テニスとは逆に、バレーボールではサーブサイドチームが得点することを「ブレイク」という。一方、確率通りにレセプションサイドチームが得点することを「サイドアウト」という。

また、サイドアウトによりサーブ権を得たチームの選手は、時計回りに1つずつポジションの移動、いわゆるローテーションを行う。このローテーションによって、リベロ以外の選手は前衛と後衛の両方を担わなければならない（コートポジションによる制限を受ける）ことも特徴の一つである。

## 2. さまざまなバレーボール

### ❶─9人制バレーボール

9人制バレーボールはおもに実業団、クラブ、ママさんなどのカテゴリーで行われており、日本独自の発展を遂げてきた。ブロックの接触をカウントし、ネットプレイが許される（ボールがネットに触れた場合、チームで4回までボールヒットができる）などの特徴があるが、フリーポジション制で、選手数が多いため、多様な攻撃・守備パターンがみられることが大きな特徴である。また、攻撃あるいは守備に専念する選手もみられる。

ゲームは1セット21点先取の3セットマッチで行われる。とくにママさんカテゴリーの特徴は、天然皮革の白色4号球の使用や、50歳以上限定の「いそじ大会」や60歳以上限定の「ことぶき大会」など年齢別大会の開催であり、メイン大会「全国ママさんバレーボール大会」の参加資格は、原則25歳以上の女性で、必ずしも既婚や子持ちである必要はない。

### ❷─ビーチバレーボール

ビーチバレーボールは1チーム2名で、専用のボールを使い、砂浜に設置されたコート（16m×8m）で行われる。個々の選手が攻撃も守備もこなす必要があり、砂浜という足場の悪い条件でプレイしなければならない非常に過酷な競技である。

オリンピック種目でもあるビーチバレーボールの特徴的なルールは、フェイント（指の腹を使ったティッププレイ）の禁止、ダブルコンタクトの基準が厳しい、オーバーハンドパスで返球する方向の制限、ブロックの接触をカウントするなどがある。ゲームは1セット21点先取の3セットマッチ（3セット目は15点）で行われる。風や太陽などの環境に左右されるため、両チームの点数の合計が7の倍数（3セット目は5の倍数）になったときにコートチェンジがなされる。

### ❸─ソフトバレーボール

ソフトバレーボールは1987年に日本で誕生した競技であり、1チーム4人で、専用のゴム製のボール、バドミントンコート、高さ2mのネットを利用して行われる。ボールをソフト化することで、

パスが安全かつ容易にできることから幅広い年齢層に受け入れられている。

ルールは6人制と共通点が多いが、おもな相違点として、サーブ後はフリーポジションになること、サーブのネットインやブロックのオーバーネットの反則などが挙げられる。ゲームは1セット15点先取の3セットマッチで行われる。また、2011年度から小学校体育科教材にも正式に導入されている。

### ◢─障がい者バレーボール

障がい者の競技会であるパラリンピックやデフリンピックでもバレーボールは正式競技として採用されている。なお、パラリンピックで行われているバレーボールは、フロアに臀部（上体のことで、肩から臀部までの部位をさす）の一部を接触させたままプレイする「シッティングバレーボール」である。

## 3. 技術構造

バレーボールの技術は、得点を得る技術（スコアリングスキル）とそうでない技術（ノンスコアリングスキル）に大別される。スコアリングスキルには「アタック」「ブロック」「サーブ」が挙げられ、ノンスコアリングスキルには「レセプション」「ディグ」「セット」が挙げられる。

### ◢─アタック

アタックは、プレイ中に相手コートへ返球するプレイの総称であるが、一般的に「スパイク」をさすことが多い。スパイクの局面は「助走から踏み切り」と「スイング」という2つの要素から成り立っている。助走の軌跡（アプローチ）には「ストレート」「アングル」「ループ」「フェイク」などがあり、それによってセットをみやすい状況を作ったり、短いセットに対応したり、相手ブロッカーを惑わしたりする。また、助走の歩数は、通常、1歩から4歩であるが、より高い位置で、より強くボールをヒットするためには、十分な助走距離と歩数を確保することが必要である。踏み切りは床面（地面）を蹴って空中に跳び上がる動作であり、助走で得られた水平方向のエネルギーを、踏み切り時に鉛直方向へと転換する。両足で踏み切ることが基本である。

スイングはボールを打つために腕を振ることであり、そのフォームとして「ストレートアーム」「ボウアンドアロウ」「サーキュラー」の3つのタイプがよく知られている。スイングにおける「テイクバック」はボールを打つための動きの準備局面であり、「フォワードスイング」はボールを実際に打つ方向へ向かう腕の動きであり、「フォロースルー」はボールを打った後、振りが停止するまでの腕の動きである。

ボールヒットの際には、ボールに手が当たる位置を微妙に変化させることで、ボールの回転やコース、スピードに変化をつけて、ブロックやディグをかわす工夫がなされる。

### ◢─ブロック

ブロックは相手のスパイクを防ぐために、前衛選手がネット際でジャンプし、ネット上に壁を作るプレイであるが、シャットアウトだけでなく、スパイクのコースを限定したり、ワンタッチしてスパイクの威力を弱めたりすることもよいブロックとされる。

移動の仕方（ステップ）は、短い移動には「サイドステップ」や「クロスオーバーステップ」などが、長い移動には「ステップクロスオーバース

テップ」などが用いられる。前者は身体をネットに正対させやすく、後者はネット上に手を出す早さや高さを得やすいという特徴がある。

腕の使い方は、手を肩の高さで胸の前にセットし、ブロック姿勢の準備をした状態で移動して踏み込む方法と、移動の最後の2歩でスパイクジャンプのように腕の振り込みを使って踏み込む方法（スイングブロック）がある。スイングブロックはより高く跳び、より早くネット上に手を出すことができる。

手の出し方は、手のひらを前方に傾けて相手スパイクをシャットアウトする「キルブロック」と、手のひらを上方に向けてワンタッチにより相手スパイクの威力を弱め、ディグをしやすくする「ソフトブロック」がある。

### 3―サーブ

サーブはバックライトの選手がエンドライン後方から相手コートへボールを打ち、ボールをインプレイの状態にするプレイであり、「打ち方」と「球質」によって分類される。

打ち方は、助走の有無、ジャンプの有無、腕の使い方（スイング）によって分類され、代表的な打ち方としては、ジャンプをする「スパイクサーブ」や「ジャンプフローターサーブ」、ジャンプをしない「フローターサーブ」などがある。

球質は、威力があるスピン系（トップスピン、サイドスピン、バックスピン）と変化の大きい無回転系（フローター）に分類される。

また、ルール上、サーブは片方の手または腕でヒットしなければならない。

### 4―パス

パスは味方の選手にボールをコントロールして送る動作の総称であり、オーバーハンドパスとアンダーハンドパスがある。オーバーハンドパスは両手の指を使って頭上でボールを送り出すパス技術で、アンダーハンドパスは両手を組んで前腕でボールを送り出すパス技術である。オーバーハンドパスは照準を定めやすく、スピードコントロールがしやすいため、いわゆるやわらかいボールを供給できるが、勢いのあるボールや肩より下方にあるボール、自分から離れた位置にあるボールを処理したり、遠くに飛ばしたりする必要がある場合は、アンダーハンドパスを用いることが多い。

しかしながら、ゲームにおける用語としては、ネットを越えて相手チームから飛んでくるボールを受ける動作、つまりチームの1回目の接触は、サーブに対しては「レセプション」、アタックに対しては「ディグ」であり、また、2回目の接触は「セット（トス）」、3回目の接触は「アタック」であるため、「パス」は用いられない。だからといって、パスは決して軽視されるものではなく、レセプションやディグ、セットというプレイを支える大切な基本技術である。

### 5―セット

セットは味方に攻撃させるためのパスであり、トスとも呼ばれる。セット動作は「構え」「移動」「セット姿勢」「ハンドリング」「フォロースルー」の5段階に分けられる。構えはパスを受けるための準備動作、移動はセットする位置までの移動、セット姿勢はセットのための準備姿勢、ハンドリングはオーバーハンドセットにおける手によるボールの扱い、フォロースルーはセットした後の動きを示す。ジャンプセットにおいては、移動とセット姿勢との間にジャンプ動作が入る。セットではアタッカーが打ちやすいボールを上げるためにボールの飛ぶ方向、高さ、勢いをコントロールする必要がある。

# 4. 体力要素

## 1 ― スポーツ種目と体力特性

　一般に、体力は「行動体力」と「防衛体力」に分けられる。そのうちスポーツ活動に関わりが大きいのは行動体力で、「形態面」と「機能面」の2つの要素からなる。そして、スポーツの身体活動に直接関係する体力は、機能面の8つの要素、筋力（マッスルストレングス）、パワー、スピード、敏捷性（アジリティ）、平衡性（バランス）、協応性（コーディネーション）、持久性（エンデュランス）、柔軟性（フレキシビリティ）で示すことができる。筋力、パワー、スピードはプレイを起こす能力として、敏捷性、平衡性、協応性、柔軟性はプレイを調整する能力として、持久力はプレイを持続する能力として分類される。図1は、この8要素の重要度を10段階で表した、競技ごとのレーダーチャートである。

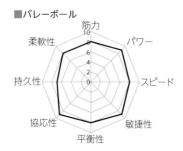

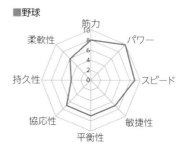

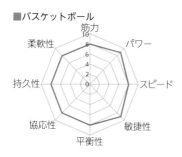

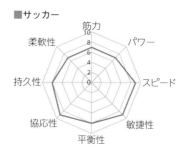

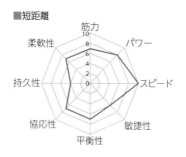

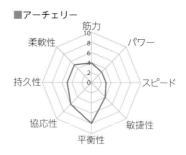

（大石，2010）

図1　各スポーツにおける8つの体力要素の評価

バレーボールは、バスケットボールやサッカーと並んで非常にチャートの面積が大きい競技、つまり、各要素の重要度が高い競技である。バレーボールは、持久性以外の7要素の重要度が8以上であり、「体力を必要とする競技」といえる。

## 2 ─ バレーボールに求められる体力要素

これらの8つの体力要素をバレーボールの競技特性からみると、スパイクを打つためやケガをしないための基礎筋力、高いジャンプ力を発揮したり、強いボールを打ったりするために必要なパワー、ボールを追いかけるときに必要なスピード、方向の変わったボールに対応する敏捷性、スパイクやブロックなど空中で動作姿勢を安定させる平衡性、さまざまな状況に応じて高いレベルでの身体操作を実現する協応性、ゲームの後半でも高い運動能力を維持する持久性、大きな関節可動域で効率のよい動きや身体へのストレスを軽減する柔軟性である。バレーボール選手に求められる体力要素は他競技選手と同様に多岐にわたるが、その中でももっとも求められる体力要素はパワーである。バレーボールでは、他のネット型競技に比べてネットが高いため、ジャンプ系の動作が多く、サーブを打つときも、セットするときも、スパイクを打つときも、ブロックをするときも、ゲーム中に何度もジャンプを要求される。とくに、より高い位置で、より強く打つことが求められるスパイクはもっともパワーが求められるプレイである。さらに、柔軟性の指標の一つである関節可動域の大きさ、たとえば、セッターでは指や手首、アタッカーでは肩関節などの関節可動域の大きさは、プレイに影響を及ぼす重要な要素である。スパイクコースの狭い選手が肩甲骨や胸郭の可動域を改善するトレーニングにより技術レベルを向上させたという事例も報告されているように、関節可動域を広げることはプレイに好影響を与える可能性がある。また、柔軟性の向上はパフォーマンスの向上だけでなく、可動域に余裕があることからケガの予防にもつながる。しかし、関節可動域が大きいということは、関節がゆるく安定性に欠けることも考えられるため、脱臼や靱帯損傷などに留意するとともに、周辺の筋力向上を図る必要がある。

（高根信吾）

[引用・参考文献]
(1) 日本バレーボール学会編『バレーペディア 2012年改訂版』日本文化出版、2012
(2) 日本バレーボール協会審判規則委員会『バレーボール6人制競技規則 2016年度版』日本バレーボール協会、2016
(3) 日本体育学会監修『最新スポーツ科学事典』平凡社、2006
(4) 大石博暁「バレーボールの基礎トレーニング」、『Coaching & Playing Volleyball』69号、pp. 36-39、バレーボール・アンリミテッド、2010
(5) 高根信吾・河合学・小川宏・黒後洋「バレーボールのラリーポイントシステムにおける得点に関する研究─高校チームの静岡県大会を対象にして─」、『バレーボール研究』第15巻第1号、pp. 8-15、日本バレーボール学会、2013
(6) 横浜市スポーツ医科学センター編『新版図解スポーツトレーニングの基礎理論』西東社、2014

# 1-3 バレーボール用語の変遷

## 1. バレーボール用語の成り立ち

　日本にバレーボールが伝えられてからすでに100年以上が経ち、日本オリジナルである9人制の普及に加えて6人制の隆盛により、チームスポーツとしての競技人口はサッカー、野球に次ぐ600万人以上を数えるなど、バレーボールは日本の国技といっても過言ではないほど盛んなスポーツとなっている。

　歴史的にも人気のうえでも日本のスポーツ界をリードし、さらに世界のバレーボール界を支えてきた日本のバレーボールは、メジャーなスポーツであるが故に、その用語についても日本独特のものが多く普及し、使用されてきた。それはバレーボールの導入時に日本語で作られた造語であったり、独自に作られた和製英語であったり、あるいは日本で馴染みのない外来語をカタカナ語にしてそのまま使っているものなどが大半であり、バレーボールに関わる指導者や選手が自由にそれらの用語を使用してきたのが現状である。

　それらの用語は長い普及の歴史のなかで育まれてきたものであり、さまざまな創意や工夫を感じることができるが、ここにきて現代のバレーボールのグローバル化やハイスピード化、あるいは複雑化した技術や戦術に対応しきれなくなるという問題が起きてきた。「言葉は生きもの」といわれるように、スポーツ用語は内的・外的要因によって常に変化し、その時代のニーズに合ったものとして生き続けていくものである。

　過去の用語の成り立ちを理解すると同時に、現在の高度化・複雑化したバレーボールに適した用語を把握し使用することは、その技術を正しく指導するうえで必要となる知識である。

## 2. 戦術の変遷と用語の変化

バレーボールの技術・戦術が高度化・複雑化したことにより、バレーボール用語はカテゴリーごとに用語の細分化が進むとともに、新たな用語が続々と誕生している。過去のバレーボール用語を振り返りながら、現在の用語への変遷とその活用法を確認する（現在のバレーボール用語は、巻頭の「バレーボール用語の定義と解説」参照）。

### 1 ― スパイク

スコアリングスキルの代表であるスパイクは、ジャンプしてボールをたたくように打ち込むアタックのことであるが、初期のバレーボールにはジャンプするスパイクはなかった。バレーボール草創期ではネットの高さが180cmしかなかったためジャンプする必要がなく、ただボールを打ち合うだけの競技だった。しかし早期にバレーボールを導入したフィリピンは、バドミントンのジャンピングスマッシュを取り入れ、ジャンプ後の高い打点からアタックするスマッシング（smashing）を1917年当時に行っていたと記録がある。このスマッシングが現在のスパイクの原型であり、やがてネット高が上げられ、スパイクはジャンプして打つのが当たり前となっていった。その後、時代が進むとスパイクの種類はセットの高さによってオープン、セミ、クイックに分類された。また、1980年代には走りながら片足踏み切りでジャンプしてスパイクを打つブロード攻撃が出現した。さらに、バックアタックの出現とともに、打つ場所、セットの高さ・速さ、ジャンプのタイミング、助走の方法、味方選手との絡み方などの違いにより、さまざまなスパイクパターンが生み出されると同時に、それに当てはめる用語が誕生してきた。とくに、近年ではバックアタックの重要性が増したことにより、パイプ攻撃やビックなどが生み出され、前衛・後衛を問わずに複数の選手が同時多発的な攻撃（シンクロ攻撃）に参加するパターンが主流となっている。

### 2 ― ブロック

ブロックとは、相手のスパイクを防ぐために前衛選手がネット際でジャンプし、腕などで壁を作るプレイである。かつて日本ではストップと呼ばれていたこともあり、守備的な意味合いの強い技術とされてきた。しかし、国際ルールの改正とともに、ブロックはゲームの勝敗を左右する重要な技術に変容し、攻撃的な要素も兼ね備えるようになってきた。ことに近年の戦術的な進歩は著しく、とくに「配置」と「反応の仕方」が注目されている。配置、つまり3人のブロッカーのシフトによって、ネット中央に集まるバンチシフト、サイドブロッカーがそれぞれのアンテナ付近まで広がるスプレッドシフト、ネットの左側もしくは右側へ重点的に片寄らせるデディケートシフトなどに分類され、相手の攻撃パターンに合わせて使われている。一方、反応の仕方では、相手チームのセットやアタッカーの状況を確認してから反応するリードブロック、アタッカーの動きに反応するコミットブロックがあるが、かつて行われていたブロッカーが個人で推測・判断して跳ぶゲスブロックは、最近ではあまり勧められないブロックとされている。現代では、相手スパイクに対して複数枚のブロックを揃えてブロックとディグの連携を機能させることを第一に考えたバンチリードブロックシステムが主流となっている。

### 3 ― サーブ

サーブは唯一個人だけで完結できるプレイであ

り、歴史的にその威力向上の技術開発が常に行われてきた。相手コートに入れるだけのアンダーサーブ、変化やスピードによってレセプションを乱して相手の攻撃力を弱めるためのフローターサーブやスライドサーブ、さらには直接得点することを狙うドライブサーブやスピンサーブなどが登場した。現代ではサーブの語源となったサービスとは相容れないほど、サーブは攻撃的に進化している。とくにジャンプして打つスパイクサーブの威力は凄まじく、またジャンプフローターサーブは大きく変化して相手のレセプションを崩す可能性をさらに高めている。かつて日本で主流だったオーバーハンドサーブは、現在ではほとんど見ることがなくなった。

### 4 ノンスコアリングスキル

　ノンスコアリングスキルであるパスやセットではスコアリングスキルほど多くの戦術や技術の向上がみられたわけではないが、用語としてのレセプションとディグの登場は特筆される。

　海外では以前からサーブを受けるプレイをレセプション、それ以外のボールを受けるプレイをディグと区別し、その役割を明確に分けて戦術に導入していた。しかし、日本では守備においてボールを受けるプレイがすべてレシーブと呼ばれてきた結果、戦術的にはレセプションに比べてディグが疎かにされてきたといわれている。

　現代のバレーボールはブロックシステムとフロアディフェンスとしてのディグが連携して守備を行うトータルディフェンスが重要視されている。すなわち、システム化されたブロックに合わせてディグのポジショニングをダイナミックに変化させることによって、より効率的なディフェンスを構築しようとするものであり、トータルディフェンスとしてのディグの重要性は今後も増していくと予想される。

### 5 ポジション

　ポジション名については、戦術の変遷とともに近年大きく変化している。以前はおもにプレイを行う場所をそのまま選手のポジション名に当てはめて、レフトプレイヤー、センタープレイヤー、ライトプレイヤーと呼ぶことが多く、唯一セッターだけが役割を表すポジション名だった。しかし、1980年代にアメリカ代表男子が画期的な分業システムを導入してポジションごとの役割を明確にしたことに加えて、1990年代にリベロ制が導入されて役割名のポジションが増えたことをきっかけに、選手の役割に合わせてポジション名を呼ぶようになってきた。これによりコート内のポジション名は、ウィングスパイカー、ミドルブロッカー、オポジット、セッター、リベロ、リリーフレシーバーに分類されている。

〔河合　学〕

［引用・参考文献］
(1)日本バレーボール学会編『バレーペディア　2012年改訂版』日本文化出版、2012

# 1-4 バレーボールを取り巻く各種組織

日本国内におけるバレーボールの普及・発展には公益財団法人日本バレーボール協会（以下、日本バレーボール協会）が中心的な役割を果たしてきた。この項では日本のバレーボールを担っている各種組織について説明する。なお、日本バレーボール協会については、現在にいたる変遷の歴史も紹介しながら解説を行う。

## 1. 日本バレーボール協会

Japan Volleyball Association: JVA
http://www.jva.or.jp/

日本バレーボール協会は日本国内のバレーボール競技を統括する公益財団法人である。国外の他機関との関係では、全世界のバレーボールを統括する国際バレーボール連盟（FIVB）とアジアバレーボール連盟（AVC）に加盟しており、また国内では（公財）日本オリンピック委員会（JOC）および（公財）日本体育協会と連携している。

### ❶―歴史

日本バレーボール協会の前身は、1925年に設立された関東排球協会と関西排球協会が、それぞれの創始者であった三橋成雄、多田徳雄らにより、1927年に統合して神戸市に大日本排球協會として設立された。終戦後の1946年に日本排球協会として新たに発足し、翌1947年、日本バレーボール協会と改名し現在にいたっている。

日本バレーボール協会の沿革と歴史を概観すると、初期の黎明期と、それに続く4期に区分することができる（『日本バレーボール協会五十年史』参照）。

**黎明期**：1895年にバレーボールが考案され、1900年代初頭に日本に紹介されてから、日本体育協

会がバレーボールの担い手としての役割を務めていた時期。

**1期**：1927年に大日本排球協會が生まれ、早くから普及を進めている他のスポーツ種目が多いなかで苦労しながらも組織を広げ、9人制バレーボールを発展させた。やがて太平洋戦争の戦況悪化にともないスポーツが全面禁止された時期。

**2期**：終戦からいち早く1946年に日本排球協会が発足し、翌1947年に日本バレーボール協会と改名した。戦後の社会構造が大きく変化したなかで企業チームが勃興し、9人制から6人制への入れ替わりが進み、日本全国が歓喜に包まれた東京オリンピックの女子代表の優勝を筆頭に、空前の成果をあげた1964年までの期間。

**3期**：1965年から、国際的にも実力を承認された日本バレーボール協会が、国内では家庭婦人バレーボールを軸とした大衆化を進めると同時に、他の団体に先駆け指導者養成制度を立ち上げ、多くの指導者を輩出する仕組みを構築した。国際的には男子代表のミュンヘンオリンピック優勝、女子代表の3大タイトル獲得など、ナショナルチームの強化にも成功して世界のバレーボール界をリードした時期。

**4期**：1989年から現在まで。ナショナルチームの低迷によりオリンピックをはじめ数多くの国際大会への出場を逃し、国内的にもバレーボール人気の陰りが始まった。また国内外の経済不況によるスポンサー撤退や実業団チームの解散、少子化による競技者人口の減少などの低迷から抜け出せていない。2011年には公益財団法人に移行し、現在にいたっている。2012年のロンドンオリンピックでは女子代表が28年ぶりに銅メダルを獲得した。

表2　日本バレーボール協会の沿革

| | |
|---|---|
| 1927(昭和 2)年 | 大日本排球協會を設立 |
| 1946(昭和21)年 | 日本排球協会を設立 |
| 1947(昭和22)年 | 日本バレーボール協会に改名 |
| 1951(昭和26)年 | 国際バレーボール連盟（FIVB）に加盟 |
| 1973(昭和48)年 | 財団法人日本バレーボール協会に移行 |
| 2005(平成17)年 | 有限責任中間法人日本バレーボールリーグ機構設立 |
| 2011(平成23)年 | 公益財団法人日本バレーボール協会に移行 |

## 2 ― 組織

協会の現行の組織体制は、評議員会、理事会を最終議決機関として、(1)国内事業本部（講習会開催事業、指導者・審判委員等の養成と資格認定・登録事業）、(2)国際事業本部（国際競技大会開催事業と国際交流）、(3)M&M事業本部（マーケティング＆マーチャンダイジング事業本部：各種契約の管理、ナショナルチームのスポンサーの開発、マスメディアへの情報発信と管理など）、(4)強化事業本部（競技力向上事業と日本代表選手団国際大会派遣事業）、(5)ビーチバレーボール事業本部の5部門に分かれている（図2参照）。

加盟団体は47都道府県バレーボール協会と9加盟団体（後述）によって構成され、現在は東京・千駄ヶ谷に拠点をおいている。

## 3 ― 現状と課題

2015年6月に就任した日本バレーボール協会の木村憲治会長は、日本におけるバレーボールを取り巻く環境が大きく変化していることを踏まえ、2020年の東京オリンピックの成功はもちろん、その先の未来へ大きく確かな一歩を踏み出すべく3つの目標を宣言している。

第一は「財政基盤の強化」である。2016年も赤字予算が組まれており6期連続の赤字見込みと

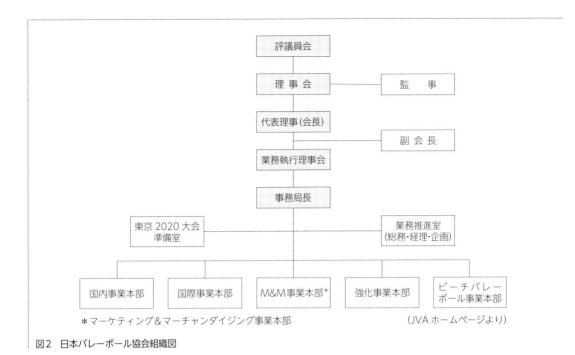

図2　日本バレーボール協会組織図

なっているが、組織一丸となり赤字解消に向け、覚悟をもって全力で取り組むとしている。

　第二は「競技人口の増加」である。バレーボールは若年層の競技人口が減少しているという現状がある。少子化による競技者人口の減少はもとより、野球、サッカーなど、多くのスポーツ種目が選手確保に努力し競技人口を増やしていることもあり、バレーボール以外の種目に魅力を感じる子供たちも決して少なくはない状況がある。あわせて中学校、高等学校におけるバレーボール指導者の不足とチーム数の減少も目立ち始めている。若年層の人口拡大をめざす「JVAゴールドプラン」をはじめ、バレーボール教室あるいは講習会などのさらなる充実に向け、指導者の養成と普及活動にいっそうの取り組みが必要であろう。

　第三は「ナショナルチームの強化」である。東京オリンピックでのメダル獲得に向けた強化のみならず、その先をみすえた若手選手の育成に取り組むとしている。ナショナルチームの活躍はバレーボール人気と連動している。競技人口拡大にはオリンピックをはじめとする国際大会での活躍が必要である。また、TVやメディアの影響力は子供たちがスポーツ種目を選ぶ重要な要因になる。一刻も早く、強くて魅力あるナショナルチームの出現を望むところである。そのためには2020年の東京オリンピックをみすえ、チーム強化のための人材発掘から育成という一貫指導体制を徹底していくことが喫緊の課題である。

　一方、Vプレミアリーグに所属している選手がナショナルチームに選出されたときの課題として、以下のいくつかの問題点が指摘されている。ナショナルチームに帯同期間中のチームの戦力ダウンや、帯同している最中にケガをした場合の補償問題、帯同期間中に所属チームが担う人件費や代表選手の強化・育成が実質的に所属チームの負担になっていることなどがある。また、日本バレー

ボール協会が主催している大会の運営や国際大会等とのスケジュールの調整に関する課題も挙げられる。

協会組織としては、ここ数年、相次いで協会トップの会長が変わるという事態が続いている。歴史と実績ある協会組織として安定した運営を望む声は少なくない。協会の組織、内部体制の強化を図るとともに収入の拡大と経費の削減を進める財務体制の強化が課題である。

## 2. 日本バレーボール協会傘下のさまざまな連盟

### 1 — 日本小学生バレーボール連盟
Japan Elementary School Children's Volleyball Association
http://jeva-web.com/

小学生バレーボール団体を統括し、小学生バレーボールの普及と発展を図り、小学生の心身の健全な発達に寄与しその育成に努めることを目的として1979年に設立された。

連盟は、各都道府県小学生バレーボール連盟および各ブロック小学生バレーボール連盟で組織しており、小学生バレーボール競技大会の開催、バレーボール教室の開催、小学生バレーボールの指導者養成のための講習会および研修会の開催などを行っている。

競技人口拡大のためにJVAゴールドプランプログラムに取り組み、全国大会における男女混合の部も創設した。

### 2 — 日本中学校体育連盟バレーボール競技部
http://jjhsva.com/

（公財）日本中学校体育連盟のもと、バレーボール競技部はバレーボールを通して中学校生徒の心身の育成、体力の増強および体育・スポーツ活動の振興を図ることを目的とし、全国9ブロックに分かれ、競技、審判規則、指導普及、強化（男・女）の各委員会をもって運営に当たっている。

### 3 — 全国高等学校体育連盟バレーボール専門部
http://www7.plala.or.jp/

（公財）全国高等学校体育連盟のもと、高校生のスポーツ振興と育成を図る目的で都道府県それぞれに高等学校体育連盟を設置し、各競技種目（33競技種目）の専門部の組織が所管されている。バレーボール専門部は全国9ブロックからなり、競技、審判、強化指導普及、広報の各委員会をもって運営に当たっている。

### 4 — 全日本大学バレーボール連盟
All Japan University Volleyball Association
http://volleyball-u.jp/

連盟は、北海道・東北・関東・北信越・東海・関西・中国・四国および九州の9地域にそれぞれ設置される地域大学バレーボール連盟をもって構成する。地域学連を統括し、かつ代表する学生競技団体として、学生バレーの普及・振興を図ることを目的としている。

全日本大学選手権大会（インドア、ビーチ）、その他の競技会の開催および主管、およびバレーボール競技に関するユニバーシアードその他の国際競技への選手の選考および選手団の派遣などを行っている。

### 5 — 日本クラブバレーボール連盟
Japan Club Volleyball Federation
http://www.jcvf.jp/

各都道府県クラブ組織の統括団体として、2000年6月に設立された。活動は地域クラブの育成、各種講習会の開催および審判員・指導者の養成、全日本選手権大会およびその他の競技会の開催を行っている。

## 6 — 日本実業団バレーボール連盟
Japan Volleyball Federation of Industries
http://www.j-sva.com/

全国の実業団バレーボールチームを統括して、相互親睦と技術の向上を図り、実業団バレーボールの普及発展を通じて、健康で充実した実業人としての職場生活の形成に寄与することを目的として、1961年に設立された。

全日本実業団バレーボール男女選手権の開催、その他実業団バレーボール競技会の開催、主管および後援を行っている。

## 7 — 日本ヤングクラブバレーボール連盟
Japan Young Club Volleyball Federation
http://www9.plala.or.jp/youngvolleyball/

地域社会において、バレーボールに興味・関心をもつ青少年が、個々人の生活環境や技能レベル等に応じて、生涯にわたって継続的にバレーボールを楽しむことのできる環境を整備することを喫緊の課題であるとして、1998年に日本ヤングクラブバレーボール連盟の設立が承認された。

その背景には、中・高等学校の運動部活動が、生徒数の減少、教員の高齢化と若手教員の減少などの指導者の不足、生徒のスポーツに対する意識の変化など、さまざまな要因によって低迷化の一途をたどっており、休部や廃部に陥る部が増加している。一方、教員（顧問）の異動等によって、今まで活発に活動していた部が突然活動できなくなるという事態も起こっている。とりわけバレーボールはこのような傾向が顕著であり、現在も各都道府県におけるバレーボールを愛好する青少年のセーフティネットとして、生涯スポーツ社会づくりの一端を担い、地域の活性化という役割を含めて、所期の目的達成のために活動を続けている。

また、青少年（おもに中・高等学校生徒）を対象とする指導者は、これまで学校の教員が中心であったが、広く地域の人々にも指導者としてスポーツとの関わりの機会をもてるよう、日本体育協会公認指導者の有効活用や新たな有資格者の養成という事業の推進も図っている。

## 8 — 日本ソフトバレーボール連盟
Japan Soft Volleyball Federation
http://www.soft-volleyball.jp/

1990年に設立されて以来、生涯スポーツとしてのソフトバレーの浸透に向け普及・振興を目的に活動を行っている。具体的には地域社会との交流・貢献、小学生へのソフトバレーボールの浸透と競技バレーへの接続などがある。全国大会も盛んに行われており、シルバーフェスティバルなどを開催している。

## 9 — 日本ビーチバレーボール連盟
Japan Beach Volleyball Federation
http://www.jbv.jp/

日本におけるビーチバレーボールの普及と発展を目的として設立された。1987年第1回ビーチバレージャパンを開催し、これが日本におけるビーチバレーボールの発祥とされる。1989年に日本ビーチバレー連盟として発足し、2014年に日本ビーチバレーボール連盟に改称した。

## 10 — 全国ママさんバレーボール連盟
http://www.mamasan-volley.jp/

ママさんバレーボール連盟は1979年に創設された全国家庭婦人バレーボール連盟を前身としており、2011年に一般社団法人化して現在にいたっている。学生、企業などのチャンピオンスポーツとは一線を画し、生涯スポーツとして「世代を超えたコミュニケーションスポーツ」をめざし、全国を9ブロックに分け活動している。連盟が運営する試合はすべて女性によって運営されており、おもな活動としてバレーボールの全国大会を開催するとともに、研修会・講習会なども行っている。

## 3. 国際バレーボール連盟

Fédération Internationale de Volleyball: FIVB
http://www.fivb.com/

　国際バレーボール連盟は1947年に初代会長のポール・リボウ氏（フランス）を中心に22ヶ国の参加のもとパリで設立された。その後、ヨーロッパとアメリカを中心に世界的な普及活動が行われ、1949年プラハでの第1回男子世界選手権大会、1952年には女子の世界選手権がモスクワで開催され、その発展と普及に拍車がかかった。日本のFIVBへの参加は1951年であったが、当時の日本の主流は9人制であり、男子世界選手権に初めて参加したのは9年後の1960年であった。

　2代目会長のルーベン・アコスタ氏（メキシコ）のもとでは213ヶ国がFIVBに加盟しており、その規模はサッカー、陸上、水泳をしのぐ規模となった。加盟国はアジア・中北米・南米・ヨーロッパ・アフリカの5つのゾーン連盟に分けられており、各国（ゾーン地域）の代表が総会に出席し、2年ごとの予算・来期計画の審議を行う。4年に1度、役員の改選が行われ、会長・副会長以下13名で構成される実行委員会が運営の中心となっている。各ゾーン連盟に割り当てられた31名の理事による理事会が年1回開かれている。ローザンヌにあるFIVB本部事務局が日常業務を処理している。理事会の下にスポーツイベント（競技）、コーチ、レフリー、ルール、技術、医事、マスメディア、法制、ビーチバレー、ディベロップメント（普及）の10の専門家による委員会が構成され、理事会への企画提案や委嘱事項を処理している。3代目会長ウェイ・ジジョン（中国）を経て、現在では4代目会長アリ・グラサ（ブラジル）のもと、220ヶ国が参加している。

## 4. 学術団体：日本バレーボール学会

The Japanese Society of Volleyball Research
http://jsvr.org/

　バレーボールに関する理論・研究を通して新たなバレーボール学の構築をめざす学術団体である。その前身は1995年5月に発足したバレーボール研究会から始まり、1999年にバレーボール学会へと名称を変更して活動規模組織を拡大している。2009年には日本バレーボール学会に名称を変更して現在にいたっている。学会の活動は機関誌「バレーボール研究」刊行の他、総会と研究大会および研究集会（バレーボールミーティング）を毎年開催している。当初は100名程度であった会員も現在では500名まで増えている。1999年には日本体育学会第50回記念大会において、体育・スポーツ関連連合大会として共催シンポジウムを開催した。2007年には日本学術会議から協力学術研究団体の指定を受けるなど、学術団体としての地位も確立している。日本バレーボール協会との連携も強く、国内事業本部、指導普及委員会が行っている公認資格認定講習会へ講師を派遣し、研究により導かれたバレーボール理論を現場の指導者へ伝達する役割も担っている。

（亀ヶ谷純一）

［引用・参考文献］
(1) JVAホームページ　http://www.jva.or.jp
(2) 日本バレーボール協会編『日本バレーボール協会五十年史―バレーボールの普及と発展の歩み―』日本バレーボール協会、1982
(3) 日本バレーボール協会編『最新バレーボールコーチ教本』大修館書店、2005

# 1-5 バレーボールに関する指導者養成制度

日本バレーボール協会指導普及委員会では、関係団体等と連携して、「指導者の養成」や「選手の育成」に尽力している。ここでは、バレーボールの「指導者の養成」に関する「指導者資格制度」について述べる。

## 1. 日本バレーボール協会 公認指導者資格

わが国のスポーツ行政推進の法的根拠として、私たちに最も身近な法である「スポーツ基本法」(2011年)においても、「スポーツは、全ての人々の人権であり、一人ひとりがスポーツに親しみ、楽しみ、または支える活動に参画する機会が保障されるべきである」ことが明記されている(スポーツ基本法参照)。この期待を具体化するうえでもっとも重要なことは、各人のスポーツニーズに応じて、その達成をサポートする合理的・科学的な理論と実践によって培われた実力のある指導者の存在である。

> 「スポーツ基本法」(抜粋)
> 
> スポーツは、世界共通の人類の文化である。
> 
> スポーツは、心身の健全な発達、健康及び体力の保持増進、精神的な充足感の獲得、自律心その他の精神の涵養(かん)等のために個人又は集団で行われる運動競技その他の身体活動であり、今日、国民が生涯にわたり心身ともに健康で文化的な生活を営む上で不可欠のものとなっている。スポーツを通じて幸福で豊かな生活を営むことは、全ての人々の権利であり、全ての国民がその自発性の下に、各々の関心、適性等に応じて、安全かつ公正な環境の下で日常的にスポーツに親しみ、スポーツを楽しみ、又はスポーツを支える活動に参画することのできる機会が確保されなければならない。

このため、日本バレーボール協会指導普及委員

表3　指導者養成制度導入の流れ

| 西暦 | 内容 |
|---|---|
| 1965 | 日本バレーボール協会公認指導者養成制度の発足（大会戦績、役員実績、人物評価を評価して、C・B・A級の3段階に認定） |
| 1980 | 日本体育協会公認指導者制度の競技別指導者と統合 |
| 1984 | 公認講師制度の発足 |
| 1991 | ソフトバレーボールリーダー養成制度の発足 |
| 2002 | ソフトバレーボールマスターリーダー養成制度の発足 |

会は、先の「スポーツ振興法」（1961年）の時代から、いち早く指導者養成に取り組み、1965年には、公認資格制度を創設し、現在まで、時代の要請に応えつつ、日本バレーボール協会独自の指導者を含めて、各種の指導者を養成してきている。

その経緯を要約すると表3の通りである。

なお、現在まで、常に日本体育協会との連携を図りながら、指導者養成に関する各種養成・研修事業の充実に努め、延べ5万人を超えるバレーボール関連指導者を養成してきた。

以下、現在の日本バレーボール協会関係公認指導者の種別・役割等について記述する。

### ❶─公認講師

公認講師は、日本バレーボール協会が主催する指導者養成講習会・研修会やバレーボール教室等において、中心的講師として活動するための資格である。認定が必要な「日本体育協会公認指導者養成のための講習会」および「日本体育協会指導者資格更新のために必要な研修（義務研修）」においても、この公認講師が講習会・研修会の中心的な講師でなければならない。

講習会・研修会・教室等の内容について、創意工夫や改善を行い、より質の高い事業を展開して、指導者の養成および指導者の資質向上を図ることを目的としたたいへん重要な資格である。

この公認講師の認定にあたっては、年に1回、「公認講師認定講習会」を実施している。公認講師の認定条件は以下の通りである。

> 以下の条件を満たし、日本バレーボール協会加盟団体及び都道府県から公認講師候補者として推薦を受け、日本バレーボール協会指導普及委員会が受講を認めた指導者。
> ・原則として、日本体育協会公認指導者（コーチ・上級コーチ）。
> ・バレーボールに関する理論または実技の専門分野において優れた指導力を持つ指導者。
> ・加盟連盟または都道府県主催の講習会・研修会等で相当の講師経験があり、今後、日本バレーボール協会主催講習会・研修会・教室等において中心的役割を果たせる指導者。

［参考］2016年6月現在、194名の公認講師が登録されている。

### ❷─ソフトバレーボールリーダー

日本バレーボール協会指導普及委員会が開発し、発展させてきたソフトバレーボールを全国各地で推進させるためには、ソフトバレーボールの指導法、ルール、大会運営等に関する正しい知識をもったソフトバレーボールにおけるリーダーの存在は不可欠である。このため、全国各地で表4のカリキュラム（10時間）の講習会を開催し、ソフトバレーボールリーダーの認定を行っている。

表4　ソフトバレーボールリーダー養成講習会カリキュラム

| 1日目　講義（4時間） |
|---|
| ・国民のスポーツニーズの動向とソフトバレーボール |
| ・ソフトバレーボール指導者の在り方 |
| ・ソフトバレーボールの競技規則 |
| ・各種大会の企画と運営 |
| **2日目　実技（6時間）** |
| ・ソフトバレーボールに適した準備運動とトレーニング |
| ・ソフトバレーボールの指導法（基礎・応用） |
| ・ソフトバレーボールのゲームと審判法 |

※2016年現在、日本バレーボール協会指導普及委員会と日本ソフトバレーボール連盟は、上記カリキュラムについて実地研修を重視したものへの変更を検討している。

[参考] 2016年6月現在、35,734名のソフトバレーボールリーダーが登録されている。

### ❸ ソフトバレーボールマスターリーダー

都道府県レベルでソフトバレーボールをさらに普及・発展させるためのソフトバレーボールのスーパーバイザー的な指導者資格である。❷のソフトバレーボールリーダーを養成する「ソフトバレーボールリーダー講習会」において、日本バレーボール協会派遣公認講師の補助や各都道府県におけるソフトバレーボール研修会の中心的講師として活動する資格である。

[参考] 2016年3月現在、389名のソフトバレーボールマスターリーダーが登録されている。

### ❹ 準指導員

日本バレーボール協会指導普及委員会と全日本バレーボール連盟指導・普及委員会が連携し、全国の大学バレーボール部員を対象として、毎年1回「全国大学バレーボール部員対象日本体育協会公認バレーボール指導員（専門科目）資格取得講習会」を開催している（参考：2016年現在、東会場〈東京都〉・西会場〈大阪府〉の2会場で実施）。「バレーボールの実践を通して、体力・技術・精神力・マナー等を培ってきた選手を、将来の日本バレーボール界の公認指導者として育成するとともに、大学バレーボールのレベルの向上を図ること」を目的とした講習会で、受講資格は、以下の通りである。

- 原則として、JVA-MRS※に有効に登録されている、大学バレーボールチームの構成員で、将来バレーボールの指導者を目指すもの。
- 当該年4月1日現在で満年齢18歳以上の者。

※日本バレーボール協会個人登録管理システム

この講習会で全課程に出席し、所定の筆記テスト・実技テスト合格者には「準指導員認定証」を授与する。しかし、この資格は、大学在籍中のみの資格であり、卒業後は効力をもたない。ここでは、同時に「日本体育協会公認指導員（専門教科）修了証」を授与するので、後述の「日本体育協会公認指導員」資格を参照して、全員が指導員資格を取得することを期待している。

### ❺ 公認スポーツ指導者養成競技別講習会講師（バレーボール競技）

後述の日本体育協会公認指導者資格認定に関わる資格である。現在、「コーチ・上級コーチ」は日本バレーボール協会、「指導員・上級指導員」は都道府県バレーボール協会や加盟連盟が専門科目の講習会を実施しているが、この指導員・上級指導員養成講習会を運営し、試験における最終的な合否を判定する役割をもつ資格である。

## 2. 日本体育協会公認指導者資格の種類

日本体育協会では、図3の通りそれぞれのニーズに対応した指導者資格を認定している。競技別指導者資格は、日本体育協会が共通科目、日本バレーボール協会が専門科目を担当し、両方の合格をもって認定される。なお、各競技別指導者資格認定に必要な知識・能力は表6に示す。

### ❶ 日本体育協会公認バレーボール指導員（受講年度4月1日現在、満18歳以上）

専門科目（バレーボール指導員：表5）＋共通科目Ⅰ（表7）を取得し、所定の手続きを行うことによって認定される。

指導員の役割は次の通りである。

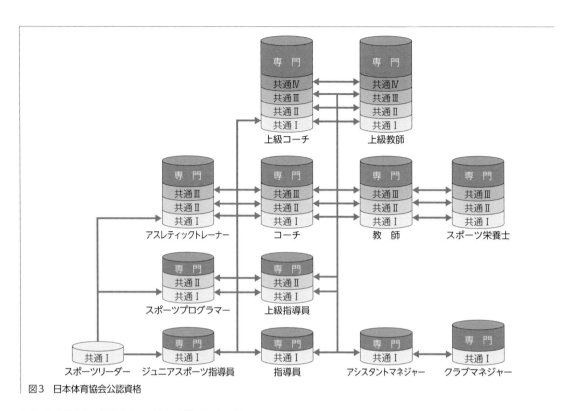
図3　日本体育協会公認資格

表5　日本体育協会公認「バレーボール指導員」専門科目カリキュラム

| 区分 | | カリキュラム内容 | 時間数（時間） | | |
|---|---|---|---|---|---|
| | | | 集合 | その他 | 計 |
| 1 | 種目の特性に応じた基礎理論 | ①日本のバレーボールの現状と今後のバレーボールの展開 | 0 | 2 | 2 |
| | | ②日本バレーボールの歴史 | 2 | 0 | 2 |
| | | ③初心者導入法 | 2 | 0 | 2 |
| | | ④バレーボールの技術論（攻撃・守備） | 2 | 0 | 2 |
| | | ⑤6・9人制のルール | 2 | 0 | 2 |
| | | ⑥ビーチバレーボールの指導法と大会運営 | 2 | 0 | 2 |
| | | 計 | 10 | 2 | 12 |
| 2 | 実技 | ①体力測定実習 | 0 | 2 | 2 |
| | | ②バレーボールに必要な体力トレーニング | 2 | 0 | 2 |
| | | ③基本フォーメーション（6・9人制） | 4 | 0 | 4 |
| | | ④基本技術実習（攻撃） | 3 | 0 | 3 |
| | | ⑤基本技術実習（守備） | 3 | 0 | 3 |
| | | ⑥練習における管理および組織化 | 0 | 2 | 2 |
| | | ⑦救急法実習 | 2 | 0 | 2 |
| | | ⑧マッサージ実習 | 0 | 2 | 2 |
| | | 計 | 14 | 6 | 20 |
| 3 | 指導実習 | ①ウォーミングアップとクーリングダウン実習 | 1 | 0 | 1 |
| | | ②基本技術（攻撃・守備）の指導実習 | 3 | 0 | 3 |
| | | ③バレーボールおよびソフトバレーの初心者指導実習 | 0 | 2 | 2 |
| | | ④練習計画の立案 | 2 | 0 | 2 |
| | | 計 | 6 | 2 | 8 |
| | | 総計 | 30 | 10 | 40 |

- 地域スポーツクラブ等において、スポーツに初めて出会う子供たちや初心者を対象に、競技別の専門的な知識を活かし、個々人の年齢や性別などの対象に合わせた指導にあたる。
- とくに発育発達期の子供に対しては、総合的な動きづくりに主眼をおき、遊びの要素を取り入れた指導にあたる。
- 地域スポーツクラブ等が実施するスポーツ教室の指導にあたる。
- 施設開放において利用者の指導支援を行う。

\*

大学や専門学校によっては、「指導者養成講習会免除適応コース承認校」として認定されている場合があり、卒業時に、日本体育協会が実施する「共通科目Ⅰ」「共通科目Ⅰ＋Ⅱ」、または「共通科目Ⅰ＋Ⅱ＋Ⅲ」が取得できる（免除される）システムがある。

すなわち、このシステムを利用し、「全国大学バレーボール部員対象日本体育協会公認バレーボール指導員（専門科目）資格取得講習会」等で授与される専門科目と合わせて申請すれば、バレーボール指導員として認定される。大学生は、所属する大学の状況を必ず確認し、承認校であれ

表6　各競技別指導者資格認定に必要な知識と能力

| 資格名 | 必要な知識と能力 |
|---|---|
| 指導員 | スポーツに関する基礎的知識<br>ボランティアに関する基礎的知識<br>競技者育成プログラムの理念と方法<br>初心者に対する基礎的指導法 |
| 上級指導員 | 競技者育成プログラムの理念と方法<br>多様な能力やニーズに関する指導法<br>スポーツ教室や各種イベントの企画立案<br>組織育成に関する知識 |
| コーチ | 競技者育成プログラムの理念と方法<br>国内大会レベルの競技者に対する高度な指導法 |
| 上級コーチ | 競技者育成プログラムの理念と方法<br>国際大会レベルの競技者に対する高度な指導法 |

表7　日本体育協会「共通科目Ⅰ」カリキュラム

| 科目名 | 内容 | 時間数 |
|---|---|---|
| 文化としてのスポーツ | ・スポーツの概念と歴史<br>・文化としてのスポーツ | 3.75 |
| 指導者の役割Ⅰ | ・スポーツ指導者とは<br>・スポーツ指導者の倫理<br>・指導者の心構え・視点<br>・世界の舞台をめざすアスリートの発掘・育成の重要性と指導者の役割 | 5 |
| トレーニング論Ⅰ | ・体力とは<br>・トレーニングの進め方<br>・トレーニングの種類 | 3.75 |
| スポーツ指導者に必要な医学的知識Ⅰ | ・スポーツと健康<br>・スポーツ活動中に多いケガや病気<br>・救急処置 | 7.5 |
| スポーツと栄養 | ・スポーツと栄養 | 2.5 |
| 指導計画と安全管理 | ・指導計画の立て方<br>・スポーツ活動と安全管理 | 3.75 |
| ジュニア期のスポーツ | ・発育発達期の身体的特徴、心理的特徴<br>・発育発達期に多いケガや病気<br>・発育発達期のプログラム | 5 |
| 地域におけるスポーツ振興 | ・地域におけるスポーツ振興方策と行政のかかわり<br>・総合型地域スポーツクラブの必要性と社会的意義<br>・地域におけるスポーツクラブとしての「スポーツ少年団」 | 3.75 |
| 合計 | | 35 |

ば、下の注意を確認し、在学中に必ず大学で定められた手続きをしてほしい。

> 承認校に在籍する学生は、卒業年度に学校を通じて修了証明書発行の手続きを行う必要がある。<u>この手続きがないと適応コースを修了したことにはならない。なお、この手続きは卒業後に行うことはできない。</u>

［参考］2016年6月現在、13,652名のバレーボール指導員が有効に登録されている（日本体育協会指導者管理システムによる調査）。

## ❷―日本体育協会公認バレーボール上級指導員（22歳以上）

　専門科目（バレーボール上級指導員：表8）＋共通科目Ⅰ＋共通科目Ⅱ（表9）を取得し、所定の手続きを行うことによって認定される。

　上級指導員の役割は、以下の通りである。

- 地域スポーツクラブ等において、年齢、競技レベルに応じた指導にあたる。
- 事業計画の立案など、クラブ内指導者の中心的

表8　日本体育協会公認「バレーボール上級指導員」専門科目カリキュラム

| 区分 | | カリキュラム内容 | 時間数（時間） | | |
|---|---|---|---|---|---|
| | | | 集合 | その他 | 計 |
| 1 | 種目の特性に応じた基礎理論 | ①技術向上を目的とした指導法・指導者論 | 2 | 0 | 2 |
| | | ②バレーボールの現状と世界のバレーボールの動向 | 0 | 2 | 2 |
| | | ③バレーボールでの事故と安全 | 2 | 0 | 2 |
| | | ④フォーメーション概論 | 2 | 0 | 2 |
| | | ⑤日本バレーボールの歴史 | 0 | 2 | 2 |
| | | ⑥バレーボールの技術体系 | 2 | 0 | 2 |
| | | ⑦バレーボールの技術論（攻撃・守備） | 2 | 0 | 2 |
| | | ⑧バレーボールの指導方法論 | 0 | 2 | 2 |
| | | ⑨チームおよび練習の管理と運営 | 0 | 2 | 2 |
| | | ⑩初心者指導法 | 2 | 0 | 2 |
| | | ⑪小学生指導法 | 0 | 2 | 2 |
| | | ⑫中高生の指導法 | 0 | 2 | 2 |
| | | ⑬バレーボールのルールと審判法 | 0 | 2 | 2 |
| | | 計 | 12 | 14 | 26 |
| 2 | 実技 | ①年間練習計画の立案 | 0 | 2 | 2 |
| | | ②バレーボールにおける筋力・ジャンプ力のトレーニング | 0 | 2 | 2 |
| | | ③バレーボールの基本技術 | 4 | 0 | 4 |
| | | ④バレーボールに必要な総合的体力トレーニング | 0 | 1 | 1 |
| | | ⑤救急法実習 | 0 | 2 | 2 |
| | | ⑥ウォーミングアップとクーリングダウン実習 | 0 | 1 | 1 |
| | | ⑦ボールコントロールおよび指導法 | 0 | 2 | 2 |
| | | 計 | 4 | 10 | 14 |
| 3 | 指導実習 | ①技術指導における効果の評価法 | 0 | 2 | 2 |
| | | ②小学生・初心者の指導実習 | 0 | 2 | 2 |
| | | ③基本的フォーメーションの指導実習 | 0 | 2 | 2 |
| | | ④基本技術の指導実習 | 0 | 4 | 4 |
| | | ⑤能力別の計画立案 | 0 | 2 | 2 |
| | | ⑥体力トレーニングの個人処方 | 0 | 2 | 2 |
| | | ⑦6・9人制における戦術・戦法の指導実習 | 4 | 0 | 4 |
| | | ⑧9人制のチームづくりと指導 | 0 | 2 | 2 |
| | | 計 | 4 | 16 | 20 |
| | | 総計 | 20 | 40 | 60 |

表9　日本体育協会「共通科目Ⅱ」カリキュラム

| 科目名 | 内容 | 時間数 |
|---|---|---|
| 社会の中のスポーツ | ・社会の中のスポーツ<br>・我が国のスポーツプロモーション | 5 |
| スポーツと法 | ・スポーツ事故におけるスポーツ指導者の法的責任<br>・スポーツと人権 | 5 |
| スポーツの心理Ⅰ | ・スポーツと心<br>・スポーツにおける動機づけ<br>・コーチングの心理 | 7.5 |
| スポーツ組織の運営と事業 | ・総合型地域スポーツクラブの育成と運営<br>・スポーツ組織のマネジメントと事業のマーケティング<br>・スポーツ事業のプロモーション | 10 |
| 対象に合わせたスポーツ指導 | ・中高年者とスポーツ<br>・女性とスポーツ<br>・障害者とスポーツ | 7.5 |
| 合計 | | 35 |

な役割を担う。
- 地域スポーツクラブ等が実施するスポーツ教室の指導において中心的な役割を担う。
- 広域スポーツセンターや市町村エリアにおいて競技別指導にあたる。

[参考] 2016年6月現在、863名のバレーボール上級指導員が登録されている（日本体育協会指導者管理システムによる調査）。

## 3 ─ 日本体育協会公認バレーボールコーチ（22歳以上）

専門科目（バレーボールコーチ）＋共通科目Ⅰ＋共通科目Ⅱ＋共通科目Ⅲを取得し、所定の手続きを行うことによって認定される。

コーチの役割は以下の通りである。
- 地域において、競技者育成のための指導にあたる。
- 広域スポーツセンターや各競技別のトレーニング拠点において、有望な競技者の育成にあたる。
- 広域スポーツセンターの巡回指導に協力し、より高いレベルの実技指導を行う。

[参考] 2016年6月現在、564名のバレーボールコーチが登録されている（日本体育協会指導者管理システムによる調査）。

## 4 ─ 日本体育協会公認バレーボール上級コーチ（25歳以上）

専門科目（バレーボール上級コーチ）＋共通科目Ⅰ＋共通科目Ⅱ＋共通科目Ⅲ＋共通科目Ⅳを取得し、所定の手続きを行うことによって認定される。

上級コーチの役割は、以下の通りである。
- ナショナルレベルのトレーニング拠点において、各年代で選抜された競技者の育成強化にあたる。
- 国際大会等の各競技会における監督・コーチとして、競技者が最高の能力を発揮できるよう、強化スタッフとして組織的な指導にあたる。

[参考] 2016年6月現在、407名のバレーボール上級コーチが登録されている（日本体育協会指導者管理システムによる調査）。

＊

なお、現在、日本バレーボール協会では、競技別指導者資格である、「教師・上級教師」（商業スポーツ施設等における指導者）については、育成・認定を行っていない。

## 5 ─ 日本体育協会公認マスター認定指導者

競技別指導者マスターの認定にあたっては、原則として、以下(1)～(5)までの条件のすべてを満たした者の中から、日本バレーボール協会が日本体育協会に推薦し、日本体育協会指導者養成専門委員会の承認を受けて認定される。

(1)競技別の各領域の上級資格を有する者であること。

(2) 年齢40歳以上の者であること。
(3) 競技別指導者として中核的な役割を果たした実績がある者。
(4) 競技別指導者を養成、指導した顕著な実績がある者で、今後とも継続して競技別指導者の養成、指導にあたる者。
(5) 人物、見識ともにすぐれ競技別指導者マスターとして相応しい者。

＊

名実ともに、バレーボールの指導者における最高レベルの資格である。

[参考] 2016年現在、17名のバレーボール指導者がマスターの称号を授与されている。

### 6 ─ その他日本体育協会公認資格

日本バレーボール協会が専門科目を担当する、競技別指導者（指導員、上級指導員、コーチ、上級コーチ〈マスター認定〉）の資格以外に、次のような資格がある。

○スポーツ指導基礎資格
　・スポーツリーダー
○フィットネス資格
　・スポーツプログラマー
　・ジュニアスポーツ指導員
○マネジメント指導者資格
　・アシスタントマネジャー
　・クラブマネジャー
○メディカル・コンディショニング資格
　・スポーツドクター
　・スポーツデンティスト
　・アスレティックトレーナー
　・スポーツ栄養士

## 3. 国際バレーボール連盟（FIVB）公認資格

FIVBでは、3つの指導者資格プログラムを実施している。

①レベルⅠ（初級）：92時間・12日間
　How to play.
②レベルⅡ（中級）：94時間・13日間
　How to teach.
③レベルⅢ（上級）：56時間・7日間
　How to coach.　How to win.

それぞれ、バレーボールの楽しみ方、教え方や強化方法、勝つ方法という主たる目的に合わせてカリキュラムが構成されている。

また、専門的な分野（セッター・サーブ・レセプション・ディフェンス戦術・リベロ、若年層への指導等）に関するテクニカルセミナーも毎年、全世界で開催されているので（英語・スペイン語・フランス語の能力が必要）、講習会またはテクニカルセミナーに参加希望の場合は、日本バレーボール協会指導普及委員会まで問い合わせること。

（橋爪　裕）

[引用・参考文献]
(1) 国際バレーボール連盟編『FIVB Coaches Manual』2011
(2) 日本バレーボール協会編『最新バレーボールコーチ教本』大修館書店、2005
(3) 日本バレーボール協会編『最新ソフトバレー・ハンドブック』大修館書店、2010
(4) 日本バレーボール協会編『バレーボール指導教本』大修館書店、2012
(5) 日本バレーボール協会指導普及委員会『2015全国大学バレーボール部員対象　日本体育協会公認バレーボール指導員（専門科目）資格取得講習会テキスト』2015
(6) 日本体育協会編『公認スポーツ指導者制度　オフィシャルガイド』2015

VOLLEYBALL
COACHING THEORY

# 2章

# バレーボールの基礎的コーチングを理解する

# 2-1 コーチングに必要な基本的態度

　昨今の日本スポーツ界はコーチングのあり方をめぐって深刻な問題に直面してきた。柔道の女子日本代表選手に対する暴力的指導や、大阪の高校バスケット部員の自殺などの問題が次々と発覚し、「日本スポーツ史上最大の危機」（文部科学大臣）とも危惧された。

　こうした問題状況にあって、2020年の東京オリンピック・パラリンピック大会を控えてコーチングを正しい方向へと導くため、「グッドコーチに向けた『7つの提言』」が発表された。この提言は、文部科学省が有識者等を集めて作った「コーチング推進コンソーシアム」の会議によってとりまとめられたものである。

　本章では、「7つの提言」をはじめ、文部科学省に設置された「スポーツ指導者の資質能力向上のための有識者会議」（タスクフォース）、日本体育協会による「倫理ガイドライン」および、「公認スポーツ指導者養成テキスト」などを手がかりに、指導者がもつべき倫理や心構えについて学ぶ。

## 1. 文部科学省の提言――新しい時代にふさわしいコーチング

　スポーツ指導において、体罰や暴力的指導の問題が明らかになったことを受けて、文部科学副大臣（スポーツ担当）の下に、「スポーツ指導者の資質能力向上のための有識者会議」（タスクフォース）が設置された。タスクフォースにおいて、「新しい時代にふさわしいスポーツの指導法」のあり方について検討が進められ、2013年7月に報告書がまとめられている。

　バレーボールのコーチングを考えるうえでとくに重要と思われる報告書の記述を以下、要約しながら紹介する。

## 1 — コーチングとコーチ

スポーツは、心身の健全な発達を促し、人生を充実させ、豊かな時間を与えてくれる。そのような魅力をもつスポーツは、人類が創りあげた世界共通の素晴らしい文化の一つであるといえる。

スポーツ指導は、競技者が自発的に、それぞれの興味や適性等に応じて日常的にスポーツに親しむことを支援する行為といえる。したがって、スポーツの指導を行う者の役割は、競技者やチームを育成し、目標達成のために最善の支援をすることである。この活動全体を「コーチング」と呼び、すべての競技者やチームに対してコーチングを行う者を「コーチ」という。

## 2 — 次世代を担うコーチングのあり方

次世代を担うコーチングとは、それが競技者（児童・生徒、学生など）やスポーツの未来に責任を負う社会的な活動であるということを自覚しなければならない。そのようなコーチングのあり方は、さまざまなステージに分けることができるが、役割や目的別に考えてみると以下のようになる。

①地域のスポーツ団体を指導するコーチは、子供たちが生涯にわたってスポーツに親しむことができるよう、スポーツの楽しみを教え、発育・発達の段階に応じて特定のスポーツ種目に偏ることなくさまざまな動きを経験させ、ケガをしにくいトレーニング方法等を工夫することが必要である。

②運動部を指導するコーチは、その活動が学校教育の一環として行われるものであることを意識して、しっかりとした管理と運営体制の下に、児童・生徒のさまざまなキャリアや個性などを念頭に、目先の競技成績にとらわれることなく、児童・生徒の長期的なスポーツキャリアを視野に入れたコーチングを行うことが必要である。

③総合型地域スポーツクラブで指導するコーチは、個々人の年齢、性別、障がいの有無や志向に合わせてコーチングが行えるよう、指導者資格の取得や研修会やセミナーへの参加等を通じてコーチング能力の維持向上を図っていくことが重要である。

④ナショナルチームやトップチームのコーチであれば、競技者やコーチ自身のグローバルな活躍を視野に入れると同時に、その社会的影響を踏まえ多様な立場にあるコーチのロールモデルとなるよう努めることが求められる。さらに、スポーツおよび関連情報の最新知見を収集し、国内・国際社会で通用するパーソナリティー、すなわち人間性や言動とコーチングスキルなどを絶えず研鑽しておくことが望ましい。

また、コーチは競技者に対し強制ではなく人格を尊重し、主体的な判断や行動を促すコーチングを行い、さらに練習量だけではなくトレーニングの質も大事にしたい。コーチのもつ影響力を自覚し、スポーツの価値や健全性を社会の中で高めることを意識して行動することも重要である。

## 3 — コーチングに必要な知識と技能

最適なコーチングを行うために、さまざまな知識や技能を身につけることが求められる。なぜ自分はコーチングを行うのか、コーチとしてなにをめざすのかといったコーチングの哲学に加えて、トレーニング科学に関する知識・技能を学ばねばならない。さらにスポーツ医学に関する知識・技能を学ぶことは、競技者のスポーツ障害等を防ぐことにつながる。

しかしながら、コーチングの意味や目的を十分

に考えずに、自身の体験や思い込みだけで倫理的に認めらない行動や不適切なコミュニケーション、非合理的なトレーニングを行って、競技者やチームのパフォーマンスを低下させてしまうケースがいまだに見受けられる。このような間違ったコーチングからは、いわゆる「燃え尽き症候群」（バーンアウト症候群）や、使い過ぎ（オーバーユース）によるスポーツ障害を生むような事態も生じている。

さらに、知識・技能を学んでも実際のコーチングの現場においては、自らが競技者として経験してきたコーチングのあり方に影響され、新しく得た知識・技能が十分に活用されない場合もある。過去の経験や知識だけでは通用しない時代にあって、学んだ知識・技能を適切に活用することを身につけることが重要である。

### ❹ 子供に対するコーチング

少子高齢化が進み、運動やスポーツをする子としない子の二極化が進んでいる。子供たちにスポーツの楽しさや面白さを味わってもらい、やる気を引き出し、自ら考えてプレイすることの楽しさを、長期的な視野で教えていくことが重要である。

子供の時代に受けたコーチングは、その競技者の未来だけでなく、次世代の競技者に大きな影響を与える。そう考えたとき、子供に対するコーチングは、他の競技者に対するコーチング以上に高い倫理観と高度な知識・技能が必要となる。

体罰・暴力行為の再生産を断ち切るためにも、子供の発達段階に応じて、やる気を引き出し、自ら考えてプレイすることの大切さを教え、その長いスポーツキャリア全体を視野に入れた適切なコーチングが求められる。

## 2.「グッドコーチに向けた『7つの提言』」

タスクフォースの報告書を受けて、「コーチング推進コンソーシアム」が文部科学省に設置された。これは、オールジャパン体制でコーチング環境の改善・充実に向けた取り組みを推進するため、わが国を代表するスポーツ関係団体や大学、クラブ、アスリートなどを構成員として設置（2014年6月）されたものである。

このコンソーシアムでは、2015年3月、「グッドコーチに向けた『7つの提言』」が以下のように取りまとめられた。スポーツに関わる全ての人々が「7つの提言」を参考にすることで、新しい時代にふさわしい正しいコーチングを実現することが期待されている。

**① 暴力やあらゆるハラスメントの根絶に全力を尽くしましょう。**

暴力やハラスメントを行使するコーチングからは、グッドプレイヤーは決して生まれないことを深く自覚するとともに、コーチング技術やスポーツ医・科学に立脚したスポーツ指導を実践することを決意し、スポーツの現場における暴力やあらゆるハラスメントの根絶に全力を尽くすことが必要です。

**② 自らの「人間力」を高めましょう。**

コーチングが社会的活動であることを常に自覚し、自己をコントロールしながらプレイヤーの成長をサポートするため、グッドコーチに求められるリーダーシップ、コミュニケーションスキル、論理的思考力、規範意識、忍耐力、克己心等の「人間力」を高めることが必要です。

**③ 常に学び続けましょう。**

自らの経験だけに基づいたコーチングから脱却し、国内外のスポーツを取り巻く環境に対応した

効果的なコーチングを実践するため、最新の指導内容や指導法の習得に努め、競技横断的な知識・技能や、たとえば、国際コーチング・エクセレンス評議会（ICCE）等におけるコーチングの国際的な情報を収集し、常に学び続けることが必要です。

4 ─ プレイヤーのことを最優先に考えましょう。

プレイヤーの人格およびニーズや資質を尊重し、相互の信頼関係を築き、常に効果的なコミュニケーションにより、スポーツの価値や目的、トレーニング効果等についての共通認識の下、公平なコーチングを行うことが必要です。

5 ─ 自立したプレイヤーを育てましょう。

スポーツは、プレイヤーが年齢、性別、障害の有無に関わらず、その適性および健康状態に応じて、安全に、自主的かつ自律的に実践するものであるということを自覚し、自ら考え、自ら工夫する、自立したプレイヤーとして育成することが必要です。

6 ─ 社会に開かれたコーチングに努めましょう。

コーチング環境を改善・充実するため、プレイヤーを取り巻くコーチ、家族、マネジャー、トレーナー、医師、教員等のさまざまな関係者（アントラージュ）と課題を共有し、社会に開かれたコーチングを行うことが必要です。

7 ─ コーチの社会的信頼を高めましょう。

新しい時代にふさわしい、正しいコーチングを実践することを通して、スポーツそのものの価値やインテグリティ（高潔性）を高めるとともに、スポーツを通じて社会に貢献する人材を継続して育成・輩出することにより、コーチの社会的な信頼を高めることが必要です。

※「グッドコーチに向けた『7つの提言』」より。

## 3. グッドプレイヤー・グッドコーチ

日本体育協会は理想とするグッドプレイヤー像を掲げ、その育成に向けたコーチのあるべき姿を示し、グッドコーチとして提唱している。

### 1 ─ グッドプレイヤー像

| 人物像 | キーワード |
| --- | --- |
| スポーツを愛し、その意義と価値を自覚し、尊重できる人 | スポーツが好き、スポーツと意義と価値の理解 |
| フェアプレイを誇りとし、自らの心に恥じない態度をとり行動できる人 | フェアプレイ |
| 何事に対しても、自ら考え、工夫し、行動できる人 | 自立、課題解決（創意工夫、実践力） |
| いかなる状況においても、前向きかつ、ひた向きに取り組むことができる人 | 逆境・困難に打ち克つ力、ポジティブシンキング、真摯さ、継続性 |
| 社会の一員であることを自覚し、模範となる態度・行動がとれる人 | 社会の中の自己認識、社会規範、モラルの理解・遵守 |
| やさしさと思いやりをもち、差別や偏見をもたない人 | 同情・共感・公平・公正さ |
| 自分を支えるすべての人々（保護者、コーチ、審判、対戦相手など）を尊重し、感謝・信頼できる人 | 相互尊敬（リスペクト）、感謝・信頼 |
| 仲間を信じ、励まし合い、高め合うために協力・協働・協調できる人 | チームプレイ、協力・協働・協調 |

### 2 ─ グッドコーチ像

| 人物像 | キーワード |
| --- | --- |
| スポーツを愛し、その意義と価値を理解し、表現できる人 | 人が好き、スポーツが好き、スポーツの意義と価値の理解 |
| グッドプレイヤーを育成することを通して、豊かなスポーツ文化の創造やスポーツの社会的価値を高めることができる人 | プレイヤーやスポーツの未来に責任をもつ |

| プレイヤーの自立やパフォーマンスの向上を支援するために、常に自身を振り返りながら学び続けることができる人 | 課題解決、自立支援、プレイヤーのニーズ充足、卓越した専門知識（スポーツ教養）、内省、継続した自己研鑽 |
|---|---|
| いかなる状況においても、前向きかつひた向きに取り組める人 | 逆境・困難に打ち克つ力、ポジティブシンキング、真摯さ、継続性、同情・共感、対象に合わせたコーチング |
| プレイヤーの生涯を通じた人間的成長を長期的視点で支援することができる人 | プレイヤーズファースト、プレイヤーのキャリア形成・人間的成長、中長期的視点 |
| いかなる暴力やハラスメントも行使・容認せず、プレイヤーの権利や尊厳、人格を尊重し、公平に接することができる人 | 暴力の根絶、相互尊敬（リスペクト）、公平・公正さ |
| プレイヤーが、社会の一員であることを自覚し、模範となる行動・態度をとれる人 | 社会の中の自己認識、社会規範・モラルの理解・遵守、暴力根絶意識のプレイヤーへの伝達 |
| プレイヤーやプレイヤーを支援する関係者が、お互いに感謝・信頼し合い、かつ協力・協働・協調できる環境を作ることができる人 | 社会との関係・環境構築、チームプレイ、感謝・信頼、協力・協働・協調 |

（『スポーツ指導者の資質能力向上のための有識者会議報告書』2013）

## 4. スポーツ指導者の倫理 ――倫理に反する行動や言動

コーチはプレイヤーに対して大きな影響力をもつ。指導者の倫理観やそれに基づく言動は、プレイヤーたちの態度や言動、さらにはスポーツに対する価値観にも影響を及ぼすことになる。したがって、コーチに求められる倫理を十分認識し、以下のことについて強い意志をもち対処することが求められる。

### 1 ― 人道に反する行為や暴力

身体的暴力は殴る、蹴る、平手打ち、バットや竹刀で叩く、物を投げるなどの行為をさす。一方、直接身体には触れなくとも、無視するなどの態度によって相手を脅かす、言葉によって威圧するなどの精神的暴力もある。これらは、犯罪を取り締まる法律である刑法によって暴力と定められている。たとえプレイヤーを励ますため、動機づけのための掛け声であっても、指導者は一般社会で受け入れられるような言葉遣いを心がけるべきである。

また性暴力については、明確な定義があるわけではないが、「性を手段とした暴力であり、相手の意思に反する全ての性的行為をさす」といった考え方が主流である。被害者が「嫌だ」といったときだけではなく、嫌だけれど断れない、逃げられない、応じざるを得ないといった状況も当てはまる。

年齢、性別、性的指向や性自認、障がいの有無、国籍、文化、宗教、言語、民族、人種などの特徴を理由に相手の扱いに差をつけたり、相手を嘲笑・侮辱し、さらには集団から除外したり、関わりを拒否したりする言動や態度は、「差別」として倫理に反する行為を意味する。

### 2 ― その他の反社会的行為

不適切な指導としては、罰としての正座や、無理な負荷を課したトレーニングをさせる、ケガをしているにもかかわらずプレイを強要するなど、スポーツ医・科学的根拠を欠く指導などをさす。また、脱衣や断髪の強要など個人の尊厳を傷つける行為、理由なくプレイさせないなど、スポーツを行う権利を奪う行為も含まれる。

ドーピングおよび薬物等も禁止されている。ドーピングとは競技能力を向上させる可能性がある薬物を不正に使用することであり、スポーツの基本理念であるフェアプレイの精神に反する行為

である。

　金銭にまつわる目的外使用などの不適切な経理処理、金銭の横領や贈収賄、金銭や接待などの直接的または間接的な強要、受領もしくは提供など、スポーツ指導に関わる金銭的に不適切な処理も反社会的行為である。また、たとえ直接的な金銭のやりとりがなくても、スポーツ指導の立場を利用した便宜供与や物品提供の強要、受領もしくは提供なども同様に問題になる。

### 3━倫理に反する指導者にならないために

①あらゆるハラスメントをしない、許さない。
②差別的言動をしない、許さない。
③反倫理的言動を黙認や隠ぺいせず、速やかに適切に対処する。

　指導者の態度や言動は、社会から注目されていることを認識し、常に学び続け、自ら成長・発展するとともに、社会的期待に応えられる振る舞いや服装を心がけることが重要である。

## 5. スポーツの類別とその役割

　スポーツは実施の動機、実施目的、成果への期待等によって一般的に、①学校体育・スポーツ、②競技スポーツ、③生涯スポーツに大別される。

### 1━学校体育・スポーツ

　学校体育・スポーツとはスポーツの本質を活かしながら、その中から教育的価値を求めて選択し、学校教育の目標である人格形成をめざして構成した身体運動である。学校体育スポーツは、目的達成のための手段や教育の材料ではなく目的そのものであり、実践の結果として教育目標達成のための成果が期待できるとの考え方が定着している。

### 2━競技スポーツ

　競技スポーツとは、オリンピック、世界選手権、ワールドカップ、国民体育大会等を頂点とする国際的・全国的競技大会において優勝をめざす、いわゆる勝負を賭けて人間の極限に挑戦するチャンピオンシップスポーツである。

### 3━生涯スポーツ

　生涯スポーツとは、スポーツの実施により、健康や体力づくり、楽しみや生きがいづくり、仲間やコミュニケーションづくりなどの成果が期待できる、いわゆる「みんなのスポーツ」である。それぞれ指導者には固有の役割があり、参加者個々人の自己実現への支援や個人特性の発掘・育成・活用に向けて対象に応じ指導しなければならない。

## 6. バレーボール指導者の役割

### 1━学校体育・スポーツの指導者

　学校体育・スポーツの指導者には、児童・生徒の生涯にわたる豊かなスポーツライフの基礎作りとともに、生涯スポーツおよび競技スポーツ振興への協力が期待されている。

　学校における体育・スポーツに関する指導の特徴は、学校教育全体を通じて展開される教育活動であるところに他のスポーツ指導との相違がある。そのねらいは「生涯を通じて継続的にスポーツを実践するための資質や能力の育成」であり、スポーツとの素晴らしい出会いをもたらすことと、スポーツの楽しさや喜びを味わわせること、スポーツの合理的な実践方法を指導することなど、学校体育・スポーツ指導者には、「生涯スポーツの準備・

基礎づくり」「生涯スポーツへのつなぎ」をめざした、いわゆる「スポーツ教育」が期待されている。小学校から中学2年生までは、より多くの種目のスポーツ特性に触れさせる多種目多経験型指導、中学3年生からは個々人が自らの興味や関心に応じて種目を選択し、より高い技能の習得をめざす選択型指導が求められている。

なお、優秀な素質をもったタレント性を有する児童・生徒については、学校運動部活動における指導に加え、地域や競技団体等の連携により、一貫指導システムにのっとって指導が受けられるよう考慮することによって、個性の伸長を図るようにすることが重要である。

## 2ー競技スポーツの指導者

競技スポーツ指導者の指導対象は多様であり、めざす競技レベルの高さは異なる。

競技スポーツ型指導は、その良否は別として、一般的に「勝ち」「負け」が評価の判断基準となるため、結果を重視した指導であるといえる。これまでバレーボールの指導者は、一般的に個々人の「経験則依存型の指導」「指導者主体」が中心であり、そのような指導者の指導によるチームや選手が国際的・全国的規模の大会において成果を上げてきたことは否定できない事実である。しかし、競技スポーツ型指導により、「3つのしすぎ」(教えすぎ・練習のやりすぎ・プレッシャーのかけすぎ)が生じマイナス面が指摘されている。

近年、全国的にも国際的にも競技力向上に向けての取り組みはきわめて高度化し、人間の極限以上の技術を追求する試みが行われており、これまでのように一人の指導者ではとうてい対応できない状況である。

これからの競技スポーツ指導者には、指導対象により程度の差はあるものの、コーチング技術に加え、スポーツの社会学や心理学、トレーニング科学、スポーツ医学、栄養学、組織経営学、情報処理等の幅広い知識・技能を習得することが必要不可欠となっている。

とくにわが国を代表するチームや選手の指導には、きわめて高い指導者としての資質が求められることはもちろん、その指導者を各分野から支援する専門家グループを編成し、あらゆる可能性を追求できる条件整備を図り、総合的・横断的視点から競技力向上に取り組むことが肝要である。

## 3ー生涯スポーツの指導者

生涯スポーツの指導者には、地域におけるスポーツ環境の充実への協力・支援が求められ、また、スポーツ実施者それぞれの実施目的や興味・関心、技術レベル等に応じた合理的・科学的な指導が期待されている。

一般的にスポーツ指導者には、競技スポーツ経験者が選手生活を終えた後、指導者としてスポーツ指導に携わることが多い。このため、自らが経験してきた体育会的な競技スポーツ型指導によって生涯スポーツに携わる場合、参加者と指導者の価値観の相違に起因するトラブルがみられ、指導の成果が上がらないことが多い。

生涯スポーツ型指導は、「勝ち」「負け」という結果も軽視するわけではないが、むしろ過程重視型のスポーツ指導といえ、活動そのものに大きな意義を見出しつつ、指導者も一緒に楽しむのである。

生涯スポーツ型の指導に対しては、自主性・自発性を重視するあまり放任に陥ることもあり、指導者としての役割を果たしていないのではないかとの批判も一方ではある。このような指摘を踏まえつつ、生涯スポーツ指導者には、バレーボールを通じて「体を使うことの楽しさ」「仲間と協力

して目標を達成する喜びや感動の体験」などの機会をもたらすことによって、豊かなスポーツライフの創造への貢献が期待されているといえる。

（亀ヶ谷純一）

［引用・参考文献］
(1)コーチング推進コンソーシアム『グッドコーチに向けた「7つの提言」』2015
(2)日本バレーボール協会編『バレーボール指導教本』大修館書店、2004
(3)日本体育協会編『公認スポーツ指導者養成テキスト』2005
(4)日本体育協会編『スポーツ指導者のための倫理ガイドライン』2013
(5)スポーツ指導者の資質能力向上のための有識者会議『スポーツ指導者の資質能力向上のための有識者会議報告書』2013

# 2-2 うまくなるための理論の理解
## 運動学習理論とコーチング、動機づけ理論

### 1.「コーチ」とは

　さまざまな辞典を総合すると、コーチ（Coach）の語源は、ハンガリーの村コーツ（Kocs）で作られていた馬車に由来すると言われる（金子，1993）。馬車は大切な人を目的地に運ぶ乗り物であり、その意味から転じて今日ではスポーツ指導者をさす言葉として一般に定着している。そのためコーチング（Coaching）とは、「大切な人をその人が望むところまで送り届けるためのさまざまな営みの全体」ととらえられる。

　すなわちコーチには、自らの経験や知識、指導能力を総動員して、選手やチームのすぐれたところを認め、それを伸ばし、さらなる可能性を引き出すことにより、選手やチームが所期の目的を達成できるよう介入・支援すること、すなわちコーチングを行うことが求められる。そして、すぐれたコーチングを展開するためには、「うまくなるための理論」を学んでおくことが肝要である。

### 2.「うまくなること」と運動学習の関係

　われわれ指導者が日々の練習を行っているのは、選手の技術向上、さらにはチーム力の向上を企図したものであることは、改めていうまでもない。選手に少しでもうまくなってもらいたいと考えて練習にさまざまな工夫を凝らしているはずであり、それによる各選手の上達がひいてはチーム力の強化として結実するのである。

　この練習によってパスやスパイクなどバレーボールの技術が上達する過程は、一般に「運動学習」（motor learning）といわれ、言語的材料をおもに用いる「言語学習」と区別される。運動学

習によってバレーボールの技術が個人に獲得されたときには技能（skill）と呼ばれ、指導等によって受け渡し可能な技術が個人に内在化され他者には受け渡し不可能な能力となっていくのである。

このような技能は、もちろん前述のように日々の練習の積み重ねによって獲得されるものではあるが、ただいたずらに練習の量だけを重ねればよいというものではない。どのように練習するか、すなわち効果的な運動学習を進めるための練習方法と質が問われることになる。こう考えたとき、効果的な練習方法を選手に提示し、日々の練習を組織化することがコーチングの最重要課題として意識される。

そのような練習を導く原理や原則は、スポーツの科学研究によって探究されてきた。とくに「運動学習理論」の諸原則の適用によって、コーチングの効果が高まることを数多くの研究成果が教えてくれている。しかし残念ながら、われわれ指導者が練習方法を考える際、自身のこれまでの経験に基づいたり、強豪チームの練習法を模倣したり

するばかりで、運動学習の諸原則を理論的根拠に据えるケースは非常に少ないのが現状である。

龍山他（1999）は、科学的理論に基づいたバレーボールの練習法という観点から、高校のバレーボール指導者159名を対象に、指導や練習についての考え方とその実践を調査し、運動学習理論の知見が実際の練習に活かしきれていない現状を報告している。

もちろん、指導者の経験に基づく指導の全てを否定するつもりはないが、しかし経験だけでは限界がある。理論を学ぶことによって経験を正しく活かし、効果的な練習法を創出することが可能になる。そこで本節では、指導力のさらなる向上を願って、バレーボールのコーチングに役立つ運動学習の知識と理論を提供していく。

## 3. 運動学習理論の関連モデル

図1は、練習や個々のドリルを進めるに当たっ

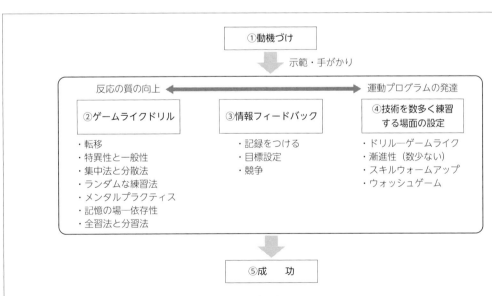

図1　運動学習理論を念頭においたバレーボールのコーチングモデル

ての基本的原則とそれらの原則を支持する運動学習の理論との関連を模式的に示したものである（マクガウン，1998）。われわれが練習を進める際には、このモデルが手がかりとなる。

### 1 ── 目標の提示による「動機づけ」

選手にどのような技術を身につけてほしいか、その情報を明確に提示すること（目標の提示）によって、選手を動機づけることができる。そのためには、視覚情報の有効活用（示範、デモンストレーション）とキーとなる「手がかり」を与えることが重要である。

「百聞は一見に如かず」ということわざが示すように、動作を示範することによって運動イメージを視覚情報で伝えることができ、言葉で説明するよりも学習をより推進することが可能となる。

また、パフォーマンスに関するさまざまなヒント・きっかけ（手がかり）となるものを用いることも学習を促進させる。ただし、手がかりは短く、簡潔であることが重要であり、また一度にすべての手がかりを与えるのではなく、適切な順序で提供し、一つ解決したら次に移る、という具合に配慮する必要がある。

たとえば、アンダーハンドパスの指導の際の手がかりとその提示手順として、①両手首と手を一緒にする、②前腕でボールをヒットする、③肘をまっすぐに保つ、④ボールに正対して腕を目標に向ける、という4点を挙げることができる。

なお、練習の始めにチーム全員を集め、今日の練習に関する必要な情報（メニュー、タイムテーブル、グループの組み合わせ等）について説明することも、「目標の提示」の一つである。これからなにをやるのか、その練習の目的はどこにあるのかといった事柄について選手たちに周知し、心理的な構えを作らせてから練習に入ることで、目的意識をもった取り組みが期待できる。ひょっとすると、普段の練習で疎かになりがちな部分であるかもしれない。

### 2 ── ゲームライクドリルの工夫：
### 　　　ゲーム状況を作り出す

ゲームにおいて発生するような場面や条件を練習場面でもできるだけ設定することが重要である。練習内容と実際のゲームが乖離しているにもかかわらず、「練習時には試合のつもりで！」「試合時には練習のつもりで！」というアドバイスを送っても意味がない。ソウルオリンピックで金メダルを獲得したアメリカ男子監督マーブ・ダンフィーは、「もっともいいレシーブ練習は、レシーブ（Pass）─トス（Set）─アタック（Hit）であり、もっともいいトス練習もP‐S‐Hであり、もっともいいスパイク練習もやはりP‐S‐Hである」と述べている。

### 3 ── 情報フィードバックの活用：
### 　　　スコアをつける、競争場面を設定する

それぞれの練習において記録やスコアをつける

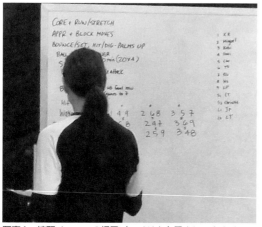

写真1　練習メニューの提示（アメリカ女子ナショナルチームの実践例）

写真2 記録をつける（アメリカ女子ナショナルチームの実践例）

ことにより、プレイの善し悪しを客観的に評価することができるし、その情報は次の目標設定にも活用できる。また、得点設定やペナルティーなどを工夫することで競争意識を高め、試合時に類した緊迫感を練習で作り出すことができる。

**4―反応回数の確保：触球機会の多数化**

練習内容やポイントシステムを工夫することで、できる限り多くボールに触れる機会を確保する。これは技能の上達に不可欠である。当然のことながら、繰り返し練習をしない限り技能は向上しないのである。

## 4. 運動学習理論を活かしたコーチングの実際

**1―各スポーツを構成する技術の「特異性」：すべての競技に秀でるために共通した一般的な能力は存在しない**

たとえば、野球が上手い人はバレーボールも上手いだろうと思うように、一般的にはどんなスポーツにも通じる運動能力が存在すると考えるかもしれない。言い換えれば、「技能の一般性」（generality）と「特異性」（specificity）の問題である。そして近年では、それぞれの能力はある課題もしくは活動に対して特異的なものである、という特異性の考え方が優位となっている。

この特異性の考え方に立脚すれば、優秀な野球選手といえども必ずしも優秀なバレーボーラーではない、ということになる。そして、それぞれのスポーツに必要な特異な技能があるはずであり、バレーボールの上達にはバレーボールに直接結びつく練習方法が必要である、ということになる。

たとえば、いくらアップのためとはいえ、準備運動としてサッカーやバスケットボールを行うことは、バレーボールの技術の向上には全く貢献しないといえる。また、オーバーハンドパスのスキルアップを企図してバスケットボールを用いたオーバーハンドパスの練習を行ったとしても、これは「バスケットボールを用いたパスのための運動プログラム」を発達させるものであり、決してバレーボールを用いたオーバーハンドパスのための運動プログラムと同じものではない、ということを理解しておかねばならない。

**2―「練習の転移」を狙った練習場面の設定：ゲームにつながる練習を**

過去の練習経験が次の運動学習に有効に働いたり、逆に妨げとなったりする場合がある。このような現象は一般に、「練習（学習）の転移」（Transfer of Training）と呼ばれている。転移の量は両課題の類似性に関係するといわれている。たとえば、軟式テニス経験者が硬式テニスを練習しようとした場合、コート感覚やネット感覚、ラケットの操作性の点で類似性が高いと考えられるかもしれない。しかし実際には、軟式テニスのラケットの振り方、面の使い方、ボールの飛び方と弾み方が硬式テニスのそれらとは全く異なるものであり、ポジティブな転移は考えにくい。

この転移について、バレーボールで考えてみよう。練習したことが試合で発揮できるかどうかは、実は練習から試合への練習の転移の問題と考えられる。ポジティブな転移を導くためにも、練習は常にゲームを想定しながら計画・実行されなければならない。実際のゲーム場面をどこまで想定した練習ができているかが問題となる。

　たとえば、よく目にするレシーブ練習に、「シートレシーブ」と呼ばれるものがある。コート半面を利用した練習である。どのような目的でこの練習を行うかにもよるが、レシーブのスキルを高めるために行うのであれば、この練習の成果が実際の試合にポジティブに転移することはあまり期待できない。

　なぜなら、実際のゲームではボールはネットを越えてくるし、相手のトスやスパイカーの入り方、さらにはブロックとの関係で、さまざまなコースにボールが飛んでくるからである。シートレシーブ練習のように、ネット越しではなく自コートのレフトやライトサイドから打たれるボールをレシーブするといった場面は、ゲーム中にはあり得ない。したがって、練習での学習効果をゲーム場面で発揮するためには、「練習の転移」を考慮した「ネットをはさんだゲームライクの練習場面の設定」が求められるのである。

### ③ー「ランダム練習」の活用：多様な技術を一括して練習する

　たとえば、レシーブ練習をする際に、コーチから打たれたボールを連続してレシーブするという練習は、ボールが出る場所、レシーブポジション、返球場所がほとんど決まっている。このような練習は「型にはまった練習」「ブロックド練習」（Blocked Practice）と言われている。

　対して、ネット越しに相互にスパイクを打ち合うなかで、レシーブに主眼をおいて取り組む練習は、ボールが出る場所やレシーブポジションがその時々によって変わり、さらには用いるべき技術の選択肢が広がる（アンダーハンドorオーバーハンド、ワンハンドorボウスハンド、トス、スパイク等）。このように、いくつかの技術を結合させた練習は「多様性を導入した練習」「ランダム練習」（Random Practice）と呼ばれている。

　練習の初期段階ではブロックド練習の方がめざすスキルのイメージをつかみやすく、効率的とみられることもあるが、最終的にはランダム練習の方が各技術の上達に貢献することがわかっている。これは、学習理論では「文脈干渉効果」（Contextual Interference Effect）として知られている。

　考えてみれば、試合はブロックド練習と違って、いつも同じところから同じ質のボールが飛んでくることはない。前項で述べたように、これでは実際のゲームに練習成果が転移することは期待できない。指導者には、選手が実際に試合になって経験のない予期せぬ場面に遭遇しないように、ランダム練習によって練習のときから多様性を保障することが求められる。ここでも大切なのは常にゲームに即していること、すなわち"ゲームライク"である。

### ④ー「全習法」の原則：技術を要素ごとに分割して練習しない

　バレーボールのスパイクを例に考える。スパイク技術の全体像は、助走に始まって、ジャンプ、腕の振り、ボールヒットを経て着地にいたる局面が考えられる。これら全ての局面を通して練習する方法が「全習法」（Whole Practice Method）である。対して、局面ごとの要素を別個に練習する方法を「分習法」（Part Practice Method）と呼んでいる。

　スパイク技術を、①壁に向かって腕の振りを行う、②ボールを使わず助走の練習をする、③両者

を組み合わせる、と分割して練習する方法が分習法であり、始めからボールを使ってトスされたボールをスパイクする練習が全習法である。ところが、スパイクという技術は各局面の動作だけで成立するのではなく、タイミングのとり方など質の異なる要素も求められ、分習法ではそうした要素の学習が欠落する恐れがある。これらを含めて練習しない限り、いくら部分技術が上達してもスパイク技術の全体が向上しないことになる。

こう考えたとき、技術の全体像を学習する全習法を原則とすることの重要性に思いがいたる。そのうえで、たとえば腕の振りや助走など個々の要素に関しては、前述した適切な手がかりを与えながら、ポイントを絞って練習させていくことが大切である。

## 5 練習の気分・雰囲気は技術習得の際に一緒に記憶される

練習によって習得されるのは、技術だけではない。認知心理学の知見によれば、練習時の気分や雰囲気に関する情報も同時に記憶として蓄積される、ということが明らかにされている。「場―依存的記憶」(State dependent remembering) と呼ばれるこの知見にしたがえば、学習された技能は練習時の環境や情緒的な状態と類似した状態においてはよりよく発揮されるが、心理面を含めた環境が変わると技能が発揮されにくいと推察される。このことは、競技経験の乏しい選手ほど大観衆の前ではうまく実力を発揮できないといったケースや、体育館が変わるとプレイがうまくいかないといった事例にみて取ることができる。

したがって、練習では、常に試合に近い雰囲気や場面を作り出すことが求められる。たとえば、練習が競争的（Competitive）でなければ、実際の試合で相手と競り合うことが苦手になるかもしれない。練習をより競争的にするには、スコアをつけたり、なんらかの技術的目標値を設定したり、一定のペナルティーを導入したり、と競争の原理を利用したさまざまな工夫をすることが重要となる。

## 6 多くの反応回数を確保した練習

前述のように、プレイの向上のためには「繰り返し練習」（ドリル）が欠かせない。それもできる限りボールに触る機会、状況判断など反応する機会（Opportunity to respond）を多く保障することが指導者に求められる。そのためには、次のような方法が考えられる。

### (1) スキルウォームアップ

ウォームアップを行って心身のコンディションを高め主練習に備える際に、ランニングを行うケースが多い。しかし、体を温めるというウォームアップの趣旨にかなう方法は、なにもランニングに限られるものではない。たとえば、運動強度を落としてボールを用いた技術練習を行っても、十分に体は温まるはずである。

ウォームアップが必要ないということではない。ウォームアップに技術練習の要素を取り入れることで、反応回数を保障しようというのである。このようなウォームアップは、「スキルウォームアップ」と呼ばれている。日頃から練習時間の少なさを嘆いている指導者には、スキルウォームアップに取り組むことが効果的な指導になるだろう。

### (2) 個別指導の機会の確保

一人で20人の選手を一斉に指導する場合と比べて、2～3人の少人数であれば選手一人ひとりに手厚く関わり、習熟度に合わせた丁寧な指導が行える。選手にとっても、多くの反応の機会を得ることができ、指導者から多くのフィードバックを得ることができるというメリットがある。もし複数面のコートが使用できる状況にあれば、そうした個別指導の機会を意図的に作り出すことがで

きる。

### (3) 6人にこだわらない小グループ編成

6人制のオフィシャルゲームが6対6で行われるからといって、練習ゲームから6対6の人数にこだわる必要はない。というのも、2対2、3対3といった小グループでゲームライクの練習を行えば、6対6よりもボールに触れる頻度が当然高くなるからである。

### (4) ウォッシュゲーム：連続得点を課題に設定する

ロサンゼルスオリンピックでアメリカ男子チームを金メダルに導いた名将ダッグ・ビル監督が考案した練習ゲームが「ウォッシュゲーム」である（McGown, 2001）。このゲームは、通常は1回の決定で終了するラリーを、2回、3回、……5回と連続して獲得しないとポイントとならないようなルールで行われる。プレイの中に追加してボールを投げ入れることにより、連続して反応する機会を作り出そうという工夫である。具体的には次のように行われる。

① サーブによってボールがインされ、そのラリーが終了するたびに、コート外から直ちに次のボールが入れられて、プレイを続行する。
② もし課題が連続してラリーを2回ものにすると設定されていれば、最初のラリーを取ったサイドは2回目のラリーを連続して決めればポイント獲得となる。
③ 最初のラリーを取ったサイドと2回目のラリーを取ったサイドが異なる場合はポイントが記録されず、「ウォッシュ」（お流れ）となる。

## 5. 意欲を喚起する指導を考える

一生懸命練習に取り組む選手には、そうでない選手と比べて、よりパフォーマンスの向上が期待できる。いわゆる「やる気がある」「意欲的」「士気が高い」といった状態である。コーチであればだれしも、選手にこのような姿勢をもち続けてほしいと願うものだろう。心理学では、「動機づけ」（Motivation）と呼ばれて研究されており、ここでは動機づけを念頭においた若い選手との関わり方について取り上げる（遠藤、2013）。

### ■1 ─「型」の文化からの脱却

日本は「型の文化」と呼ばれる。茶道や華道に加えて、スポーツでも剣道、柔道など「〇〇道」といった表現にその一例をみることができる。

スポーツのコーチングも、この「型の文化」によくも悪くも影響を受けてきたといえる。たとえば、「フォーム」を重視するか、それとも遂行された運動の「パフォーマンス」に目を向けるか、といった問題がある。これまでのコーチングでは、フォームなど外面上の「見栄え」に目が向けられる傾向が強かったのではないか。それがややもすれば、「オーバーハンドパスのフォームは〇〇でなければならない」といった紋切り型の鋳型にはめ込む指導につながっていたのかもしれない。

もちろん、パスという技術の合理的なフォームの形成は重要なテーマになる。とくに初心者にはコーチングされるべき内容である。しかし、多少フォームがぎこちなくても、両手の指でボールをきちんと押し出すことができるのであれば、そのパフォーマンスを評価するぐらいのゆとりあるコーチングは、若い選手たちに効果的であろう。それがひいては、パスに対するポジティブな意識の醸成にもつながる。

### ■2 ─「禁止」と「奨励」のバランス感覚

バレーボールの指導現場では、熱心なコーチほどワンプレイごとにさまざまな指導を行っている。

もちろん、フィードバックそのものは重要であり、選手が自身で得られない情報を指導者がフィードバックすることの意義は小さくない。しかし、過剰なフィードバックは、指導者への依存度を高め、選手の自主性を損ないかねない。

　それ以上に留意すべきは、フィードバックの内容である。「なにやっているんだ！」「そうやっちゃダメって言っただろう」「しっかりやれ」といった「禁止」のフィードバックには注意する必要がある。「禁止」の指示によって、選手はそのようなプレイを次に繰り返してはならないことを理解する。しかし、具体的にどこをどのように修正すればよいかの情報が全く含まれていない場合が少なくない。その際、とくに若い選手にとっては次のプレイに対する戸惑いしか与えないことになり、苦手なプレイが克服されることはない。

　そうではなく、「次はもっと〇〇してみよう！」とポジティブな方向へ修正する「奨励」の観点から指示を送ることが重要である。とくに「禁止」のフィードバックを与えた後には、必ず次のプレイで心がけるべきポイントを「奨励」の観点からフィードバックしたい。

### 3 ─ 怒るより褒めよう

　いまさら指摘するまでもないが、「叱責」と「賞賛」のバランスをとることもやる気に大いに関連する。残念ながら、これまでスポーツ指導の現場では、「叱責」を多用する場面が多かったように思われてならない。もちろん、時と場合によっては叱咤激励が求められることもあるかもしれない。

　だが、指導者から「ダメだ」「なにをやっているんだ！」と常に叱責され続けた選手たちは、「どうせどんなよいプレイをしても怒られるんだ」「一生懸命にプレイしても無駄だ」という心理に陥り、最終的には自ら積極的にプレイをしなくなる。いわゆる「学習性無力感」を形成することが予想されるのである。また、叱責の際には感情的になりやすく、対象が若い選手の場合にはそれによって萎縮させてしまうことにも注意しなければならない。

　逆に、簡単なプレイでもうまくできたときは積極的に賞賛し、「できた！」という成功の喜びを経験させたい。小さな成功経験を積み重ねることで、「自分も頑張ればできるんだ！」という自己効力感（有能感）が高められ、それが次の練習への意欲的な取り組みにつながる。

（遠藤俊郎）

[引用・参考文献]
(1) 遠藤俊郎『バレーボールのメンタルマネジメント』大修館書店、2007
(2) 遠藤俊郎「連載 運動学習の諸理論を活かしたコーチング1―バレーボール競技におけるコーチングの実際」、『体育の科学』第61巻第5号、pp. 359-365、杏林書院、2011
(3) 遠藤俊郎「ボールゲームの苦手な子の指導を考える」、『児童心理』第67巻第16号、pp. 56-61、金子書房、2013
(4) 金子一秀「コーチング」、エリッヒ・バイヤー編、浅岡正雄監訳『日独英仏対照スポーツ科学事典』大修館書店、1993
(5) カール・マクガウン編著、朽堀申二監修、遠藤俊郎他訳『バレーボール コーチングの科学』ベースボール・マガジン社、1998
(6) McGown, C., Fronske, H. & Moser, L. : Chapter 14 Making Drills Work, Coaching Volleyball - Building a Winning Team, pp. 119-137, Allyn & Bacon, 2001
(7) 龍山賢治・遠藤俊郎・三井勇「運動学習理論から見たバレーボールの練習法に関する一考察」、『バレーボール研究』第1巻第1号、p. 79、日本バレーボール学会、1999

# 2-3 チームマネジメントの基礎

本項ではバレーボール大会に出場することを目標としたチームにとって必要である基礎的チームマネジメントについて述べる。

## 1. チームの構成

チームの構成は、各大会の要項によって規定されているので、目標とする大会に必要な人材を確保しなければならない。たとえば、「全国ヤングバレーボールクラブ男女優勝大会」では、次のように規定されている。

> 1チームの人数は、部長・監督・コーチ・マネージャー・トレーナー・ドクター各1名と選手18名の計24名以内とし、選手については、試合ごとに最大限14名（リベロを除く正規の競技者は最大限12名）をエントリーする。

さらに、日本バレーボール協会が主催する大会のコーチングスタッフには、次に示すように日本体育協会の指導者資格を有している者が必要であり、当該資格の取得・確認が必要である（2015年現在）。

> コーチングスタッフ（監督・コーチ・マネージャー）のうち1名は、公益財団法人日本体育協会公認の指導者資格（コーチ・上級コーチ、指導員・上級指導員）を有し、公益財団法人日本バレーボール協会に有効に登録された者とする。

日本体育協会の指導者資格には4年間の有効期限があり、取得後、有効期限6ヶ月前までに更新のために必要な研修を受講し、諸手続きをしなければならないが、これらが完了しない場合、「資格保留」「資格停止」*となるので、日本体育協会「スポーツ指導者マイページ」等で日頃から確認

することが求められる。

また、大会参加にあたっては、日本バレーボール協会の個人登録管理システム（Japan Volleyball Association Membership Registration System：JVAMRS）へのチーム登録・個人登録（選手登録・スタッフ登録・資格登録）が義務づけられていることもあることから、目標とする大会の規程にしたがい、登録を確認しておかなければならない。

同時に、よりよいコーチングのためには、バレーボールのルールに精通している必要があるが、バレーボールのルールは頻繁に改正されているため、指導者資格の取得・研修と同時に、審判員資格の取得・研修、情報収集についても、チームマネジメントのうえでたいへん重要な要素である。ルールに関しては、毎年3月に日本バレーボール協会審判規則委員会が次年度の国内ルールの取り扱いについて情報を提供しているので、毎年必ず確認していただきたい。

＊資格保留・資格停止者には、資格再登録制度（要審査）がある。日本体育協会指導者資格更新に必要な研修を受講のうえ、都道府県バレーボール協会指導普及委員長に相談すること。

## 2. チームの経営

指導者にはチームを維持・運営していくことが求められるが、換言すればそれはチームの目的達成に向けてよりよい環境を整えていくことが期待されていると言える。具体的には、効果的な練習方法を選手に提示するだけではなく、練習場の確保やスケジュール管理、用具の管理、予算（資金）の管理、選手の確保などを通じて、チームメンバーが期待する活動をサポートする役割を担っている。それを図式化したのが図2である。

さらに、大会参加にあたっては、実施要項を確認し、申込書を提出することもたいへん重要な任務であり、単にチーム内での調整でなく、スポーツ行政、競技団体、学校、地域社会との連携を図りながら、チーム運営に必要な資源であるヒト（人的経営資源）、モノ（物的経営資源）、カネ（財務的経営資源）、情報（情報的経営資源）など、さまざまな条件整備を効果的に進める経営者としての役割も求められる（図3）。こうした役割を一人で全て担うことは困難であるため、チームを運営するスタッフの発掘・育成も重要になる。

（『バレーボール指導教本』2004, p.11をもとに一部修正）

図2　チーム経営に必要なサービス

（『バレーボール指導教本』2004, p.11をもとに一部修正）

図3　バレーボール活動の成立、維持・向上に必要な条件整備

## 3. チームの組織構造（バレーボールチームにおけるライン―スタッフ組織）

　一般的なチームの組織構造は、部長→コーチングスタッフ（監督・コーチ）・マネージャ→選手のように、上から下に縦軸の命令系統が成り立っている組織（ライン組織）で構成されている。単に、このライン組織のみでもチームマネジメントは可能に思われるが、どんな小さなバレーボールチームでもスタッフ組織の存在は重要で、また、そのチームの目標が高くなればなるほど、規模が大きくなればなるほど、そのライン組織をサポートしてくれる会社、学校、保護者、ファン、地域などの支援者（スタッフ組織）の拡大が不可欠になってくる。この両者が協力し合い、よりよい組織を構築していこうとする考えが、ライン―スタッフ組織の考え方である（図4）。

　ライン組織に必要なスタッフ組織の支援は、前述のチーム運営に必要な資源や精神的支援等、多岐にわたる。たとえば、大阪で活動するチームが東京の大会に参加する場合では、夜行バス（車内泊）→朝から試合という選択肢もあれば、新幹線→前泊（ホテル泊）→試合という方法等もある。一般的に、前者の方が経費はかからないことから、合理的と考えられるが、大会で日頃の成果を発揮するという目的達成のためには、経費はかかるが時間的に余裕がもてる後者が合理的であるとも思われる。

　このようななか、スタッフ組織の支援が大きければ大きいほど、目的達成のためのプロセスにおいて選択肢が多くなる。チームをマネジメントする指導者として、ライン組織の充実はもちろん、スタッフ組織の物質的・精神的な支援の輪を拡大していくことが大きな課題となってくる。また、ライン組織に対するスタッフの関わり方には、次に示す4つのタイプが考えられる（図5）。

　タイプ1は、「協力もするが、ライン組織に対して発言もする」というスタッフタイプである。このタイプはチームマネジメントにおいてたいへん貴重な存在ではあるが、たとえば「A選手よりB選手の方がいいのではないか」「次の試合ではB選手を先発メンバーにしてはどうか」というように、スタッフ組織構成員の域を超えて、ライン組織の役割に入り込むような関わり方（発言）が見られることがある。ライン組織にとっては、日頃から協力してもらっていることもあって、その意見を取り入れざるを得なくなるが、ときには重荷になることがある。このような例の場合、スタッフの役割について十分理解してもらう努力が必要である。

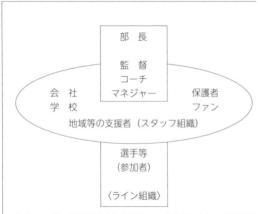

（『バレーボール指導教本』2004, p.11をもとに一部修正）
図4　バレーボールチームにおけるライン―スタッフ組織の例

| タイプ | 協力度 | 発言力 |
| --- | --- | --- |
| 1 | ＋ | ＋ |
| 2 | ＋ | － |
| 3 | － | ＋ |
| 4 | － | － |

（『バレーボール指導教本』2004, p.11）
図5　ライン組織へのスタッフの関わり

タイプ2は「協力はするが、そのチームの運営は、ライン組織の方針に任せる」という、指導者にとって一番ありがたいスタッフタイプである。しかし、ライン組織の独断・専行に陥ることなく、ライン組織の活動がチームメンバーのめざす目的に応え、素晴らしい活動の場を提供しているか、また、スタッフ組織にも感動や支える喜びを与えているかなど、普段の活動について、常に点検・確認・修正を図ることで、より信頼を得られるように努めなければならない。

タイプ3は「協力はしないが、ライン組織に対して発言をする」というタイプであり、タイプ4は「協力もしないし、発言もしない」というタイプである。両者は、当該チームのマネジメントにおいて、あまり大きな影響がないため、軽視しがちであるが、普段からその活動や魅力、当該組織の必要性・スタッフ組織の存在意義などを伝え、次第にライン組織に協力してもらえるように努力し、スタッフ組織の拡大につなげたい。

## 4. 指導計画の立案

近年、競技レベルやトレーニング科学の進歩は大きく、また、チームメンバーが楽しみながら生涯にわたってバレーボールを続けるためには、指導者が考案・決定、実施する効果的で魅力ある指導計画が不可欠である。

小学校でバレーボールに出会ったが、その練習がその児童にとってあまりにも厳しすぎたため中学校では他の部に入ったり、運動部活動に入らず、スポーツ活動から離れてしまったりする事例や、中学校の定期試験を勘案せず、1日中練習試合を行うといった事例が報告されている。

これらの事例のように、バレーボールの魅力を失う原因となる指導計画や、無理な指導計画によるチームメンバー・保護者とのトラブルは避けなければならない。チームマネジメントの責任者は、チームのメンバーが各々のライフステージにおいて、興味・関心や技能レベルに応じてバレーボールとの関わりをもちつつ、生活の質的向上に役立てることができるよう、その将来を見越してサポートするべきであることを忘れてはならない。

ここでは、指導計画を立案するうえで考慮しなければならない基本的事項について述べる。

### ■1─目標の設定

マネジメントをするうえでは、チームのめざす目標（ビジョン、グランドデザイン）を策定し、関係者に提示しなければならない。その目標設定にあたっては、まず、チームメンバーのニーズについて把握し、以下の事項について、実現可能性、焦点、具体、展望、魅力を考慮しながら決定していかなければならない。

#### 1─YTT

過去→現在→未来の流れを明確にする。

①Y（Yesterday：これまでの歩み）
②T（Today：現状）──チームを取り巻く環境、チームメンバーの性格、ニーズ、価値観、技能、経営資源。
③T（Tomorrow：めざす目標）──グランドデザイン、その具体化に向けての目標の設定と達成への課題の分析。

#### 2─5W2H

また、以下の5W2Hについて、関係者で共通理解を図って組織目標を設定することが重要である。

①Why（なんのために）──目的・意図、めざす目標との整合性
②What（なにを）──レギュラー選手、補欠選手、

ポジション、役割
③Who（だれが）——コーチングスタッフ
④When（いつ）——指導時間と周期（週・シーズン・年）
⑤Where（どこで）——施設（活動拠点）
⑥How（どのようにして）——指導の内容、方法、指導過程、留意点
⑦How much（いくらかけて）——予算、資金

## 2─指導計画立案にあたっての留意事項

### 1─安全管理

　スポーツには、「顕在的危険」だけではなく、「潜在的危険」があることを十分理解し、安全管理の観点から、チームメンバーの身体的・精神的状況、活動場所、用具、活動時間などに常に留意する必要がある。また、多くの選手が、膝や肩、腰といった部位に故障を抱えてバレーボールを続けている現状があることから、指導者はスポーツ医学の知識や発育発達理論に基づいた指導計画を立案しなければならない。なお、活動場所で事故が起こった場合、速やかに対応できるよう、事前に医療機関の場所、救急用具やAED設置場所について確認しておく必要がある。

### 2─健康管理（休養の必要性、栄養指導）

　「休養も練習」といわれるように、適当な休養は必要であり、また、児童・生徒の栄養指導については、保護者の支援が不可欠である。

### 3─トレーニング原理・原則等、科学的な根拠の重視

　オーバーロードの原理・特異性の原理・可逆性の原理・適時性の原理、また、全面性の原則・反復性の原則・個別性の原則・意識性の原則・漸進性の原則、さらに、負荷の与え方（強度、時間、頻度）等、指導計画がトレーニング論、運動生理学、バイオメカニクス等、科学的根拠に基づいているかを常に確認しながら指導計画を立案しなければならない。

### 4─種目特性と運動の適時性への配慮

　とくに発育発達期の選手に対しては、発達曲線に応じた指導計画を作成する必要がある。また、3を含め、スポーツ医・科学の最新の知見を得るためにも定期的な研修が必要である。

### 5─小・中・高・大学生の学校教育計画や職場における仕事、家庭等との関連

　前述の例のように、チームメンバーや保護者の意見を尊重し、優先順位の明確化が必要である。

### 6─選手の技術レベル（キャリアの幅）、所属選手の人数

　安全で効果的な指導を行うためには、バレーボールキャリアが1ヶ月の選手と5年の選手では違う指導計画を作成するべきであり、また、人数に応じた指導者の配置が望ましい。

### 7─経済的支援状況（遠征費等）

　年間（月間）、どの程度の経費をかけて運営するか、事前に関係者との協議が必要である。また、遠方での大会参加を目標にしている場合、経費負担者（保護者を含む）と相談のうえ、年間計画として、無理のない範囲で積み立てを行うなど、家庭生活に与える影響を最小限にできるような配慮も必要である。

　このように、普段の指導計画の立案においても配慮しなければならないことは多数存在するが、チームをマネジメントする指導者もそれが本務（職業）でないことがほとんどである。このような条件下で、より安全で効果的な指導計画を立案しその実施につなげるために、組織内での分業制の検討が必須の課題である。

## 3─計画の種類

　計画は、チームメンバー個人の競技期間を見越

した「生涯計画」、数年間を見越した「長期計画」、1年のスケジュールをまとめた「年間計画」、年間を数期に分けた「期間計画」、1ヶ月間の「月間計画」、1日の「日間計画」（日間メニュー）など、いくつかの種類に分けることができる。

　チームマネジメントにおいては、これらの計画を個人や外部関係者と調整し、自チーム関係者に周知しておかなければならない。とくに、学校や会社から離れたチームにおいては、学校の予定や職場でのスケジュールを優先させる必要がある。たとえば、A選手は、1の大会には参加できるが、2の大会には学校の体育祭のため参加できないといった事柄を事前に把握したうえで計画を立てておく必要があり、そのためには、関係者が所属する会社・学校等の行事情報を入手しておくことが不可欠である。これは、学校部活動等から離れ、複数の団体に所属する選手等が集まるクラブチーム・ヤングクラブチームにおいてはとくに重要であり、かつたいへんな作業である。

### 4―期間計画

　期間計画については、目標とする大会数に応じて計画しなければならない。年間に2大会あれば、1年間を2周期として計画する必要がある。ここでは、大会に向けた期間分類例とその留意点について述べる。

#### 1―移行期（準備期）――本格的トレーニングに対する心身の準備

- 身体的・精神的疲労の回復。
- 前シーズンの反省と新しい目標の設定、目標達成へのプロセスの検討。
- 現有勢力、選手の特性、メンバーの分析、チームの特色、フォーメーションの検討（体力、技術、精神力、戦略・戦術、理論的・実践的知識等の現状把握）。
- オールラウンドな体力づくり＋基礎的な技術トレーニング（全面的体力の強化、専門的体力の強化、基礎的な技術など）。

#### 2―鍛錬期――ハードトレーニングによる心身の充実

- 専門的な体力の充実、個々の技術の強化等。
- オールラウンドな体力づくり＋専門的技術トレーニング。

#### 3―完成期――チームとしての技術の充実

- オールラウンドな体力づくり＋独創的技術トレーニング。
- コンビプレイ、チームワーク、精神的結束等。

#### 4―試合期――コンディショニング：作戦・戦法

- 目標となる大会に向けての最適な心身の状態と条件をつくり出すための調整（ゆとりをもった身体面、心理面、技術面の調整）。

### 5―チームの成長

　また、チームビルディングに関して、心理学者B・W・タックマンモデルによると、チームが機能するまでに、4つのプロセスを経ていくといわれている。

#### 1―形成期（Forming）

　お互いのことをよく知らないなかでメンバーが決定する。目標や課題を共有し、これからに期待している期間。

#### 2―混乱期（Storming）

　チームの目的・目標に対する価値観や意見の違い、業務の進め方について対立が生まれる期間。

#### 3―統一期（Norming）

　メンバーがお互いの考え方を理解し、チームの目的や業務の進め方、メンバーの役割が統一・共有されていく期間。

#### 4―機能期（Performing）

　チームの結束力や連動性が生まれ相互にサポー

トができるようになり、チームとしての成果がではじめる期間。

　年間を通じて、チームが常に同じ状態にあるのではなく、目標、日間計画、期間計画等を明確にし、状態を観察しながらチーム運営をしていく必要がある。チームが、目標とする大会で最大の成果を発揮できる環境を創出するための計画を作成・実行することは、チームマネジメントとして非常に重要な役割である。

## 6 PDCAサイクル

　チームを長期にわたってマネジメントしていくにあたり、毎回（毎年・毎試合等）同じ指導の繰り返しでは発展が期待できない。そこで、PDCAサイクルを用いた組織運営の重要性が提唱されている。

### 1 Plan（計画）
　チームの現状を把握し、目標を設定する。また、実現に向けての方法・プロセス、スケジュールも策定する。

### 2 Do（実行・実施）
　Planに沿って目標達成のために実行する。ここでは、データを収集するなど、できるだけ詳細な記録をとっておくことが重要である。

### 3 Check（評価・点検）
　PlanとDoでの活動内容や収集したデータを比較し、評価・点検を行う。達成できたのか、またどの程度達成できなかったのか等をまとめる。

### 4 Action（見直し・改善）
　Checkで得た評価を踏まえて、方法・プロセスの見直し、改善、また、抽出された問題への対応方法の検討、総括的評価等を行う。

### 5 2周目のPlan
　前回のサイクルで得た情報を踏まえ、新たに目標（同じ目標の場合もある）や実現に向けてのプロセス、スケジュール等を策定する。

　PDCAサイクルを繰り返すことにより、継続的な発展をめざそうとする方法で、試合中の一つのプレイから長期にわたるチーム運営までにはさまざまな課題があるが、関係者全員が問題点を共有し、改善していくためにもPDCAサイクルの必要性を理解しておきたい。

　なお、日本体育協会では、マネジメント資格として、クラブマネジャーおよびアシスタントマネジャーの養成を行っている。チームマネジメントの中心になる人材は、さらに安全で有意義な活動ができるチーム育成のため、当該資格取得に向け努力していただきたい。

（橋爪　裕）

［引用・参考文献］
(1)日本バレーボール協会編『最新バレーボールコーチ教本』大修館書店、2005
(2)日本バレーボール協会編『バレーボール指導教本』大修館書店、2012
(3)日本バレーボール協会指導普及委員会『2015全国大学バレーボール部員対象日本体育協会公認バレーボール指導員（専門科目）資格取得講習会テキスト』2015
(4)日本体育協会『公認スポーツ指導者テキスト（共通科目Ⅰ）』2005
(5)日本体育協会『公認スポーツ指導者制度　オフィシャルガイド』2015

VOLLEYBALL
COACHING THEORY

# 3章

## 子供たちを理解する
―バレーボールに必要な
発育発達理論と
トレーニング理論

# 3-1 体力面から子供を理解する

子供たちの指導に携わる者にとって、留意しなければならないことは「子供は大人のミニチュアではない」ということである。とくに成長期においては個人差が大きく、そのため、ある特定の課題は上手に習得するが、別な課題ではなかなか上達しないということが生じる。トレーニングにおいても同様に、最適な期間をみきわめながら指導する必要がある。

また、パフォーマンスの向上だけでなく、同一種目を継続するために引き起こされるスポーツ障害を予防する観点も必要である。さらに思春期の女子においては、女性アスリートの3主徴——月経、骨粗鬆症、摂食障害——を予防するために、発育発達の特性を加味し、トレーニング全体をコントロールすることが求められる。

## 1. スキャモンの発育発達

子供の発育発達については、「スキャモンの発育発達曲線」（図1）がよく知られており、説明に多言を要しない。この曲線は20歳を100％として、それぞれの器官・機能がどの程度発育するのかの割合を示したものであり、各々の特徴は以下の通りである。

＊

●**神経型** 神経系は幼児期にもっとも盛んに発育し、大脳はその代表である。6歳で成人の90％に達し、14歳で成人とほぼ同じになる。神経系は、一度その経路ができあがるとなかなか消えない。自転車に乗ることはその例としてよく用いられ、一度乗れるようになると、その後数年乗らなくてもスムーズに乗ることができることから理解できる。

●**リンパ型** 扁桃腺、リンパ腺、胸腺などの発育

発達を示す。12歳頃まで著しく発育し、以降急激に衰え、成人では痕跡的になってしまう。

●**一般型**　身長、体重、筋、消化器、呼吸器、循環器など多くの器官がこの型に含まれ、20歳前後までかけて着実に発育していく。発育のスパートが乳児期と思春期にある。

●**生殖型**　生殖型は生殖に関する器官の発育発達を示し、思春期までは目立たないが、それ以降急激に顕著になる。ホルモン分泌の変化は、トレーニング効果に影響を及ぼす。

　　　　　　　　　　＊

子供が大人に成長していく過程において、身体の器官や機能の発育発達はこのように異なっていることから、もっとも吸収しやすい時期に最適な課題を与えていくことが重要である。

## 2. 発育発達と運動能力、体力との関係

では、こうした発育発達と運動能力の発達はどのような関係にあるのだろうか。この点については、初めに動作の習得が発達し、次にねばり強さ、身長の伸びがピークを迎えた後に力強さの発達が認められることを示した、宮下の運動発達の概念図を参照することができる（図2）。

また、身長の急進期を目安とし、スポーツ活動も含めた考え方を示しているものもある（図3）。この図では、体力については動きづくり、スタミナづくり、パワーづくりの3要素に主眼をおいている。身長急進期以前は、さまざまな動きを通じて身体をつくることが大切であり、身長急進期にさしかかる頃から呼吸循環器系の発達に合わせてスタミナづくりを始める。長軸方向への成長がとまり、筋肉の発達も終わった頃から、骨や筋肉に強い負荷のかかるパワーづくりが始められるとしている。

個人差のある発育発達段階を的確にとらえるための手段として、村田は身長成長速度曲線（PHV：Peak Height Velocity）を求め、個人のベストエイジをみいだすことを提案している（図4）。わ

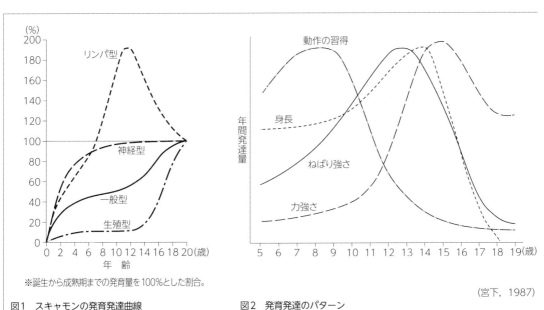

※誕生から成熟期までの発達量を100%とした割合。

図1　スキャモンの発育発達曲線　　　　図2　発育発達のパターン

（宮下，1987）

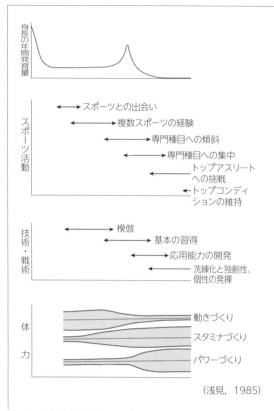

図3 発育発達に対応したスポーツ活動とトレーニングのあり方

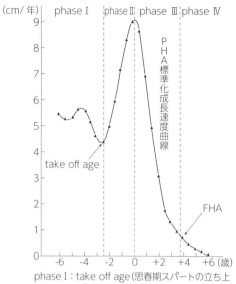

phase Ⅰ : take off age (思春期スパートの立ち上がり年齢) まで
phase Ⅱ : take off age から PHA (身長最大発育量年齢) まで
phase Ⅲ : PHA から FHA (最終身長時年齢＝1cm/年になった年齢) まで
phase Ⅳ : FHA 以降

(村田，1994)

図4 身長成長速度曲線のパターンによる成長期の区分

が国では定期的な健康診断のシステムが整備されており、個人情報の問題をクリアすれば、正確なPHVを得ることができる環境にあるといえる。

学校体育がベースにあり、学年でチャンピオンシップが争われている現状を踏まえながら、暦年齢ではなく成長年齢を頼りにトレーニング計画を立てることは、バレー界にとって大切なことではないかと考える。

## 3. 発育発達とトレーニングとの関係

ドイツの運動学者であるマイネルは、特定スポーツの技能習得を適切な時期に始めることを「時期を得た専門化」と呼び、9〜12歳をその年代と述べている。

スポーツ技術の習得に適したこの時期を「ゴールデンエイジ」と呼ぶようになった先駆けはサッカー界であるが、現在では多くの競技団体、都道府県体育協会が実施している一貫指導のなかで用いられる概念となった。スキル獲得において、一生のうちに二度と現れない時期であり、「即座の習得」が可能な年代であるといわれている。この大切な時期を逃さないための準備、その後の適切なトレーニングが一貫して行われることが望まれる（図5）。

また、Balyiらはトレーニングにおける Long-Term Athlete Development（LTAD）について、

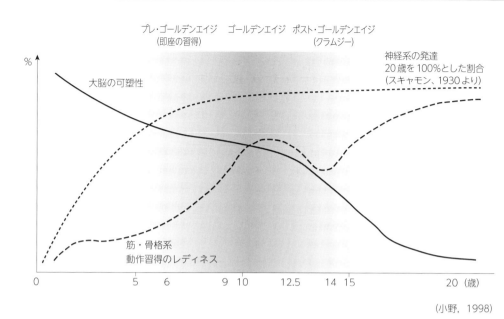

図5 発育発達からみたゴールデンエイジの概念

表1 Balyi's Training Stage (歳)

| トレーニングステージ | 男子 | 女子 |
|---|---|---|
| 基礎 | 6-9 | 6-8 |
| トレーニングを学ぶ | 9-12 | 8-11 |
| トレーニングのためのトレーニング | 12-16 | 11-15 |
| 競技のためのトレーニング | 16-23 | 15-22+ |
| 勝利のためのトレーニング | 19+/- | 18+/- |

5つのステージを示している（表1）。

いずれも暦年齢で示されているが、指導をしている子供がどの段階に当てはまるのか、図4を手がかりにして適切に判断し、トレーニング指導に当たっていただきたい。

## 4. 発育発達からみたトレーニングの指導

マイネルとBalyiの段階分けをもとに、それぞれの時期に必要なトレーニングの概念について示す。

### ■ プレ・ゴールデンエイジ（5-8歳）：基礎

#### 1 身体的特徴

神経系が著しく発達する時期。

#### 2 トレーニングのポイント

ゴールデンエイジで起きる「即座の習得」が、全ての子供に備わっているわけではない。この時期に豊富な運動経験をもち、視覚でとらえた運動に共感する能力が発達している場合に限られるとされている。

そのためには、多種多様な動きを経験させ、遊びを含む多彩なアクティビティを与えることがポイントである。また、「バレーボールが楽しい、好きでたまらない」という状態をつくることも重要な時期である。

しかしながら、この時期の子供たちの問題として、運動遊びの消失や、単一のスポーツのみの実

表2 基本となる身体の動きの分類

| 自己の身体の操作 | 姿勢変化とバランスをとる | | 立つ、かがむ、寝転ぶ、転がる、渡る など |
|---|---|---|---|
| | ある場所へ移動する | 上下方向 | 登る、下りる、よじのぼる、滑り下りる、飛び上がる など |
| | | 水平方向 | はう、歩く、走る、跳ぶ、スキップ、ギャロップ など |
| | | 回転系 | かわす、潜る、くぐる、隠れる など |
| 他者や物の操作 | 重さのある物の移動 | | 担ぐ、支える、運ぶ、下ろす、もつ、おぶう など |
| | 取ったり、捕まえる動作 | | 止める、つかむ、受ける、入れる、渡す など |
| | 他へ直接的な作用をする動作 | | 叩く、打つ、投げる、蹴る、倒す、ぶつかる など |

表3 コーディネーション能力

| 能力 | 内容 |
|---|---|
| 定位能力 | 自分の身体位置を時間的・空間的に正確にとらえる能力 |
| 変換能力 | 突然知覚した、あるいは予測された状況の変化に対して、運動を切り換える能力 |
| 識別能力 | 身体各部を正確に、無理なく互いに同調させる能力 |
| 反応能力 | 予測のあるなしにかかわらず、合図に対して合目的的なプレイを素早く開始する能力 |
| 連結能力 | 個々の技術・戦略的行為を空間的・時間的かつダイナミックにつなぎ合わせる能力 |
| リズム能力 | 自分の運動リズムをみつけたり、真似したり、さらには決定的なタイミングをつかむ能力 |
| バランス能力 | 空間や移動中における身体バランスを維持したり、崩れたときに素早く回復させる能力 |

施によって動作の多様化と洗練化とも未熟な段階に留まっていることが中村によって指摘されている。

このようなことからも、この時期のトレーニングとしては、スポーツ種目に特化したトレーニングではなく、基本的な運動（表2）の習得を目的としたトレーニングが必要となる。

### 3―コーディネーショントレーニング

コーディネーション能力とは、1967年にBernsteinによってその概念が提唱され、1973年にSchnabelによって7つの能力に分類されている（表3）。

コーディネーショントレーニングを週2回、3ヶ月継続すると小学生において体力が向上したという報告がある。また、大学生ハンドボール選手のコーディネーション能力が向上したという報告もある。基本的な動作の習得のみならず、小学生では体力向上にも寄与し、成人になっても動作の習得、改善が可能であることが示唆される。したがって、プレ・ゴールデンエイジで実施するだけなく、その後も継続して行うことでその他のトレーニングとの相乗効果が期待できるといえる。

コーディネーショントレーニングを特別なトレーニングとしてとらえるのでなく、いつも行っている運動や遊びに、コーディネーション能力のどれがあてはまるのかという考え方も必要であろう。

## 2―ゴールデンエイジ(9-12歳)：トレーニングを学ぶ

### 1―身体的特徴

神経系の発達がほぼ完成に近づき、形態的にもやや安定した時期に入る。動作の習得に対するレディネスも整い、さらに「可塑性」と呼ばれる脳、神経系の柔らかい性質も残っている非常に特殊な時期。

一生に一度だけ訪れる「即座の習得」を備えたもっとも有利な時期。「即座の習得」はそれ以前の段階でさまざまな運動を経験し、神経回路を形成している場合にしか現れない。だからこそ「プレ・ゴールデンエイジ」が重要となる。

### 2―トレーニング

筋肉は未発達なため、強さや速さに対する体の準備はできていない。したがって、スピードや力

強さを要求するのではなく、大人になっても必ず残る財産ともいえるスキルとアジリティ（敏捷性）などを身につけさせることが効果的といえる。

また、トレーニングが専門化していくなかで、一般的な身体づくりが不足している傾向にある。トレーニングのために特別に時間を割くことが難しいとすれば、ウォーミングアップの中に組み込むことで対応することも可能であろう。

## 3 ― ポスト・ゴールデンエイジ（13-16歳）：トレーニングのためのトレーニング

### 1 ― 身体的特徴

発育のスパートを迎える。骨格の急激な成長は支点、力点、作用点に狂いを生じさせるため、新たな技術を習得するには不利な「クラムジー（Clumsy）」と呼ばれる時期となり、今までできていたスキルが一時的にできなくなることがある。

生殖型の発育が著しく、ホルモン分泌が盛んになる時期であり、男性ホルモンの分泌が速筋線維の発達を促し、それまでに身につけていたスキルをより速く、より強く発揮することを可能としてくれる時期でもある。

継続的にトレーニングすることにより、一時的なアンバランスな状態から筋力が向上し、持久力が改善され、そして動作の経験が増えることにより、スキルを素早く獲得することができるようになる。

### 2 ― トレーニング

クラムジーの時期は新しい運動技能を習得するのに不利である。

一般的には速筋線維の発達が促進されるので、今まで身につけたスキルをより速くより厳しい状況の中でも行えるような、実践的なものにしていく必要がある。スピードトレーニングに重点をおいた指導や心肺機能を高めるトレーニングも効果的である。

また、この時期の成長の個人差はヒトの成長のなかでもっとも顕著であり、「選手に画一的な指導はできない」ととらえて、トレーニングプログラムを作成する必要がある。「過負荷は成長を妨げ、スポーツ障害を起こす原因となる」ともいわれている。

## 4 ― インディペンデントエイジ（17歳〜）：競技のためのトレーニング

### 1 ― 身体的特徴

生殖系の発達が著しく、ホルモンによる骨格筋の発達が著しい時期である。体格的にも大人と変わらず、身体的成長もほぼ完成された状態である。したがって、この時期にはパワーをつけるためにも筋力トレーニングや瞬発系のトレーニングを行う。

### 2 ― トレーニング

筋力トレーニングについては、本格的に取り組む絶好の時期である。プログラムを作成する際には、トレーニングの原理とトレーニングの原則に基づいて行うことが望ましい。

（小柳好生）

[引用・参考文献]
(1) 浅井利夫「今、子どもの体にはこんな問題がある」、『体育の科学』第46巻、pp. 278-285、1996
(2) 浅見俊雄『スポーツトレーニング』朝倉書店、1985
(3) Balyi, I. et al.: Long-term athlete development. Human Kinetics, 2013.
(4) 東根明人他「コーディネーショントレーニング及び動作法の組み合わせが大学男子ハンドボール選手のコーディネーション能力に及ぼす影響」、『順天堂大学スポーツ健康科学研究』第6号、pp. 117-124、2002
(5) 東根明人監修『体育授業を変えるコーディネーション運動65選―心と身体の統合的・科学的指導法―』明治図書

(6)神丸一祐「『体力づくり運動』としてのコーディネーショントレーニング」、『鹿児島純心女子大学国際人間学部紀要』第17号、pp. 45-57、2010

(7)クルト・マイネル著、金子明友訳『スポーツ運動学』大修館書店、1981

(8)Matzkin, E. et al. : Female athlete triad: Past, Present, and Future. J. Am Acad Orthop Surg. 23(7), pp. 424-432, 2015.

(9)宮下充正編『子どものスポーツ医学』南江堂、1987

(10)村田光範「スポーツ医学の現在と未来 スポーツと成長」、『東京女子医科大学雑誌』第64巻第5号、pp. 349-354、1994

(11)村田光範「幼少期の運動指導の基本的問題点」、『臨床スポーツ医学』第20巻第4号、pp. 389-395、2003

(12)中村和彦「いまどきの子どもの体力・運動能力」、『教育と医学』第57巻第10号、pp. 4-11、2009

(13)小野剛『クリエイティブ サッカー・コーチング』大修館書店、1998

# 3-2 心理面から子供を理解する

## 1. 子供の心理面の発育発達

　子供の発育発達において、身体の発達とあわせて心の発達についても十分な配慮をしなければならない。とくに、幼児期（1～6歳）、児童期（6～12歳）においては身体と心理面が未発達であるため、この時期に形成されたものは、その後におとずれる青年期の段階において身体や心理の発育発達に影響を及ぼし、成人期以降の人格形成にも大きな影響を及ぼすものである。子供の発育発達状態はその後の人生を決める重要な一要因であると言っても過言ではない。したがって、子供の心の発育発達をよりよい方向に導くためには、まず各ライフサイクルにおける特徴を理解する必要がある。

　人の発達段階について、アメリカの発達心理学者であるエリクソン（Erik Homburger Erikson：1902-1994, アメリカ）は、人は人生のライフサイクルの中で、それぞれのサイクルにおいて達成すべき課題があるといっており、人の発達段階を年齢で8つの段階に分け、各段階で達成すべき心理的課題を設けた、発達段階説（ライフサイクル論）を提唱した（1977年、表4）。

　子供の運動指導のメインターゲットは児童期である小学生である。エリクソンの説において児童期は第4段階に属し、この時期の課題として日常

表4　エリクソンの発達段階説（1977年）

| 発達段階 | 時　期 | 年　齢 | 課　題 |
|---|---|---|---|
| 第1段階 | 乳児期 | 誕生～1歳半 | 基本的信頼 vs 不信感 |
| 第2段階 | 幼児前期 | 1歳半～3歳 | 自立性 vs 恥・疑惑 |
| 第3段階 | 幼児後期 | 3～6歳 | 積極性 vs 罪悪感 |
| 第4段階 | 児童期 | 6～12歳 | 勤勉性 vs 劣等感 |
| 第5段階 | 青年期 | 12～20歳 | 同一性 vs 同一性拡散 |
| 第6段階 | 初期成人期 | 20～40歳 | 親密性 vs 孤立 |
| 第7段階 | 成人期 | 40～65歳 | 生殖性 vs 自己停滞 |
| 第8段階 | 成熟期 | 65歳以上 | 統合性 vs 絶望 |

的な勤勉が主題となる時期であるとして「勤勉性 vs 劣等感」が挙げられている。児童期は学校を中心としてさまざまな場所や経験から急激に知識や技能を習得し始める時期である。その際に、勤勉さを十分に養うことができなければ劣等感が生ずることになり、自信をもつことができない心を養う結果となってしまう。勤勉さによって成功をもたらし、そのことが結果的に高い自尊感情をもつということである。子供がこれらのことを養うのは、学ぶ場所である学校やその子を取り巻く社会的環境が中心となる。具体的な対象者は、教師・学校、スポーツ少年団などの指導者や親である。子供たちは、これらとの関わりによってさまざまなことを学習していく。運動においては、この時期に運動に対する有能感をしっかりと身につけておく必要がある。有能感を養っていくためには、自らがその活動に対する高い動機づけをもって挑戦し、成功を繰り返すのがよいと考えられる。しかし、挑戦した後のパフォーマンス（運動の結果）は成功することも失敗することもあるため、それらを繰り返しながら少しずつ劣等感を解消し、最終的な結果として有能感を養うようにしなければならない。指導者は、子供たちに多くのことに挑戦する動機づけを高い次元で常に与えるように努力し、パフォーマンス自体を評価するのではなく子供たちが行った挑戦の内容についてしっかりと評価し、認めることにより、子供たちの有能感は育まれていく。パフォーマンスが悪かったことに対して強く叱ったり、次への高い動機づけをもつことが困難になるような発言や行動を行ったりすることは、指導者として絶対に避けなければならない。

## 2. 運動経験と子供の成長

運動と関係の深い人格的発達の側面に自己概念（自分がどのような人間であるかというイメージ）があり、その自己概念は人の行動を大きく左右するといわれている。杉原らは、運動経験と自己概念の関係について模式図で説明している（図6）。子供（幼児期、児童期）の自己概念の特徴は、幼児期には運動的領域、読み書きなどの認知的領域と大人や仲間などからの受容感などを含む社会的

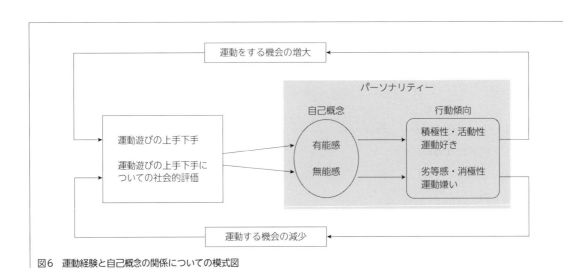

図6　運動経験と自己概念の関係についての模式図

領域が加わり、児童期には情緒的領域が加わることである。子供は運動や遊びを通じて成功した経験を多く得ると運動に対する有能感をもつようになり、運動や遊びの結果において失敗経験を繰り返してしまうと運動に対する無能感をもつようになってしまう。「運動有能感」をもった子供は運動が好きになり、行動傾向においてもさまざまなことに積極的に取り組んだり高い活動性がみてとれるようになるが、逆に「運動無能感」をもった子供は運動が嫌いになり、行動面においても劣等感がたいへん強く、なにごとにも消極的になってしまうようになる。

このように、子供たちにスポーツを指導する際や遊びとして運動を行わせる際には、「運動有能感」をもたせるような指導を行う必要があり、「運動無能感」をもたせることがないように留意しながら指導を行わなければならい。子供の時期に形成された強い「運動無能感」は、大人になってからの運動参加を大きく阻害することが指摘されている。

## 3. 子供の心理面の発育発達と運動指導上の留意点

文部科学省の「子どもの徳育の充実に向けた在り方について（報告）」（2009）によると、子供の発達段階ごとの特徴と重視すべき課題について、学童期（小学校高学年）は、自分のことを客観的に分析することができるようになり、発達の個人差についても顕著になる段階であるとし、さらに、身体の成長にともない、自己肯定感をもち始める時期であると同時に、他者と比較して自己に対する肯定的な意識をもつことができず自尊感情の低下などにより劣等感をもちやすくなる時期であると報告しており、重視すべき課題について「自己肯定感の育成」が挙げられている。

実際の運動指導の現場では、子供たちの所属チームやクラブの指導理念に基づいて指導が行われる。運動指導におけるおもな指導方針として考えられるのは、勝利至上主義の考え方で指導が行われる「成績志向的雰囲気」と、努力や過程を重視する考え方で指導が行われる「課題志向的雰囲気」に大別される。「成績志向的雰囲気」で指導が行われると競技成績に対する強い不安感を引き起こし、スポーツからの離脱傾向を強めることになる。これに対して、「課題志向的雰囲気」のもとでの指導では、競技成績での評価ではなく、個人の努力を中心に評価されることとなる。仮に競技成績が悪い場合でも努力に評価の中心があることで、強い不安感を引き起こし、離脱傾向を強めることはなくなる。

子供のスポーツ指導においては、より多くの成功体験をもたせ、そこで得た有能感から運動継続に対する強い動機づけと自信をもたせることがもっとも重要であるため、勝つことだけを目的として指導を行うのではなく、運動を行うことそのものに対する評価を行い、運動の結果として満足のいく内容ではない場合でもそのプロセスについて評価を行い、運動無能感を感じさせるような発言と行動をしないことを指導者は心がけなければならない。

しかしながら、近年の子供は以前と比較して遊びの内容が異なってきている。以前は友達や兄弟などと対人で遊ぶことがほとんどであったが、子供たちの習い事の多様化、核家族化、外遊びの場の減少などから、遊びの対象はゲーム機に変わってきている。対人での遊びから得ることができたさまざまな体験は減少し、逆にゲーム機などからのバーチャルな体験が増えている。運動の指導者は、現代の子供たちの現状を理解し、さまざまな

体験を対人による現実の世界から得られるような環境を用意し、その中で子供が運動有能感を育むことができる指導を行わなければならない。子供の指導現場において課せられている課題は多い。

## 4. 子供のモニタリング

　子供のメンタルヘルスの悪化は、スポーツ活動への動機づけを低下させるばかりか、一般的な生活場面においてもいじめや不登校といった非社会的行動の引き金となり、精神障害にも結びつく恐れがある。子供たちに対してスポーツを通じた健全育成を行うために、メンタルヘルスを良好に保つことがきわめて重要であることはいうまでもない。そのメンタルヘルスを良好に保ち続けるためには、まず子供たちがどのような状態であるのかを知る必要があり、常にモニタリングしなければならない。

　子供のメンタルヘルスのチェックには、大別して3つの方法がある。①心理検査用紙を用いる方法、②生理学的な検査を用いる方法、③観察法である。

### 1──心理検査による方法

　心理検査による方法では、市販されている検査用紙を用いて行うことになる。子供のストレスをチェックするために開発された、子供用PCI（Public Health Research Foundation Type Stress Inventory）がある。このテストは子供のストレス反応（心の不調）、ストレッサー（ストレスの原因）、ソーシャルサポート（まわりからの援助）の3つの尺度で測定し、子供の現在の心の健康状態を客観的にかつ簡便な方法で調べることができる。小学生用は小学校4年生から6年生までの適用範囲で、計33項目の質問に答えるようになっている（表5）。

表5　子供用PCIの尺度

| 上位尺度 | ストレス反応（心の不調） | ストレッサー（ストレスの原因） | ソーシャルサポート（まわりからの援助） |
|---|---|---|---|
| 小学生用下位尺度（計33項目） | 身体的反応　抑うつ・不安　不機嫌・怒り　無力感 | 教師との関係　友人関係　学業 | 父　親　母　親　担　任　友　人 |

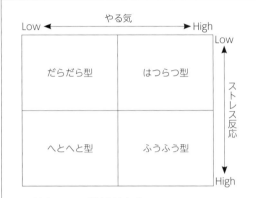

図7　児童の4つの精神的健康パターン

　また、子供の身体活動とメンタルヘルスの関係について公立小学校4年生から6年生までの1,325名を対象とした西田らの研究により、子供のメンタルヘルスの状態を多次元的にとらえる「児童用精神的健康パターン診断検査（MHP-C）」が開発された。この検査は、「怒り感情」「疲労」「生活の満足感」「目標・挑戦」「引きこもり」「自信」の6因子30項目からなる検査である。「やる気次元」と「ストレス反応次元」の2軸から4つのメンタルヘルスパターンに分けることができるという特徴をもった検査である（図7）。

### 2──生理学的な検査を用いる方法

　ストレスに起因する生理的反応を測定することによってメンタルヘルスをチェックするものである。心拍数はその代表的な指標の一つであり、コンディショニングとして常日頃から心拍数を測定することは有用であるとされ、多くのトップアスリートも実践している。心拍数の測定は、寝起き

が最適とされている。目覚めた瞬間に測定しそれを記録してその変化をみるのである。自律神経の作用によって、交感神経支配時（緊張、不安、怒りなど）には心拍数は上昇し、副交感神経支配時（リラックス）には心拍数は落ち着く。血圧についても同様の考え方で判断することが可能である。また、唾液、尿、血液の成分を測定する方法もあるが、測定には特別な機器が必要になり、さらに検査機関へ検体を送付して結果を得なければならないことから即時フィードバックすることができない。さらに、血液においては侵襲性があるため子供に適応することはきわめて困難である。

③ 観察法

　観察法は先の2つと比べて非科学的であるように感じられるが、子供の変化を手軽に知る方法としてはもっとも適している。しかし、子供が発する細かいサインについて見逃さないようにすることが重要で、子供との関わり方（食事をともにする、一緒に遊ぶ、話をするなど）を密にしなければならない。さらに、子供を預かるスポーツ指導者と学校の教師、親との連携によってより正確な情報を得ることができるので、それぞれの強い連携が必要不可欠である。とくにスポーツ少年団のような学校外のクラブ指導者においては、学校の教師や保護者と良好な関係を常に保つ努力をしなければならない。表6に示した内容について日頃から変化があるか否かよく観察する必要がある。

　　　　　　　　＊

　このようなツールを用いて子供たちを常にモニタリングし、メンタルヘルスが良好な状態である

表6　子供のSOSサイン

| | |
|---|---|
| 睡眠 | ・なかなか寝つけない<br>・夜更かし<br>・朝起きられない、朝つらそう<br>・眠れないという |
| 食欲 | ・食欲がない、量が減った<br>・食べ過ぎる<br>・急にやせた、あるいは太った |
| 体調 | ・疲れている<br>・元気がない<br>・身体の不調を訴える |
| 行動 | ・学校をいやがる<br>・家に引きこもりがちになる<br>・無口になった<br>・暴力を振るうようになった<br>・独り言をいうようになった<br>・感情表現がなくなった |

ことを確認する必要がある。

（田中博史）

［引用・参考文献］
(1)馬場礼子、永井撒共編『ライフサイクルの臨床心理学』培風館、1997
(2)福田由紀『心理学要論　心の世界を探る』培風館、2014
(3)日本体育協会『アクティブ・チャイルド60min―子どもの身体活動ガイドライン―』サンライフ企画、2010
(4)日本体育協会『スポーツリーダー兼スポーツ少年団認定員養成テキスト』日本体育協会日本スポーツ少年団、2013
(5)西田順一、橋本公雄、徳永幹雄「児童用精神的健康パターン診断検査の作成とその妥当性の検討」、『健康科学』第25号、pp. 55-65、2003
(6)杉原隆編著『パーソナリティーの発達と運動』健帛社、1999
(7)竹中晃二『健康スポーツの心理学』大修館書店、2000

# 3-3 フィジカル面の基礎的トレーニング理論

　効果的なトレーニングプログラムを作成するためには、トレーニングの原理と原則にしたがうことが重要である。トレーニングには4つの原理と5つの原則がある。

## 1. トレーニングの4つの原理

(1)**オーバーロードの原理**　今もっている能力以上の負荷を課すことで、トレーニング効果が期待できる。この負荷が適切でない場合は、期待する効果が得られないばかりか、トレーニングにより障害を引き起こすこともあるので注意が必要である。

(2)**特異性の原理**　トレーニングによる生理学的適応には、トレーニングの種類による特異性がある。たとえば、ウエイトトレーニングでは筋力を高めることができるが、心肺機能の向上は望めない。また、同じウエイトトレーニングで低強度かつ高回数で行うと、筋力は向上しない。

(3)**可逆性の原理**　ある一定期間トレーニングを実施して効果が得られても、トレーニングをやめてしまうと元に戻ってしまう。パフォーマンスが低下するだけでなく、生理・生化学的にも変化をもたらしてしまう。

(4)**適時性の原理**　トレーニング効果はいつも同じように得られるものではない。発育発達期においては、年齢に応じて体力要素ごとに異なる発達経過をたどることがわかっている。発達段階に応じたトレーニングを実践することにより、効率的にその効果を得ることができる。

## 2. トレーニングの5つの原則

(1)**全面性の原則**　体力の諸要素を偏ることなく高

めるとともに、それぞれの種目に必要な専門的な体力もバランスよく向上させることが大切である。基礎体力を高めるためには、体全体をバランスよく鍛える必要がある。トレーニングには偏りがあってはならない。基本となる体力はオールラウンドに向上させることを考えなければならない。

(2) **漸進性の原則**　個人のもっている能力に応じて、トレーニングの量や質を徐々に増加していくこと。トレーニング強度や時間が弱過ぎたり短過ぎたりしては、身体に改善をおよぼす刺激とならない。逆に強過ぎたり長過ぎたりすると障害を起こすことになる。選手の能力の向上に合わせて、質や量を高めていかなければならない。

(3) **個別性の原則**　スポーツトレーニングにおいては、全体を一斉に扱うことが多いが、練習やトレーニングの形式は同じであっても、個人の能力や特徴に応じた配慮が必要である。個人のもっている特徴を十分に伸ばしてやることが重要である。

(4) **反復性の原則**　適当な時間間隔で繰り返し反復される運動刺激が、身体にトレーニング効果をもたらす。

(5) **意識性の原則**　指導者に言われたままに行うのではなく、はっきりとした目的意識をもってトレーニングに臨まなければならない。トレーニングの目的を理解し、自身のレベルアップになにが必要か自覚することがより効果を大きくする。

## 3. レジスタンストレーニングの導入

レジスタンストレーニングに関して、LTADとしてJoyceらによって著されているものを紹介

表7　レジスタンストレーニングのためのLTAD計画

| 段階 | 目標 | 内容 |
|---|---|---|
| (1) 自重トレーニングの導入① | 単に筋力の向上だけでなく、基本動作や自重トレーニング中の手足のコントロールや、身体の安定を目的とした筋力の向上について学ぶ。テクニックと動作をコントロールすることに重点をおく。 | 9〜12歳:10〜15回×1〜3セットが可能な種目。12〜15歳:8〜15回×1〜3セットが可能な種目。自重での多関節運動種目（スクワット、片脚スクワット、ランジ、ステップアップ）、腕立て伏せ、プルアップ、体幹のトレーニングなどに重点をおく。 |
| (2) 自重トレーニングの導入② | より難易度の高い、変則的な自重トレーニングを用いて、身体のコントロールや安定性の向上を継続する。 | 6〜12回×1〜4セットが可能な難易度の高いバリエーション。バンドやメディシンボール、サンドチューブなど柔らかい負荷を用いる。自重種目での測定によって次のレベルに移行するか判断する。 |
| (3) バーベルトレーニングの導入 | 自重での制御能力が十分に発達した段階で、おもにバーベルによる過負荷が必要となる。おもに基本の種目を行う。その他の種目は筋力やバランスを考慮し、個人の筋力レベルやスポーツに適した強化を行う。自重でのトレーニングは継続する。 | スクワット、ベンチプレス、デッドリフトのバリエーション、オーバーヘッドプレス。10〜12回（60〜75%1RM）で始め、5〜6回（80〜85%1RM）に、数週間周期のピリオダイゼーションで移行する。他の基本種目も導入し、筋肥大を目的とした高回数（8〜20回）で行う。 |
| (4) 最大筋力トレーニング | 個人とスポーツ種目に必要となるトレーニング種目において、より高負荷でトレーニングを行い、最大筋力を増加させる。 | 低反復回数（1〜5回/80〜100%1RM）高セット数。筋力増強および筋肥大を高負荷で継続（6〜10回/65〜85%1RM）スポーツ種目に応じたトレーニング種目を実施する |
| (5) 最大筋力トレーニングの発展 | 主要な種目においてより負荷の大きい（バンドやチェーンを用いた）トレーニングを習慣的に実施して筋力増強を図る。 | バンドやチェーンを用いた最大筋力トレーニング。筋肥大のためのドロップセットやオリンピックリフティングによる爆発的筋力などのテクニックを使う。ピリオダイゼーションはモノサイクルだけでなく、バイサイクルあるいはトライサイクルなどで実施する |
| (6) トップレベルでの最大筋力トレーニング | ハイレベルでの最大筋力の維持および重要な試合に向けた最大筋力とパワーのピーキング。 | 個人、競技特性、シーズンに最適化したトレーニング。一般的にトレーニング量は減少する。 |

表8 バーベルトレーニングへ移行する際の基準
■男　子

（フロントプランクは秒、それ以外は回数を示す）

| 運　動 | 5点 | 4点 | 3点 | 2点 | 1点 | 0点 |
|---|---|---|---|---|---|---|
| プッシュアップ | 40 | 30-39 | 20-29 | 10-19 | 3-9 | <3 |
| プルアップ（アンダーハンドグリップ） | 12 | 9-11 | 6-8 | 4-7 | 1-3 | 0 |
| ワンレッグスクワット（ボックスの上に立って行う、両脚の平均） | 5 | 4 | 3 | 2 | 1 | 0 |
| フルスクワット（60秒、体重の10％のおもりを胸の前でもつ） | 40 | 33-39 | 26-32 | 19-25 | 11-18 | 10 |
| フロントプランク（腕を伸ばして） | >120 | 90-120 | 60-90 | 30-60 | 10-30 | <10 |
| ツイスティングシットアップ（60秒） | 40 | 33-39 | 26-32 | 19-25 | 11-18 | 10 |

■女　子

（フロントプランクは秒、それ以外は回数を示す）

| 運　動 | 5点 | 4点 | 3点 | 2点 | 1点 | 0点 |
|---|---|---|---|---|---|---|
| プッシュアップ | 20 | 15-19 | 10-14 | 5-9 | 1-4 | 0 |
| プルアップ（アンダーハンドグリップ） | 6 | 4-5 | 3 | 2 | 1 | 0 |
| ワンレッグスクワット（ボックスの上に立って行う、両脚の平均） | 5 | 4 | 3 | 2 | 1 | 0 |
| フルスクワット（60秒、体重の10％のおもりを胸の前でもつ） | 40 | 33-39 | 26-32 | 19-25 | 11-18 | 10 |
| フロントプランク（腕を伸ばして） | >120 | 90-120 | 60-90 | 30-60 | 10-30 | <10 |
| ツイスティングシットアップ（60秒） | 40 | 33-39 | 26-32 | 19-25 | 11-18 | 10 |

する（表7）。この中で、本格的なレジスタンストレーニングの実施にあたり、自重のトレーニングからバーベルトレーニングに移行する際の基準を男女別に示している（表8）。合計点が18点以上でバーベルトレーニングへ移行する判断材料としているが、その際すべての項目で3点以上獲得することを求めている。動作を正確に反復することは言うまでもない。

## 4. トレーニングの実際

これまで述べてきた発育発達段階と求められるトレーニングについて、具体的な方法を以下に示す。

### ◼1 体幹の安定性の強化に主眼をおいたトレーニング

腹横筋や多裂筋などの脊椎を直接支えているローカル筋の活動性を亢進し、腹圧を高めて体幹を安定させることは、四肢を自由に、そして強く動かすために重要である。また、成長期においては、腰部障害を予防するうえでも大切な要素となる。ここでは、基本的なプランク、ブリッジの方法を紹介する。

橋本らは一過性の体幹エクササイズがドロップジャンプやリバウンドジャンプでのパフォーマンスを向上させると報告しており、ジャンプ着地時の衝撃緩衝にプラスに働くことが考えられる。このような点から、練習の最後のプログラムとして

取り組むよりも、ウォーミングアップのプログラムの一つとして取入れることを推奨する。

### 1―フロントプランク（写真1）

肩の真下に肘をつき90度に曲げる。足関節背屈位、膝関節伸展位をキープする。外踝―膝―大転子―肩峰―耳介が一直線になるようにする。ドローイングした状態を維持する。正しい姿勢で30秒維持することを目安にし、Aでは姿勢維持が難しい場合には、Bのように膝をついて行う。

[バリエーション] 片手を上げることにより、上げた上肢の反対側の腹斜筋の活動が高まる。

写真1　フロントプランク

### 2―ラテラルプランク（写真2）

肩の真下に肘をつき、正面からみても体側からみても一直線になるように姿勢を維持する。正しい姿勢を30秒維持することを目安にし、Aでは姿勢維持が難しい場合には、Bのように膝をついた姿勢から始める。下側の腹斜筋群、腰方形筋、股関節の外転筋が強化されるトレーニングである。

写真2　ラテラルプランク

### 3―ブリッジ（写真3）

膝―大転子―肩峰が一直線になるようにする。大臀筋、ハムストリングスを使って股関節伸展を行い、臀部を床から浮かす。腰を反らせないこと。踵を支点とするよう足関節は背屈する。多裂筋の活動が高まることが明らかにされている。

[バリエーション] Bのように片脚で実施することも可能である。

写真3　ブリッジ

### 4―4ポイントダイアゴナル（写真4）

対側の上肢と下肢が一直線になるように伸展す

写真4　4ポイントダイアゴナル

る。伸展する範囲は床と水平になるまででよい。体幹を安定した状態で四肢を動かすトレーニングとなる。体幹が回旋しないように行う。

### ❷—動作の習得に主眼をおいたトレーニング

#### ①—ベントレッグヒップアブダクション（シェル、写真5）

側臥位で股関節45度、膝関節90度屈曲位、足裏が背中のライン上にくるようにする。体幹の回旋をともなうことなく、股関節を外転する。中臀筋の活動性を高めるトレーニングである。

［バリエーション］ミニバンドやチューブを用いて負荷を増す。

写真5　シェル

#### ②—胸椎の回旋（写真6）

肩幅に手をついて四つん這いになり、片手を首

写真6　胸椎の回旋

の後ろに当てる。肩甲骨の内転と背部の回旋を意識して、視線は動いている肘を追うようにする。肩甲骨および胸椎の可動性向上を図る。

#### ③—キャット・アンド・ドッグ（写真7）

キャットは顎を引き、ヘソを覗き込むように背中を丸くする。肩甲骨を外転し、骨盤を後傾し肛門を床の方に向けるようにする。

ドッグはリラックスして顔を上げ、脊柱の自然なカーブを維持する。肛門は後方を向き、肩甲骨が内転することを意識する。

写真7　キャット・アンド・ドッグ

#### ④—Y、T、W、コブラ（写真8）

肩甲骨の可動性と固定、胸椎の伸展および上背部の固定を学習する。

Yは腕を135〜155度挙上し、肩甲骨を内転・下制し胸椎を伸展する。

Tは腕を90度外転位に保持し、肩甲骨を内転する。外転角度が90度より小さくなり、上肢が体側に近づく場合は、広背筋の代償作用なので修正する。

Wは肩関節45度外転位、肘関節90度屈曲位に保持する。肩甲骨の内転を行う。

コブラは肩関節外旋とともに肩甲骨の内転、胸椎の伸展を行う。

留意点としては、肩甲上腕関節の運動にならないようにする。胸椎の伸展を意識し、腰椎の伸展および肩甲骨の挙上をともなわないことを確認する。

写真8　肩甲胸郭関節の運動

### 5 ─ アスレティックポジション（パワーポジション、写真9）

　足幅を肩幅より少し広めにして立ち、股関節、膝関節、足関節は軽度屈曲位に保つ。膝とつま先の方向を同じにし、体幹と下腿はほぼ平行となる。

### 6 ─ Aマーチ（写真10）

　トリプルフレクション（足関節、膝関節、股関節の屈曲）とトリプルエクステンション（足関節、膝関節、股関節の伸展）をしっかりと行う。少し前傾姿勢で骨盤の真下に足をつき前進する。足はフラットまたは前足部を着く。上体は真っすぐの姿勢を維持して、ドローイングした状態を保つ。引き上げた足は背屈位をとる。

### 7 ─ 自重スクワット（写真11）

　足幅を肩幅より少し広めにして立つ。股関節、膝関節、足関節の運動連鎖に注意し、しゃがみ込む（トリプルフレクション）。

写真9　アスレティックポジション　　写真10　Aマーチ

写真11　自重スクワット

その際、膝とつま先の向きを同じにする。膝はつま先より前に出ないように腰を落とす。足の裏全体に荷重して、膝が外反したり（膝が内側に入る）、踵に重心が乗ったりしないようにする。膝関節が90度あるいは大腿が床と平行になるくらいまで腰を下げる。立ち上がる際は、肩と臀部が同時に動くように股関節の伸展を意識する。

　肩あるいは臀部から動いているときは、股関節、膝関節、足関節の伸展（トリプルエクステンション）が上手にできていないので注意する。

＊　　　＊

　以下に挙げるシングルレッグのトレーニングでは、骨盤を安定する必要があるため、中臀筋や腰方形筋の活動が要求される。

### 8-1─ラテラルスクワット（写真12）

　足幅を広めにとり、足は平行または少しつま先を外側に向けて立つ。片方の足に重心を移動させる。その際、荷重している脚はつま先─膝関節を同じ向きにすること、膝をつま先よりも前に出さないようにして、股関節を屈曲する。もう一方の足は小指側が床から離れるように動作することを意識する。股関節周囲と内転筋群の柔軟性が要求される。また、この動作はディグの姿勢につながるトレーニングになる。

### 8-2─ローテーショナルスクワット（写真13）

　脚を前後に開き、前に出した脚に対して斜め前方を向く。左右の股関節の動きを意識して、前額面を前に向けるように後ろ側に沈み込む。後ろ脚は通常のスクワットと同様に膝とつま先の向きを同じにし、膝がつま先より前に出ないようにする。前方の足は踵で支持し、股関節を積極的に外旋する。股関節の可動性、ハムストリングスの柔軟性が要求される。

写真12　ラテラルスクワット

写真13　ローテーショナルスクワット

### 9─バックワードランジ（写真14）

　足幅は骨盤の幅で後ろに足を踏み出す（足が一直線にならないようにする）。骨盤は立位時と同様に中間位を保つ。前に残った脚の下腿、後ろに踏み出した脚の大腿部が床と垂直になるようにする。前の脚、後ろの脚ともにつま先と膝の向きは

写真14　バックワードランジ

同じで、とくに後ろ脚の股関節が回旋しないようにする。立ち上がるときは、ゆっくりと立ち上がり、前脚の踵で床を踏むようにすると股関節の伸展が意識しやすくなり、臀筋、ハムストリングスの使い方をトレーニングすることができる。後ろに踏み出した脚の足趾が、十分に伸展しているか確認すること。

### 3―着地動作の習得に主眼をおいたトレーニング

バレーボールでは、アタック、ブロック、トス、サーブ、レシーブとあらゆる場面でジャンプをともなうプレイが要求される。ジャンプするということは、必ず着地をともなう。そして、足関節や膝関節の外傷の多くは着地時に発生している。着地時の衝撃を緩衝するためにも、両脚着地を心がけることが必要である。

#### 1―ラテラルホップランディング（写真15～17）

両脚着地に加えて、ホップする方向と同側の脚で片脚着地、ホップする方向と反対側の脚で片脚着地、空中で回転して両脚着地などのバリエーションがある。着地をしたらすぐに反対側に跳ぶことを連続する課題（連続ホップ）に発展させることもできる。

アスレティックポジションをとり、腕は反動を活かすために肩関節伸展位に構える。着地時の姿勢は次のジャンプができる姿勢。着地する前にドローイング状態を意識する。

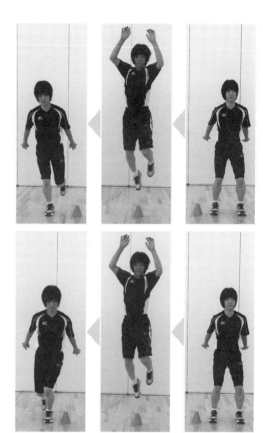

写真16　ラテラルホップランディング（片脚着地）

写真15　ラテラルホップランディング（両脚着地）

写真17　ラテラルホップランディング（回転）

### 4 ―体幹の強化に主眼をおいたトレーニング

体幹の安定は全てのプレイに必要であり、また、正確でパワフルなプレイ遂行にも重要となる。ブロック動作時の体幹筋の作用について、大久保らは、push-off phase では体幹筋が、クロスオーバーステップでは外腹斜筋の活動量が大きくなることを明らかにしている。

#### 1 ―ダイアゴナル（写真18）

ドローイングした状態を維持して、左肘と右膝を近づける。その際、反対側の上肢と下肢は伸展位を保ち、一直線上に並ぶ方向に位置する。

写真18　ダイアゴナル

#### 2 ―シュリンプ1（写真19）

側臥位になり、下側の腕を屈曲90度に保持し、上側の手を首の後ろに当てる。両下肢を床から浮かし、上側の肘と下側の膝を近づけるようにする。下側の臀部で支持する。

写真19　シュリンプ1

#### 3 ―シュリンプ2（写真20）

側臥位になり、両上肢と両下肢を床から浮かす。両手で上側の下腿外側を触るようにする。下側の臀部で支持する。

写真20　シュリンプ2

#### 4 ―クランチ（写真21）

股関節、膝関節を90度屈曲位で行う。ドロー

写真21　クランチ

イングを維持して上体を起こす。反動を利用したり、腰を反らせたりして行わない。

### 5 ― ヒールタッチ (写真22)

背臥位になり、側屈をして踵を触る。

写真22　ヒールタッチ

### 6 ― デッドバグ (写真23)

ドローイングしながら両手両足を床から浮かす。股関節および膝関節の伸展屈曲を交互に繰り返す。上肢は脚の動きに合わせ、リズミカルに交互に動かす。

写真23　デッドバグ

### 7 ― ロシアンツイスト (写真24)

臀部を支点とし体幹および下肢（膝関節屈曲位）を浮かす。メディシンボールを両手で保持し、左右に捻る。

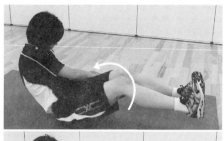

写真24　ロシアンツイスト

### 8 ― ターキッシュゲットアップ (写真25)

体幹の安定性だけでなく、体全体の使い方のトレーニングとなる。ダンベルが頭上にあるので、扱い方に注意する。

①背臥位になって、ダンベルをもっている腕を天井に向けて挙上する。
②同側の膝を屈曲し、挙上した上肢は常に床に対して垂直な位置に保持する。
③反対側の腕と膝を曲げている側の足裏でしっかりと体を支えながら体を起こす。
④床についている手と足で床を押して臀部を浮かす。
⑤伸ばしていた脚を後ろに引き、膝をつく。
⑥⑦ランジ姿勢になって上体を垂直に起こし立ち上がる。

写真25　ターキッシュゲットアップ

※この逆の運動（⑦→①）を行って1回とする。
ダンベルをもち替えて同様に運動する。

## 5 ─ チューブやミニバンドを用いたトレーニング

### 1 ─ サイドウォーク（写真26）

レセプションやディグでは、横方向への素早い移動と安定した姿勢での停止が必要となる。股関節外転筋群を強化することは、低い姿勢でのプレイを助けることになる。

ミニバンドを下腿に巻き、アスレティックポジションをとる。右脚からステップした場合、左足のステップ幅は右脚のステップ幅とし、常に一定のテンションがかかっている状態を保ちながら動作する。

写真26　サイドウォーク

### 2 ─ 足関節背屈（写真27）

前脛骨筋を強化し、足関節の安定性と可動性の向上を図る。足関節捻挫のリハビリテーションでは、必須のトレーニングである。

写真27　足関節背屈

### 3 ─ 肩関節外旋（ファーストポジション、写真28）

肩外旋筋腱板の強化と障害予防がねらいである。肩外旋筋腱板はアタックなどで腕を全力で振った後、腕を減速する際に作用する。

肩関節中間位、肘関節90度屈曲位でチューブを把持し、肩関節を外旋する。

[バリエーション]　上腕と腋の間に丸めたタオルを挟むことにより、筋の活動性を高めることができる。

写真28　肩関節外旋（ファーストポジション）

## 6 ─ 自重負荷によるトレーニング

### 1 ─ プッシュアップ（写真29）

手を肩幅より少し広くつき、肘関節を90度程度屈曲する。プランク姿勢を保持してできることが大切。

[バリエーション]　プランク姿勢を保持して十分な反復が行えない場合、①膝立て姿勢あるいは手をつく位置を高くする、②手幅を広くする、③手のつく位置を胸に近づけ、脇を締めて肘を曲げるようにする。

### 2 ─ インバーテッドロウ（写真30）

肩幅より少し広くバーベルのバーを握って体幹をまっすぐに保つ。つま先を前に向け、脚を揃える。みぞおちのあたりを上バーに近づけるよう引

写真29　プッシュアップ

写真30　インバーテッドロウ

写真31　カーフレイズ

きつける。肩甲骨を内側に寄せることを意識する。
**[バリエーション]** 脚を台あるいはバランスボールにのせて行う。

### ③——カーフレイズ(写真31)

　前足部で立つ。踵をできるだけ下げる。拇趾球に荷重して踵を上げる。足関節中間位（回内外）を保持し、外側荷重にならないようにする。全可動域で運動すること。

　田中らは、足関節底背屈トレーニングにより垂直跳びの跳躍高が有意に増加したと報告している。

**[バリエーション]** エキセントリック局面を強調することにより、アキレス腱炎を改善するためのトレーニングとして効果的である。

### ④——ブルガリアンスプリットスクワット(写真32)

　片脚を台にのせ、つま先あるいは足の甲で支える。上体を垂直に保ったまま、前脚の膝を屈曲する。

**[バリエーション]** 足幅を大きくし、立ち上がる際、踵に荷重することで股関節の伸展動作を意識しやすくなり、大臀筋、ハムストリングスの作用を強

写真32　ブルガリアンスプリットスクワット

調することができる。

### ⑤─ボックスステップアップ（写真33）

　少し前傾し、踵から中足部に荷重すると、股関節の伸展動作を意識しやすくなる。一般的に、腰と膝への負担の少ないトレーニングである。

**[バリエーション]** ラテラルステップアップ（台の横に立つ。内転筋に負荷を与える）

写真33　ボックスステップアップ

### ⑥─シングルレッグボックススクワット（写真34）

　ボックスの端に立つ。つま先と膝が同じ方向を向くようにして、遊脚の膝を支持脚の踝まで下げる。膝はつま先より前に出ないようにする。片脚でのトレーニングとなるので、バランスが必要となる。

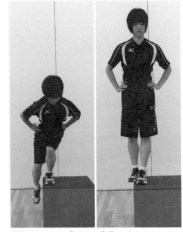

写真34　シングルレッグボックススクワット

### ⑦─リバースプッシュアップ（ディップ、写真35）

　ベンチを背にして両手をつく。体幹をまっすぐに保持してゆっくりと肘関節を曲げる。脚を台などにのせると負荷が増える。

写真35　リバースプッシュアップ

（小柳好生／武庫川女子大学）

[引用・参考文献]

(1) Alfredson, H. : Chronic Achilles tendinosis: recommodations for treatment and prevention. Sports Med. 29(2), pp. 135-146, 2000.

(2) 有賀誠司他「側方への移動や方向転換の動作改善のためのトレーニング方法に関する研究─バレーボール選手を対象としたサイドランジの実施条件と男女の違いに

ついて—」Tokai J. Sports Med. Sci. No. 23, pp. 7-19, 2011.
(3)橋本輝他「一過性の体幹スタビライゼーションエクササイズが垂直跳び、ドロップジャンプ、リバウンドジャンプのパフォーマンスに及ぼす効果」、『スポーツパフォーマンス研究』第3号、pp. 71-80、2011
(4)Herrington, L. et al. : The role of eccentric training in the management of Achilles tendinopathy: A pilot study. Phys. Ther. Sport. 8, pp. 191-196, 2007.
(5)Joyce, D. et al.: HIgh-performance training for sports. Human Kinetics, 2014.
(6)Mafi, N. et al.: Superior short-term results with eccentric calf muscle training compared to concentric training in a randomized prospective multi-center study on atients with chronic Achilles tendinosis. Knee Surg. Sports Traumatol. Arthrosc. 9(1), pp. 42-47, 2001.
(7)溝渕絵里他「サイドランジにおけるステップ幅の違いが膝関節と股関節まわりの筋の活動および膝関節モーメントに及ぼす影響」Tokai J. Sports Med. Sci. No. 23, pp. 27-34, 2011.
(8)大久保雄他『腰椎Stabilization Exercise時の四肢挙上による体幹筋活動変化』、『日本臨床スポーツ医学会誌』第19巻第1号、pp. 94-101、2011
(9)大久保雄他「バレーボールブロックジャンプ時の体幹筋活動」、『日本臨床スポーツ医学会誌』第22巻第3号、pp. 488-496、2014
(10)田中弘之他「足関節運動の筋力トレーニングが垂直跳びの跳躍高に及ぼす影響」、『鳴門教育大学紀要』第10号、pp. 27-32、2006

# 3-4 メンタル面の基礎的トレーニング理論

　バレーボールの競技力向上をめざすためには、ストレングストレーニングやスキルトレーニングに加え、メンタル面を強化することが重要視されている。メンタル面を強化する方法としては、メンタルトレーニングが行われている。「メンタルトレーニング」とは、「スポーツ選手や指導者が競技力向上のために必要な心理的スキルを獲得し、実際に活用できるようになることを目的とする心理学やスポーツ心理学の理論と技法に基づく計画的で教育的な活動」（日本スポーツ心理学会編、2005）である。メンタルトレーニングの内容として目標設定、緊張のコントロール、動機づけなどが含まれ、これらは心的スキルのトレーニングであるため、これらを「心理的スキルのトレーニング」（psychological skills training）とも呼んでいる。メンタルトレーニングは、初心者から一流選手まで勝利や自己への挑戦をめざすスポーツ選手やその指導者を対象としている。その内容は多様であり、身体的トレーニングと同様に選手のレベルや種目などを考慮したうえでのトレーニングが必要である（Weinberg & Gould, 2011）。

## 1. メンタルトレーニングの発達基盤

　メンタル面の強化の重要性が叫ばれている背景として、国際大会で優秀な成績を収めた一流選手は強靱な体力とともにメンタル面の強さをもち合わせていることがある。このような経緯からメンタルトレーニングの具体的な手法は、一流選手の心理的特徴を明らかにする研究領域や優秀なコーチから得られた知識を基盤として発達してきた。欧米諸国を中心に一流選手の心理的特徴に関する研究が多く行われている。

　一流選手を対象とした心理的スキルとその特徴

表9 一流選手の心理的スキル

- 完成されたパフォーマンスルーティンと明確な試合へのプラン
- 高い動機づけと執着心
- 気をそらすもの、予期せぬ出来事への対応能力
- コミュニケーション能力
- 高いレベルの自信
- 緊張（覚醒）をコントロールする能力
- 目標設定の能力
- イメージ能力

(Williams and Krane, 2001)

に関わる研究は表9のようにまとめられる（Williams and Krane, 2001）。これらの結果を概観すると、動機づけ、目標設定能力、パフォーマンスルーティンが心理的スキルとして含まれている。日本国内においては、オリンピックを経験したバレーボール選手がいかにして卓越したスキルを獲得したかという観点から、対象選手が目標設定などの心理的スキルを日頃の練習から効果的に使っていたことを明らかにしている（渡辺ら、2009）。さらに、スキルを獲得するために必要な心理的要素としてメンタルタフネスの定義に含まれる「身体的限界まで追い込む強さ」という項目が含まれているのが興味深い。つまり、パフォーマンス向上に必要なスキルの獲得という観点からもメンタルトレーニングの必要性が明らかにされているのである。

## 2. メンタルトレーニングは競技力向上に役立つか

1980年代に米国においてメンタルトレーニングが盛んに行われ、その有効性について議論されてきた。競技スポーツ選手を対象にしてメンタルトレーニングに介入した23の研究のレビューを行い、その有効性を確認している（Greenspan et al., 1989）。他の研究においても、メンタルトレーニングは認知・行動に影響を与え、パフォーマンスが向上すると結論づけている（Vealey, 1994）。先のロンドンオリンピックで銅メダルを獲得した日本女子バレーボールチームも積極的にメンタルトレーニングを取り入れていた。

## 3. 動機づけの相互作用モデル

一流選手の心理的特徴として、高い動機づけが挙げられる。高い動機づけを維持することがパフォーマンス向上の基本であり、心理的能力でもある。そのため、まずは心理学的な観点からスポーツにおける動機づけを理解することが求められる（Hodge, 2010）。また、指導者にとって、どうすればスポーツ参加者の動機づけが高まるかは、きわめて重要な関心ごとであろう。ここでは、動機づけを高めるためのメンタルトレーニング方策として動機づけの相互作用モデルを紹介する。

動機づけの相互作用モデル（図8）はスポーツ心理学の領域において広く取り入れられている（Weinberg & Gould, 2011）。このモデルでは、動機づけに関わる要因を個人的要因と環境的要因から説明している。個人的な要因の中には、性格、必要性、興味、目標などが含まれ、環境要因には、コーチやリーダーのスタイル、施設の充実度や天候、チームの勝敗などが含まれている。そして、

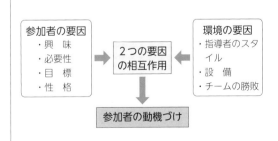

図8 スポーツ参加の動機づけの相互作用モデル

個人的な要因と環境的要因の相互作用によって参加者の動機づけは決定づけられるとしている。このモデルを念頭において動機づけを理解し向上させるためには、以下に示す4つの指針が手がかりとなる。

### 1 ─ 一人ひとりがもつ特性と環境的要因を考える

動機づけを向上させるためには、「参加者」と「環境」の両要因を考慮する必要がある。しかし指導者は、動機づけの低さはその参加者の性格や態度に問題があると考えがちである。このような考えは、バレーボール参加への動機づけをサポートするのではなく、責任を逃れようとしているとも見受けられる。指導者自身が環境要因に含まれ、選手の動機づけに大きな影響を与えていることを忘れてはならない。したがって、一人ひとりの性格や特性を変えるよりも環境要因（たとえば指導スタイル）を変えた方が動機づけを向上させるのに簡単なときもある。バレーボールへの動機づけは時間とともに変化するので指導者は選手の動機づけを常にチェックすることが望ましい。

### 2 ─ バレーボールへの参加にはさまざまな動機づけがある

子供がスポーツに参加する要因として、スポーツスキルの向上、有能感の獲得、楽しみを感じること、試合での緊張を味わうことが挙げられている（Gill, 2008）。成人もスポーツに参加する要因は子供と類似しているが、スポーツスキルの上達や有能感の獲得よりも健康作りのためという要因が強い。つまりレベルや年代によって参加要因が違うことを考慮するべきである。

### 3 ─ 環境を変えることによって動機づけは向上する

バレーボールに対して目標があり、練習の必要性も感じているが、動機づけが弱くなることがある。そのような場合、環境要因である練習場所を変えたり、練習方法を変えたりするだけでも動機づけが高まることがある。他にも、夏期に涼しい地域で夏合宿を組むと環境が変化し、選手の動機づけが向上することがある。

### 4 ─ リーダーが動機づけに影響を与える

体育教師、コーチ、運動指導士などのスポーツ指導者は選手を取り巻く環境の一つとして、彼らの動機づけに大きな影響を与える。ある調査によると、73%のスポーツ指導者は、選手の動機づけに自分自身が大きな影響を与えていると感じている（Theodorakis & Gargalianos, 2003）。そして、エネルギッシュで外交的なスタイルの指導者は、チームをよい方向に導くことが認められている。指導に関わる人の日々の行動は選手の動機づけに大きな影響を与えていることを忘れはならない。

## 4. 内発的動機づけと最適な心理状態

スポーツ参加への動機づけを高めるためには、指導者が選手の内発的動機づけを高めることが必要である。内発的に動機づけられた選手は、行動すること自体が目的となっており、楽しいから参加する、好きだから参加する。一方、外発的動機づけは、参加行動がなんらかの報酬を獲得する手段となっている場合である。内発的動機づけを高めるためには以下の方法が考えられる。

### 1 ─ 多くの成功体験をさせる

成功体験によって自己の能力の高まりが感じられると、内発的動機づけが高まる。とくにユーススポーツにおいては重要である。成功体験を増やすためには、指導者は常に目標を設定し、その成果についてのフィードバックを与えることが重要になる。

### 2 ─ 言語的・非言語的な賞賛を参加者に与える

多くの指導者は賞賛がどのくらい人間行動に

とって重要なものかということを忘れている。賞賛を与えることで選手が継続して努力し、向上しようとする。たとえば、スキル獲得をめざしている選手に対して多くの肯定的な言葉がけ（賞賛）をすることで、動機づけが高まり、気分が向上することで内発的動機づけが高まる。

③ さまざまな運動や練習プログラムを提供する

単調な練習やトレーニングはすぐに飽きてしまう。これを避けることで動機づけを維持することができるので、指導者は多くの練習方法やプログラムを用意しておかなければならない。

④ スポーツ参加者に意思決定をさせる

選手に意思決定（選択権）を委ねることで、自己の決定に対して責任をもたせることができ、内発的動機づけの強化につながる。たとえば、指導者がいくつかのトレーニングメニューを用意して、その中から参加者に選択させたりする。

⑤ 現実的な目標設定を与える

スポーツに参加するとき、多くの人たちは自分の能力に合った目標を設定する。自分の目標を達成したときに喜びを感じ動機づけが高まる。

## 5. フロー：内発的動機づけにおける特別な現象

運動遊びやスポーツに「楽しさ」を感じ、時の経つのを忘れて没頭した経験をもっている読者も多いだろう。このような意識の状態をチクセントミハイは「フロー」（flow）と呼んだ（Csikszentmihalyi, 1990）。このような状況では、活動の目的が外的報酬を得ること（金銭や名声を得ること）ではなく、楽しさを求めてバレーボールをプレイすること自体を目的としている。フロー状況においては、最高のパフォーマンスをしており、一方では多くの技術を獲得している。

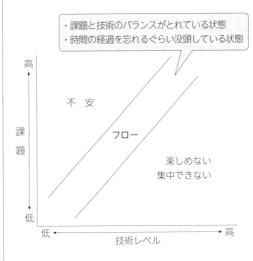

図9　フローモデル

フローが生じる第一の条件は、自分のスキル（技能）や能力と挑戦課題が適切であることである（図9）。能力に比べて課題が難し過ぎると「不安」が生じ、逆に能力に比べて課題が簡単過ぎると飽きてしまう。つまり指導者は、選手の内発的動機づけを高め、フローの経験ができるように、その能力をみきわめて選手に合った課題を設定する必要がある。さらに、ジャクソンら（2005）はフローが生じる他の9つ（能力と課題のバランスを含む）の「基本要素」をスポーツという観点から議論している。ここでは、指導者と選手にとって重要であると思われる3項目について説明する。

① 明確な目標

目標を設定することは行動の方向付けに役立つ。指導者は、選手の目標達成を促すために長期的、短期的な目標を設定する。練習やトレーニングでフローの状態に入るためには、選手が自分のなすべき目標を正確に理解できるように、前もって明確に設定させるべきである。明確な目標を意識することで、注意が散漫になることを防ぎ、課題に集中するようになる。練習の目的が明確になれば、

結果的にフローをより体験しやすくなるのである。

### 2―明瞭なフィードバック

　フィードバックとは、スポーツパフォーマンスについてのさまざまな情報を受け取ることを意味しており、これが目標の継続的な追求に大きな影響を与えている。また、フローを促進するためにも、効果的なフィードバックの必要性が認められている。選手は、自分自身の運動感覚の情報、他者（指導者やチームメイトなど）からの情報、結果の情報などからフィードバックを獲得している。

　指導者が選手に対してフィードバックを与えるときには、コミュニケーションが必要となる。つまり、指導者がどのようなコミュケーションをとるかによって選手の自信や集中に大きな影響を与える、ということである。選手がフローの状態に入っているとき、その状態を持続させる情報を与えることが指導者としての役割になる。逆に、指導者のコミュニケーションのとり方と選手の要求が噛み合わなければ、フローの状態に導かれることは期待できない。指導者が選手に与えるフィードバックの内容は、パフォーマンスの目標に焦点を当てるべきである。否定的なフィードバックはフローの出現を妨げる原因にもなる。

### 3―目の前の課題への集中

　選手の能力に対して適切な課題が設定されており、目標が明確で、適切なフィードバックがあるときでも、プレイに意識が向かっていなければ、フローの状態にならないことがある。フロー状態にあるときの意識の焦点は完全に明瞭であり、目の前の課題に対して集中している。そうした状態に入るためには、常に今起こりうることに意識を集中し、終わってしまった過去のことや未来の結果などを意識しないことが原則である。目の前の課題として望ましいこととして、他者をしのぐことに関心をおく（結果課題）のではなく、技術的、戦術的な課題に焦点を当てるべきである。

（渡辺英児）

[引用・参考文献]

(1) Csikszentmihalyi, M.: Flow: The psychology of optimal experience. New York: Harper & Row, 1990.
(2) Gill, D.: Psychological dynamics of sport and exercise (3rd ed.). Human Kinetics, Champaign, IL, 2008.
(3) Greenspan, M. J., & Feltz. D. F.: Psychological interventions with athletes in competitive situations: A review. The Sport Psychologist, 3, 219-236, 1989.
(4) Hodge, K.: Sport Motivation. North Shore, NZ: Penguin Group, 2010.
(5) 日本スポーツ心理学会編『スポーツメンタルトレーニング教本』大修館書店、2005
(6) スーザン・A・ジャクソン、ミハイ・チクセントミハイ著、今村浩明、川端雅人、張本文昭訳『スポーツを楽しむ：フロー理論からのアプローチ』世界思想社、2005
(7) Theodorakis, L. N., & Gargalianos. D. G.: The importance of internal and external motivation factors in physical education and sport. International Journal of Physical Education, 40(1), 21-26, 2003.
(8) Vealey, R.: Current status and prominent issues in sport psychology intervention. Medicine and Science in Sport and Exercise, 26, 495-502, 1994.
(9) 渡辺英児、遠藤俊郎、松井弘志「質的研究法を用いた一流バレーボール選手におけるスキル獲得に関する研究」、『バレーボール研究』第1巻第1号、pp. 1-6、2009
(10) Weinberg, R., & Gould, D.: Foundation of Sport Psychology., Human Kinetics, Champaign, IL, 2011.
(11) Williams, J. M., & Krane, V.: Psychological characteristics of peak performance. In J. M. Williams (Ed.). Applied Sport Psychology: Personal growth to peak performance (4th ed.), pp. 137-147, Mountain View, CA: Mayfield, 2001.

VOLLEYBALL
COACHING THEORY

# 4章

# バレーボールの医学と栄養

# 4-1 障害の発生機序とその部位

バレーボールはジャンプを特徴とした競技であり、スパイク、ブロック、トスなどのプレイにはジャンプ動作が入っている。また、パス、レシーブ、スパイク動作では上半身（肩関節や上肢）と下半身（膝関節や足関節）をくまなく使う。また、腰をはじめとした体を支える背骨は構えの姿勢を作るとともにその捻りの力はスパイクやサーブでボールを打つ原動力となっている。ネット競技の特性として相手選手との直接のコンタクトプレイによるケガは少ない。バレーボールでのケガはこのような競技の特性に関連して起きてくる。

ジュニア期においては大人と異なる身体の特徴がある。たとえば成長期の骨の先端には骨の成長に必要な軟骨の層である骨端線がある。骨端線を損傷するケガはジュニア期にのみ起きる。運動に必要な筋力もジュニア期では不足している。レシーブ時の転倒などで手を床に着いて上手に体を支えることも難しい。このような状態での運動は骨や関節への直接の負担となる。

バレーボールおよびジュニア期の身体の特徴にともなったケガについて述べる。

## 1. 指のケガ

### ■1─突き指

**(1) どんなケガ？**

ボールを指で受けて起きるケガはまとめて「突き指」と呼ばれる。このため突き指は「捻挫」「脱臼」「骨折」「靱帯損傷」「腱損傷」などのさまざまな内容のケガを含む。ボールを手で扱うバレーボールでは競技者のレベルにかかわらず「突き指」の機会が多い。初心者ではオーバーハンドパスでボールを指先に当てる場合が多いが、上級者では

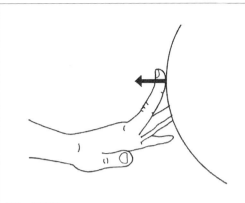

図1 突き指

ブロックで相手からのスパイクボールを指に当てて起きる場合が多い。

(2)症状は？

痛みと腫れは受傷の直後から起きてくる。「突き指」を起こしたときに考えなければならないのは骨折または脱臼の有無である。受傷した指の変形がないかをまず確認する。「指が動くから骨折していない」という考えは根拠とならない。骨折があっても腱に問題がなければ指は動く。骨折と脱臼の有無の確認のためには医療機関でX線検査をしなければならない。

(3)どうしたらよいか？

骨折および脱臼を起こしている場合は医療機関でX線検査後に整復および固定の治療を受ける。

骨折や脱臼を含まない「突き指」は指の関節の捻挫である。捻挫の治療は固定が原則となる。腫れや痛みの強い例では副木を用い固定を行うが、軽い捻挫であればテーピングで十分である。

指は精密な器官であるので変形や機能的な後遺症を極力防ぐ必要がある。後遺症はプレイにも日常生活にも支障をきたす。後遺症は不適切な治療、治療開始の遅れで起きてくる。「たかが突き指」としてテーピングだけで対応する考えを捨て、それぞれのケガに応じた治療を行う必要がある。

## 2. 肩のケガ

### 1―肩関節痛

(1)どんなケガ？

スパイクやサーブは「肩を振り上げる」「ボールをヒットする」という2つの過程で行われる。ボールをヒットする反動で手から伝わる力が肩にかかる。この反動の力が肩の障害の大きな原因となる。肩の障害の多くはヒット数の過多により起きるが、ヒット時の肩のポジションも重要である。

(2)症状は？

痛みは肩の挙上時またはボールヒット時にみられる。痛みが出る前には肩が「上がらない」または「上げにくい」という症状が出る場合が多い。痛みや筋肉の張りで肩の動きが悪くなり、スムーズなスイングができなくなると「つまった感じ」や「引っかかる感じ」という訴えも出る。痛みが強くなると下垂位や日常生活でも痛みがあるようになる。

(3)どうしたらよいか？

痛みが出て挙上が不十分となればスパイクや

図2 肩関節痛

サーブの打数制限や中止を行う。安静で肩の炎症がとれれば痛みはおさまる。使い過ぎで疲労した筋肉は硬くなるので、肩の正常の動きを悪くする。安静の間にすべきことはストレッチやマッサージで肩の動きの改善を図ることである。

ヒットポジションの改善では、肩に負担がなく関節が安定したポジションであるゼロポジションの習得をめざす。このためにはヒットの瞬間だけでなく、助走や踏み切りの位置とタイミングの修正を行い、空中でのヒットポイントが常に最適になるように指導する。体幹の動きが悪く、肩の動きに頼るスイングとなっている選手の場合は体幹をよく使えるように指導する。

### 2 ― 不安定肩（動揺肩）

#### (1) どんなケガ？

関節が緩く正常の可動域以上の動きをする場合に起きる。関節の緩さは女子選手に多くみられる。スイングするときに不必要な関節のずれが出て症状を引き起こす。

#### (2) 症状は？

動揺肩による症状は急性ではなく、運動の反復後に徐々に現れてくる。肩を振り上げると不安定になるのでスイング動作やボールヒットで痛みを生じる。「肩が抜けるような痛みがある」と訴える場合もある。多くは運動時の痛みであるが、日常生活でカバンを下げるとずれる感じ、あるいはだるい感じを訴える場合がある。

#### (3) どうしたらよいか？

肩関節の緩い選手はいわゆる「かぶったスパイク」と呼ばれる頭上後方のボールも打ちこなしてしまう。しかし、このようなスイングは肩に必要以上の負担が生じている。肩関節の柔軟性が高いことはスイングスポーツでは有利な面もあるが、肩の柔軟性に任せてバラバラの位置でボールヒットするのではなく、ヒットポイントを安定させて肩に負担のこないフォームを指導することが大事である。

## 3. 腰のケガ

### 1 ― 腰痛症

#### (1) どんなケガ？

腰痛は転倒などの直接的な打撃や、レシーブやスパイクで体幹を使うことで起きてくる。痛みは腰部の筋肉に起きる筋肉性のものと椎間関節と呼ばれる腰の骨の関節に起きる関節性のものがある。ジュニア期では椎間板ヘルニアのように神経由来

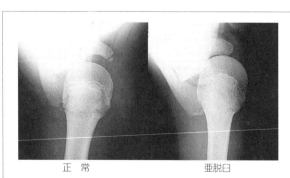

図3 肩関節の亜脱臼

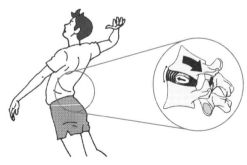

図4 腰痛症

の腰痛は少ない。腰痛の原因はプレイ以外にも寝違いによって起きる痛みや下痢や腹痛などで起きる場合がある。さらに人間関係やいじめなどの精神的な要因が原因となることもある。

### (2)症状は？

背筋に沿っての痛みや関節の痛みなど局所的な訴えの場合が多いが、「背中全体が痛い」「腰が張る」「腰が重い」という漠然とした場合もある。腰の前屈や後屈などの動きにともなう痛みがあると体を動かしにくくなる。このような腰痛を放っておくと肩や膝に連鎖的な痛みを生じる場合がある。逆に膝や足関節の動きを腰でかばい、腰痛が出現するときがある。

### (3)どうしたらよいか？

腰痛ベルト（コルセット）は筋肉への締めつけ効果と動きの抑制で腰痛を緩和する。ただし、長期間の使用は依存性と体幹筋肉の弱化や硬化を招くので勧められない。「腰痛ベルトの使用は一時的なもの」と考え、腰痛が緩和したら腹筋や背筋の体幹筋の強化で対応すべきである。バレーボール選手にアンケート調査を行うと腰痛を経験した選手は非常に多く、ほとんど全員が経験している。ジュニア期から体幹の柔軟性と強化を意識したトレーニングを行う必要がある。

## 2 — 腰椎分離症

### (1)どんなケガ？

腰椎分離症は腰の骨（腰椎）の疲労骨折である。分離する（＝疲労骨折を起こす）部位は椎弓と呼ばれる部分である。疲労骨折は1回のダメージで起きるのではなく、繰り返し動作で負担がかかり徐々に起きてくる。腰椎は3方向の動きが可能であるが、体が使いこなせない選手では動きに偏りがあり、同じ動きを繰り返してしまう。

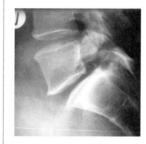

図5　腰椎分離症

### (2)症状は？

腰部の関節部（正中から横3～4cm）を中心とした圧痛と後屈で増強する腰痛である。骨盤に近い腰の下の方に出てくる場合が多い。腰椎の後屈は攻撃にもレシーブにも全ての動作に関係するので、特定のプレイに限らず十分な動きができなくなる。

X線検査で分離部の確認が可能であるが、初期の段階では分離線が写らない場合がある。CT検査とMRI検査は分離の早期発見と予後を知ることができるために治療のガイドに役立つ。

### (3)どうしたらよいか？

腰椎分離症はまず骨癒合を図る。他の骨折同様に分離症においても固定は骨癒合を促す。腰椎の固定は腰痛バンド（コルセット）の装用である。症状によるが分離部の骨癒合には数ヶ月を要するのが普通である。復帰は開始時期や内容を含めて医師と相談しながら慎重に行う。分離部の癒合がされない後遺症となれば慢性的な腰痛に悩まされる。競技人生を考えてジュニア期に十分な治療を心がける。

# 4. 膝のケガ

## 1──オスグッド・シュラッター病

### (1) どんなケガ？

単にオスグッド病とも呼ばれる。脛骨（＝すねの骨）の前面の脛骨粗面部に起きる痛みである。ジャンプやダッシュでは大腿の筋肉が脛骨粗面を引っ張るが、ジュニア期の脛骨粗面には成人と違って成長軟骨という軟骨の層がある。大腿の筋肉の力をすねに伝える膝蓋靭帯（膝蓋腱）の牽引力で脛骨粗面の成長軟骨が損傷する疾患がオスグッド・シュラッター病である。

### (2) 症状は？

脛骨粗面に一致する圧痛と運動時痛がある。正座姿勢などで床面に膝前面をつけても痛みが出る。運動時の痛みはプレイ中のジャンプや着地のときにある。痛みが強くなればジャンプやダッシュの継続は困難となる。徐々に運動後も継続するようになり、階段昇降などの日常生活も困難となる。注意しなければならないのはレシーブで膝を床につけてプレイする選手に起きるいわゆる「ぶっつけ膝」で、これは膝の打撲でありオスグッド病とは区別しなければならない。

### (3) どうしたらよいか？

疼痛の緩和と炎症の軽減のために運動後にアイシングを行う。アイシングを行うタイミングはプレイ直後から速やかに開始して、15分以上続ける。専用のアイスバッグがあれば便利であるが、ない場合はビニール袋に氷を入れる、あるいは紙コップに氷を作り利用する。運動中の痛みの緩和には通称「オスグッド・バンド」と呼ばれるサポーターやテーピングが有用である。疼痛が強い場合は運動を休止する。

オスグッド病をはじめとする骨端症は成長期の疾患であり、成長期の終了後に痛みはおさまる。ごく一部には後遺症となり、脛骨粗面の突出や遺残骨片が問題を起こすことがある。

## 2──膝蓋骨脱臼・亜脱臼

### (1) どんなケガ？

膝蓋骨（膝のお皿の骨）が運動中にずれる。膝蓋骨が大腿骨から完全に外れることが「脱臼」で、完全に外れずにずれる状態が「亜脱臼」である。X脚と呼ばれる膝の外反や膝が過伸展する膝の反張といった生まれつき膝の配列に問題があると脱臼、亜脱臼を引き起こしやすい。また、女子選手に多いレシーブ時に両膝を内側に入れる構えの姿勢は膝蓋骨のずれを助長する。

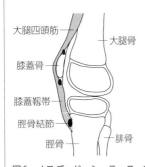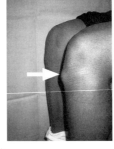

図6 オスグッド・シュラッター病

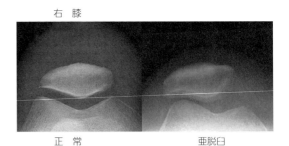

図7 膝蓋骨の亜脱臼

(2) 症状は？

　膝蓋骨周囲の痛みと膝のずれる感じがする。動きの反復で運動の後半になると症状が強くなってくる。軽いものであれば運動中の膝前面の「違和感」「脱力感」である。このうち、脱力感は重要な症状で大腿の筋肉が十分に使えないために起きる。膝蓋骨の変位をX線検査で確認する。

(3) どうしたらよいか？

　運動中に膝蓋骨の動きを抑えるためのサポーターが有用である。外側にパッドがついていて、膝蓋骨の動きをよく押さえる専用のサポーターも市販されている。

　さらに、生まれつき関節が緩い場合や膝周囲筋のバランスが悪い場合は膝蓋骨のずれを助長するので、膝周囲の筋肉の強化と外側の筋肉のリラックスを行う。膝を内側に入れる構えをとらずに、日頃からもアヒル座り、女の子座りといわれる膝を内側に入れるような座り方をしないように指導する。

## 3ー半月板損傷

(1) どんなケガ？

　膝の関節内の軟骨のクッションである半月板に傷がついたり、切れたりするケガである。損傷は膝の捻り（とくに屈曲しながらの捻り）で運動中に急激に起きる。これとは別に「円板状半月」という生まれつき大きく、分厚い半月板の場合は損傷がなくても症状が出る場合がある。

(2) 症状は？

　断裂直後より膝に鋭い痛みが出る。体重をかけるときや、膝を捻ると痛む。断裂部が大きいと関節にはまり込み膝が全く伸びなくなる（ロッキング現象）。円板状半月の場合は本来の半月板の厚みより大きいために膝の屈伸時にものがはさまるような、あるいは膝がはまっていないような違和感が出る。診断は半月板がX線検査で映らないためにMRIが有用である。

(3) どうしたらよいか？

　断裂の具合によって保存治療か手術治療が選択される。近年では手術は関節鏡を用いて行われる。円板状半月では、半月板の形状と関節の成長は密接な関係があるので、不適合が続くようであれば断裂がなくとも手術に踏み切るべきである。

## 4ー離断性骨軟骨損傷（炎）

(1) どんなケガ？

　膝の中の関節表面の軟骨が一部骨からはがれる。はがれる程度は軟骨が骨から浮くものから完全にはがれ落ちるものまである。大腿骨内顆が多いが膝蓋骨に起きることもある。半月板損傷に合併す

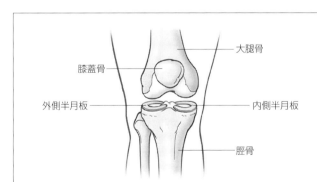

図8　半月板

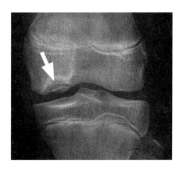

図9　離断性骨軟骨損傷

る場合がある。

### (2) 症状は？

軟骨がはがれた部位に一致した痛みがある。軟骨が浮いた状態であれば、関節内で挟み込むために痛みをともない引っかかる感じがある。診断にはMRIが有用で大きさや程度の判定、半月板損傷を判定する。

### (3) どうしたらよいか？

離断性骨軟骨損傷と診断されたらただちに運動を休止して安静にする。安静期間は1～3ヶ月が必要である。軟骨への負担を減らすために支柱つきの膝装具を使う。罹患部の改善はX線検査またはMRI検査で行う。改善がないようであれば手術治療を要する。

## 5. 足関節、足のケガ

### ■─足関節捻挫

### (1) どんなケガ？

足関節捻挫はバレーボールの急性外傷でもっとも多い。その多くがスパイクやブロックの着地で外側（足の小指側）から地面に着いて足関節を内側にひねり、外くるぶし周囲をいためる外側捻挫である。選手が単独で引き起こす場合と着地の際に隣にいる味方の選手やネット越しの相手選手の足の上に乗って起きる場合がある。捻挫は多かれ少なかれ足関節を支える靱帯を傷めるケガである。

### (2) 症状は？

症状は外くるぶし周囲の腫れと痛みである。時間がたつにつれて内出血をしてくるときもある。捻り方が大きい場合は内くるぶし周囲の痛みもともなう。腫れにより足関節の動きが悪くなり、痛みにより足を地面に着けられない。成人に比較して、骨がやわらかい低年齢のジュニア期の選手では、くるぶしの剥離骨折を起こすときがある。患部をみただけでは捻挫と骨折の区別はつかない。骨折の有無を判定するためにはX線検査が必要である。

### (3) どうしたらよいか？

捻挫の治療は腫れを最小限に抑え、損傷を受けた靱帯の早期の修復を図ることにある。急性期の腫れと痛みに対しては「休息」「アイシング」「圧迫」「高挙」のRICE療法を受傷後早急に行う。

装具やテーピングは受傷した靱帯の保護と再発予防のために使われる。これらの治療は自然な足関節の動きを抑えるので、足の機能の発達段階にあるジュニア期の選手が漫然と使用すべきではない。

軽度から中等度の捻挫は後遺症を残すことなく治癒する。受傷時の重症度が大きいときや不十分な治療を行った場合に後遺症を残すことがある。後遺症として挙げられる症状は「不安定性が残り、捻挫を繰り返す（＝捻挫が癖になる）」「足関節の動きが悪くなる」「運動時の痛みがある」である。受傷初期の治療が将来を左右するので初期治療が肝心である。

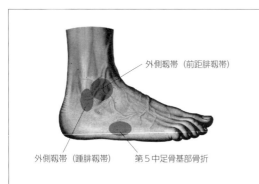

図10　足関節捻挫

## 2 ― 有痛性外脛骨障害

### (1) どんなケガ？

足関節の内くるぶしの下に過剰な骨の隆起があり、運動にともない痛みを生じる。外脛骨は足の内側にある足根骨の一つである舟状骨に先天的に過剰に出現する骨である。普通は痛みはないが、骨片が大きい場合や捻ったことをきっかけとして痛みを生じる。痛みの原因は過剰骨と舟状骨との間の小さな動きとそれにともない周囲に波及する炎症である。

### (2) 症状は？

症状は足内側の痛みにより、走ることが困難となる。痛みは運動中または運動後に生じる。骨隆起に一致した痛みであるが、周囲に発赤や腫れをともなうこともある。診断はX線検査による過剰骨片の確認である。外脛骨の骨片には大きさの大小、舟状骨から離れているか癒合しているか、などのバリエーションがある。骨片の大きさと症状とは必ずしも一致しない。

### (3) どうしたらよいか？

外脛骨自体は存在していても痛みがない場合が多い。痛みは骨片の有無だけでなく、扁平足などの足の構造と密接な関係がある。このような場合はシューズの中に敷くインソール（中敷き）などで構造を改善することで疼痛も軽減する。消炎鎮痛治療を行い、インソール等の作成によっても痛みがどうしてもとれない場合は手術も検討されるが、時期は成長期の終わりが妥当である。

## 3 ― 足趾疲労骨折

### (1) どんなケガ？

足の中足骨を中心に起きる足趾の疲労骨折。ジャンプでは最終的には足の裏で地面を蹴る。このときの大きな力を受けるのは足の指の骨である。踵からつま先に抜ける力の流れとしなやかな足底の動きがないと力が一点に集中してしまい疲労骨折が発生する。

### (2) 症状は？

痛みは漠然としたものではなく、足趾の一部にピンポイントで起きる。通常の骨折と異なり、腫れや内出血はそれほど目立たない。X線検査が必要であるが、痛みが出始めた早期には骨折が写らないことがある。このため、骨折の疑いがある場合は運動を控えて、1週から10日間の間隔を空けて、再度、X線検査を行い確認する。MRI検査はX線検査で骨折を認めない早期にも診断が可能である。

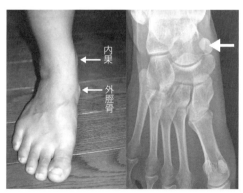

図11　有痛性外脛骨障害

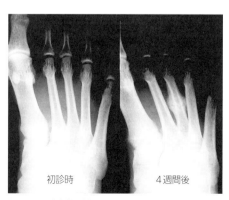

図12　足趾疲労骨折

### (3)どうしたらよいか？

　早期に発見した転位のない骨折であれば運動の休止と局所の安静で治癒が可能である。痛みを我慢して安静をとらない場合は骨癒合が遷延する。シューズの中に敷くインソールは、痛みと局所の負担を取り除く。骨折が十分に治癒すれば再骨折は少ない。ただし、足底の使い方が悪いと他の部分の骨折を起こす場合があるので注意する。

## ❹ 足底と踵の痛み

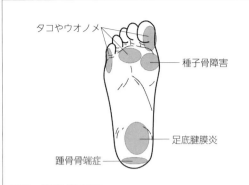

図11　足底と踵の痛み

### (1)どんなケガ？

　運動中に足の指先や踵の痛みを起こすケガである。足の裏の痛みは足底腱膜の炎症が多い。踵の痛みは皮下のクッションである脂肪層の炎症や踵の骨の骨端症（Sever病）により痛みを起こす。

### (2)症状は？

　踏み切り、着地で地面に足の裏がつくときの痛みである。プレイに支障が出て、歩行時にも足を引きずるようになる。この他、皮膚の問題としてウオノメのように皮膚が硬くなり、痛みを生じる場合や足の裏の皮膚が剥がれるときがある。

　X線検査で足趾疲労骨折がないことを確認する。

### (3)どうしたらよいか？

　土踏まずがなくなる扁平足や反対に深くなる凹足障害（ハイアーチ）に注意する。シューズおよびインソールの合わない場合も足の裏に痛みが出る。皮膚の障害との関連も深い。サイズが合わないシューズはもちろん、インソールが合わないときも障害が起きる。シューズはデザインや値段だけでは決めずに足にフィットするものを選ぶようにする。

　踏み切り、着地は足底全体を使うように意識して行い、つま先や踵だけで着地をしないように練習する。

（橋本吉登）

# 4-2 障害の予防と救急処置
## 休養、テーピング等のコンディショニングを含む

　スポーツによるケガは1回の大きな外力が原因で起こるスポーツ外傷（急性外傷）と小さな外力が何回も繰り返し加わることによって起こるスポーツ障害（慢性外傷）があり、バレーボールはスポーツ障害が多く起こるスポーツである。ケガをしやすい部位は膝関節がもっとも多く、次いで足関節、腰・背部、肩関節である。バレーボールの代表的なスポーツ障害は膝関節に起こる膝蓋靱帯炎（ジャンパー膝）であり、肩関節では肩峰下インピンジメント症候群、腱板炎および腱板損傷、上腕二頭筋長頭腱炎、肩甲上神経の障害などがあり、腰・背部では筋・筋膜性腰痛、腰椎椎間板ヘルニアがある。これらのスポーツ障害は適切なコンディショニングにより予防できるものが多い。

　スポーツ外傷の例としては、スパイクやブロックの着地で他の選手の足を踏み足関節靱帯損傷（足関節捻挫）が起きる。また、バランスを崩したスパイクの着地で膝関節を捻り前十字靱帯損傷や半月板損傷が起こる。これらのスポーツ外傷の受傷機転はジャンプの着地であり、そのため身体に加わる外力が大きくケガの重症度が高い。スポーツ外傷発生時には適切な応急処置を行うことがケガを治すために重要である。本項ではスポーツ外傷が発生したときの救急処置の仕方、スポーツ障害を予防するためのチェックの仕方とコンディショニングについて紹介する。

### 1. ケガが起きたときの対応について

　スポーツ外傷が発生したときに大切なポイントは、選手からケガをした状況を詳しく聞くことと、患部を観察してケガをした部位（患部）とケガの程度（重症度）を確認することである。選手にどのようにケガをしたか（受傷機転）を詳しく聞き、

身体にどのような外力が加わったのかを確認するとケガをした部位を予想するのに役立つ。また、重症度が高いケガでは、ケガをしたときに音がした（断裂音）、膝関節がずれる感じがしたと訴えることが多いので質問するとよい。

次に患部の状態を観察する。捻挫や脱臼、骨折などの組織損傷が起こると患部に炎症が起こる。炎症は損傷した組織を修復するためのメカニズムであり、痛みや腫れ、発熱、正常な関節運動ができない（運動制限）などの症状がみられる。また、患部に変形が認められる場合には脱臼や骨折をしている可能性が高い。ケガをした直後から強い炎症所見や変形が認められる場合は、重症度が高いケガが起きた可能性が高く、救急病院を受診することが望ましい。

炎症所見が中程度から軽度であれば、チームドクターやかかりつけの医療機関に連絡して、安全な移動手段を手配して受診させる。なお、膝前十字靱帯損傷では、受傷直後の炎症所見は軽度でも、夜間に腫れや痛みが強くなることがある。軽症と思われるケガでも受診が翌日になる場合には、患部を経過観察することが大切である。

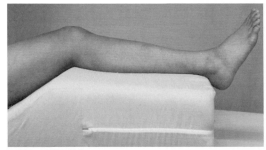

写真1　患部の挙上

 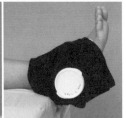

写真2　患部の冷却

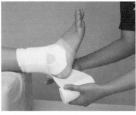 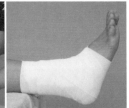

写真3　患部の圧迫

## 2. 応急処置の方法
（例：足関節外側靱帯損傷）

ケガをした際には患部の安静（rest）、冷却（icing）、圧迫（compression）、挙上（elevation）を行う（RICE）。ケガが発生したときには選手を安全な場所へ搬送する。ケガをした選手が歩行することができない場合は、1〜2名で支えて搬送する。体育館に担架や車椅子があれば利用するのが望ましい。

搬送後には痛みがある部位をできる限り露出させて、患部が心臓よりも高い位置になるような体位をとらせる（挙上、写真1）。次に氷を入れたアイスバッグを患部に当て弾性包帯やアイシングラップでアイスバッグを固定し20分程度冷却し（写真2）、5分間程度のインターバルを入れながら冷却を2〜3回繰り返す。冷却中は皮膚の状況を確認し、凍傷や寒冷蕁麻疹に注意する。冷却を行った後には、テーピングパッドと弾性包帯などで圧迫をする（写真3）。強過ぎる圧迫は血行障害を起こすので爪の色や指先で血行の状態を確認する。

ケガの重症度が高く救急で医療機関の受診が必要と思われる場合には、近隣の救急病院に連絡するか救急車を要請する。

# 3. スポーツ障害の予防

バレーボールに発生する代表的なスポーツ障害は、膝の痛みと肩の痛みである。これらのケガは普段からチェックを行い、適切なコンディショニングを心がけることで予防できるものが多い。本項ではチェックとコンディショニングのしかたを紹介する。

## 1 ― 膝の痛み

バレーボールでの膝の痛みは、ジャンプでの膝の伸展で使われる膝蓋靱帯（膝蓋腱）周辺に起きる場合が多い。成長期ではオスグッド病として現れるが、成長期が終わったジュニア期以降では膝蓋靱帯炎（ジャンパー膝）となって現れてくる。膝蓋靱帯炎を起した選手のジャンプ動作では助走や踏み切り、また着地時に膝関節が内側に入る動作（ニーイン）がみられることが多い（写真4）。ニーイン動作を繰り返していると膝蓋腱内側部に過剰な伸張ストレスが加わり、膝蓋靱帯炎が起こると考えられる。膝蓋靱帯部に過剰に加わる伸張ストレスを減らすことが障害の予防になる。膝蓋腱炎を起こした選手の圧痛部位（圧して痛みがある部位）は、膝蓋腱内側部、膝蓋腱起始では内側部と中央部に多い（写真5）。

### 1 ― セルフチェック

①**膝蓋骨の高さ**　左右の膝蓋骨の上縁に印をつけて高さを比べる（写真6）。膝蓋靱帯炎では大腿四頭筋の一つである大腿直筋が短縮して膝蓋骨が上方に引かれる状態になり（膝蓋骨高位）、膝蓋靱帯に伸張ストレスが加わりやすくなる。

②**大腿直筋のタイトネス**　大腿直筋は骨盤から起こり脛骨に付着する筋肉であり、股関節と膝関節の運動に関わる二関節筋である。大腿直筋が短縮

写真4　スパイクの踏み切りでみられるニーイン

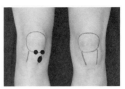

写真5　膝蓋靱帯炎の圧痛部位

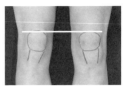

写真6　膝蓋骨の高さ（右膝蓋骨に高位がみられる）

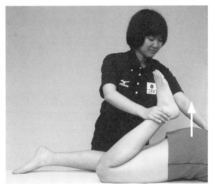

写真7　尻上がりテスト（大腿直筋のタイトネス）

しているか確認する方法として尻上がりテストを行う。うつ伏せになり膝関節を曲げて踵が臀部につくようにしたときに股関節が屈曲して臀部の浮くのが観察できると大腿直筋が短縮しているサインである（写真7）。

③**大腿筋膜張筋および腸脛靱帯のタイトネス**　大腿筋膜張筋は骨盤から起こり腸脛靱帯に移行して脛骨に付着する組織である。おもな作用は股関節の外転と屈曲であるが、その張力は伸展された膝外側面の安定性の補助となりうるとされている。ジャンプ動作を繰り返すバレーボールでは疲労して短縮しやすい筋肉である。腸脛靱帯が短縮すると膝蓋骨を外上方へ牽引しやすくなり、膝蓋骨内

側部への伸張ストレスを増加させる。腸脛靱帯のタイトネス（短縮）を確認するにはOber test（テスト）を行う。テストする下肢を上にして横向きに寝かせて股関節伸展・外転、膝関節90度屈曲にて支え、次に支えをはずし下肢が下がるか観察する。下肢が下がらずに途中で止まると腸脛靱帯が短縮しているサインである（写真8）。

④**内側広筋の筋萎縮**　大腿四頭筋の一つである内側広筋には膝蓋骨を内側に引き寄せる作用がある。また、膝関節を軽く曲げたポジションで膝関節を安定させる作用がある。この筋肉の機能低下は膝関節のケガの原因になりやすい。セルフチェックとしては、膝関節を伸展させたまま大腿四頭筋に力を入れると、膝関節内上方にある内側広筋が盛り上がるのが観察できる。左右の内側広筋の大きさを比べて筋肉が痩せていないか（萎縮）確認する（写真9）。

⑤**足関節可動域の確認**　足関節捻挫後の後遺症などのため背屈制限があると動作時に下腿を十分に前傾できずに踵荷重になりやすい。このような動作があると、ジャンプの踏み切りと着地時に膝関節への負担が増す原因となるため、足関節の可動域制限の有無を確認する。チェックは座って足先を上げて行う方法（写真10A）とスクワット動作をさせて下腿を最終可動域まで前傾させて左右差をみる方法で行う（写真10B）。

⑥**片足スクワットおよび片足ジャンプ**　片足で連続ジャンプをさせて左右を比較し、ジャンプの高さや着地時に股関節と膝関節、足関節が連動して衝撃を吸収する着地動作になっているか、また膝関節が内側に入るニーインする動作になっていないかを確認する。

2—**障害予防のためのセルフコンディショニング**
①**膝蓋骨のモビライゼーション**　膝関節が屈曲していると膝蓋骨が動かしにくいため伸展位で行う。

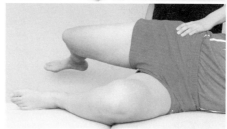
写真8　Ober test（腸脛靱帯のタイトネス）

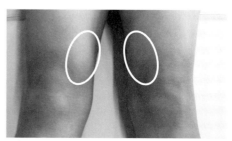
写真9　内側広筋の確認

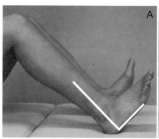
写真10　足関節背屈可動域の確認

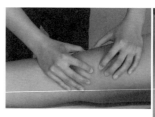
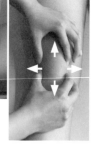
写真11　膝蓋骨のモビライゼーション

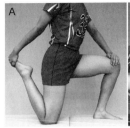 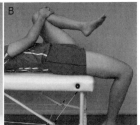

写真12 大腿直筋のストレッチ

写真13 腸脛靭帯のコンプレッションストレッチ

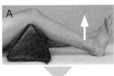 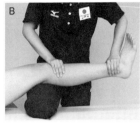

写真14 内側広筋の機能向上のためのエクササイズ

両手で膝蓋骨の内外側をもち、上下左右の方向へ1cm程度軽く動かす（写真11）。

②**大腿直筋のストレッチ** ストレッチする側の膝を床につき、反対側の下肢に体重をのせながら股関節を伸ばす。次に手で足部をつかみ、膝関節を曲げて大腿直筋をストレッチする（写真12A）。ベッドなどがある場合は、反対側の下肢を両手で抱えながら、ストレッチする側の下肢をベッドの端から下垂させ、膝関節を曲げる方法でもストレッチできる（写真12B）。

③**腸脛靭帯のストレッチ** ストレッチする側の下肢を下にして横向きになり、両手で上体を支えて股関節と膝関節を伸展させストレッチする。コンディショニンググッズを利用し、とくにタイトネスが強いポイントを圧迫しながらストレッチすると効果的である（写真13）。

④**内側広筋の機能向上のためのエクササイズ** 内側広筋は膝関節軽度屈曲から最終伸展の範囲で作用しやすい筋肉である。膝関節の下に三角枕などを入れて屈曲位とし膝関節を伸展させる（写真14A）。体育館では2人でペアになり、手で抵抗をかけて行う方法も効果的である（写真14B）。

⑤**足関節背屈可動域の確保** 練習前にストレッチボードにのり体重をかけて足関節を曲げる。次に下腿を十分に曲げてスクワットを行う（写真15）。踵荷重になると下腿前傾が十分できないため注意する。とくに動作時にニーインする傾向がある選

写真15 ストレッチボードとスクワットによる下肢関節可動域のためのエクササイズ

写真16 スクワット動作でみられるニーイン

手には膝関節とつま先の位置が同じになるように指導し、動作の修正目的にアップとしても積極的に取り入れる（写真16）。

### ③──膝蓋靱帯炎（ジャンパー膝）のテーピング

膝蓋靱帯炎の主症状は痛みであり、初期には練習開始時のみ痛みがあり、アップが終わる頃には痛みが軽減するため試合・練習を継続している選手が多い。このような選手にはテーピングを行い炎症の進行を防ぐことが望ましい。テーピングは膝蓋腱内側部への伸張ストレスを軽減させる構成とする。使用するテープはアンダーラップとソフトタイプの伸縮テープ（75mm幅）、サポートテープにはハードタイプの伸縮テープ（25mm幅、50mm幅）、膝蓋骨への操作に筋肉保護テープ（キネシオロジーテープなど、75mm幅）を用いる。以下にテーピングの方法を紹介するが、サポートテープのみとしアンダーラップとアンカーテープは割愛する。

①**膝蓋骨の位置の修正**　筋肉保護テープ（75mm幅）でシングルスプリットテープを作成する。膝蓋骨上縁外側にスプリットした基部が当たるようにテープの一片を大腿部外側に貼り、上側パーツは膝蓋骨を下制させるように上縁を押さえ（写真17A）、また内縁では傾きを修正しながらテープを貼り（写真17B）、下側パーツは膝蓋骨を内方へ誘導しながらテープを貼る（写真17C）。

②**膝蓋腱内側部の伸張ストレスの軽減**　25mm幅を2本用い圧痛部位を交点としたX型のテープとする。テープは外側から内側に斜走する方向に貼り圧痛部位では膝蓋腱部を外側から内側へ軽く押さえ膝蓋腱内側を緩ませるように操作する（写真18）。

③**下腿外旋位の修正**　片手で下腿近位部を把持して内旋位に操作しながらテープを内上方に斜めに貼り、膝窩から大腿部外側を経て中央部まで貼る（写真19A）。

④**逆アライメント対策およびテープの緩み防止**　下腿外旋位を修正するテープの走行と逆走行にな

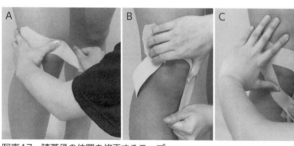

写真17　膝蓋骨の位置を修正するテープ

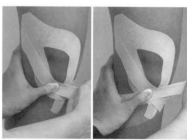

写真18　膝蓋腱内側部への伸張ストレスを軽減するテープ

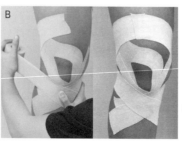

写真19　下腿外旋位を修正するテープ（A）と逆アライメント対策およびテープの緩み防止（B）

るように外上方へ斜走するテープを貼る（写真19B）。

⑤**テーピングの効果判定**　テーピング後に痛みを感じる動作を行いテーピングの効果判定を行う。

## 2 ─ 肩の痛み

肩関節の安定に関わる組織はいくつかあり、その一つが腱板である。腱板の機能が低下すると上腕骨頭が安定せず肩峰と上腕骨が衝突（インピンジメント）して腱板や滑液胞に炎症が起こる。これを肩峰下インピンジメント症候群と呼び、代表的な肩の痛みの原因となっている。予防としては、肩甲骨の位置や腱板の機能をチェックし、セルフケアを心がける。

### 1 ─ ペアチェック

肩甲骨の位置などはセルフチェックがしにくいため、選手同士あるいはトレーナーなどがペアでチェックするのがよい。

①**姿勢の確認**　猫背（円背）の姿勢では肩甲骨が外転するため、上腕骨が前方に突出したようにみえる（写真20右）。この姿勢でスパイク動作を行うと、バックスイングやボールコンタクトで肩関節前方への伸張ストレスが大きくなり、スポーツ障害の原因となることがある。

②**肩甲骨位置のチェック**　肩甲骨の下端をみつけてマークをし、肩甲骨の高さを比べる（写真21）。肩甲骨の内側を指で触りながらみつけるとわかりやすい。また、肩甲骨内縁が胸郭から浮いている状態（翼状肩甲）がないか確認する。

③**筋萎縮（おもに棘下筋および棘上筋）の有無**　プライバシーを配慮して肩甲帯周囲の筋萎縮（とくに棘下筋および棘上筋）の有無を確認する（写真22A）。棘下筋に筋萎縮が認められた場合には、筋力も確認する（写真22B）。

④**痛みの部位の確認**　肩峰下滑液包部や上腕骨大

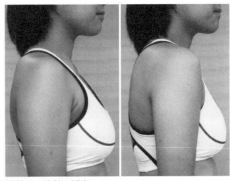

写真20　姿勢の観察

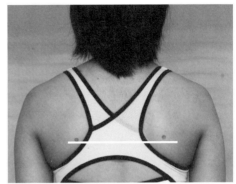

写真21　肩甲骨の位置の確認

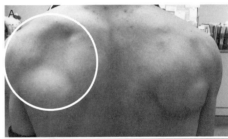

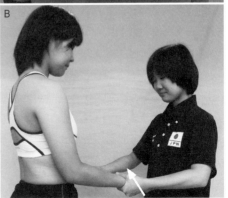

写真22　棘上筋・棘下筋の萎縮を確認

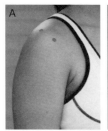 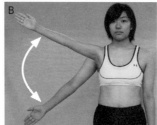

写真23　圧痛部位とpainfull arc sign

結節および結節間溝に圧痛を認めることが多い（写真23A）。痛みが強いときは肩関節外転60度から120度で痛みを訴えることがある（painfull arc sign）（写真23B）。

### ②―障害予防のためのコンディショニング

①**肩甲骨の動き**　肩甲骨は筋活動によって安定しているため、肩甲骨周囲筋の短縮や筋活動が低下すると肩甲骨の位置が変化し、肩関節の運動に影響する。肩甲骨挙上、外転、内転運動をして肩甲骨を十分に動かす（写真24）。

②**腱板へのエクササイズ**　腱板を構成する肩甲下筋（写真25A）、棘下筋・小円筋（写真25B）、棘上筋のチューブエクササイズを行う。棘上筋のエクササイズは肩関節外転運動を行うが、強い抵抗では三角筋の活動が大きくなる。棘上筋が作用しやすくするためには、抵抗の位置を三角筋粗面より近位にするとよい（写真25C）。

③**肩関節を安定させるためのエクササイズ**　肩関節を腱板機能により安定させ、またボールコンタクトのイメージをつくる。上腕骨頭と関節窩との運動軸を保ちボールコンタクトする位置を確認させるため、壁の前や横に立ち、壁と手の間にボールを置きボールを上下左右あるいは円を描くようにコントロールする（写真26A）。この際、手部でボールをコントロールしようとすると肩関節から遠位での操作となるため、肘部を動かすイメージで行うように指導する。はじめは正面で行い、

 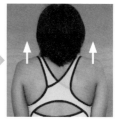

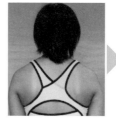 

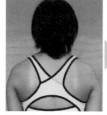 

写真24　肩甲骨の運動

 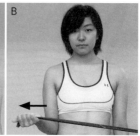

写真25　腱板に対するエクササイズ

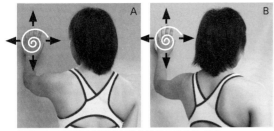

写真26　肩関節を安定させるためのエクササイズ

次にやや壁に対して斜めに立ち肩甲骨面と上腕骨が一直線になるポジションで行う（写真26B）。

## 4. 水分補給

　試合・練習中の水分補給は、コンディショニング管理に大切である。とくに夏の暑熱環境でバレーボールを行う際には、水分補給と休養を十分にとり、熱中症の予防に努める。汗により失われる水分には塩分が含まれているため、糖電解質を含まない水分を補給し続けると血清ナトリウム濃度が低下し脱水が起こる。そのため水分補給には0.2％程度の食塩水がよいといわれている。また、体重の3％以上の水分が失われると体温調節に影響するといわれているため、運動前後の体重を計測し体重減少を2％以内（体重60kgの選手で1.2kg以内）に収まるように水分補給を行う。なお、感染症対策のため、使用するコップなどは個別に用意するのが望ましい。

## 5. 休養（睡眠）について

　良質な睡眠を十分とることはコンディション管理上大切である。日本の平均睡眠時間は諸外国に比べて短く7時間50分と報告されており、日本のトップアスリートを対象とした調査でも男性7.2±1.1時間、女性6.9±1.1時間と報告されている（星川他）。睡眠は選手の心身のコンディショニングに影響を与え、睡眠不足は日中の疲れや集中困難につながるので、十分な睡眠時間の確保が必要である。また、睡眠習慣も大切であり、睡眠の質にも心がける。良質な睡眠のためには1時間前から部屋の明かりを暗くするのがよいとされており、コンピュータ画面などから発するブルーライトは睡眠障害を引き起こすため、睡眠前の使用は避けた方がよいとされている。また、快適な目覚めには朝日を浴びるとよいので、起床したらカーテンを開けることなどに心がける。選手自身が睡眠中の状態を知ることは困難であるため、合宿などで同室になった選手がいびきや歯軋り、無呼吸などの睡眠を妨げる症状に気がついたときに教えると選手が対応することができる。

（板倉尚子・新堀加寿美）

［引用・参考文献］
(1)星川雅子他「日本人トップアスリートを対象とした睡眠習慣に関する質問紙調査」、『日本臨床スポーツ医学会誌』第23巻第1号、pp. 74-87、2015

# 4-3 バレーボール選手に必要な栄養素とその摂取量、摂取法

## 1. ジュニア期における食の重要性

　私たち人間の体は、約60兆個の細胞でできている。そして、その細胞は絶えず新陳代謝を繰り返している。その細胞の材料となるのが、食事から取り入れる栄養である。つまり、すべての人にとって現在の体とは、生まれてから現在までに食べてきた物の歴史、つまり"食の履歴書"なのである。

　筆者は、多くのトップアスリートと出会うなかで、稀有な才能と高いポテンシャルをもちながら、故障によって望ましい練習を積むことができず、パフォーマンスを発揮することができない選手たちにも出会ってきた。残念なことに、シニア世代になってから「ケガをしにくい体を手に入れたい」と望んでも、体の基礎をつくる成長期の"食の履歴"を、後になって書き換えることはできないのである。

　一般に"ゴールデンエイジ"と呼ばれる年代では、長期的な課題も視野に入れつつ、今習得しておかなければならないことがある。その一つが、「練習も大事だけれど、休養や食事、日頃のケアにもしっかり取り組まなければ、よいパフォーマンスは発揮できない」と明確に認識することだ。

　食事に関しても、保護者よりもむしろ選手自身に「どのように体づくりをしていくべきか」を認識してほしい。日頃の食事で足りていない栄養素を補うために、たとえば、コンビニではどのようなものを選べばいいのか、保護者にどんな食品を常備してもらうといいのか、などと考える習慣を身につけるのである。

　「まだ子供だから……」と考えるのは、彼らの能力を過小評価することに他ならない。伸びしろが大きく、吸収も早いこの年代だからこそ、「や

らなければいけないこと」を「やりたいこと」に変えることができる。そしてそれが、アスリートとして強く、長く活躍するための「体の土台づくり」につながるのである。

## 2. バレーボールの競技特性と食事

　スポーツにふさわしい体づくりには、小学生〜高校生にあたる成長期に、正しく栄養をとることが大切である。重要なのは、十分な食事量と偏りのない栄養摂取。炭水化物、脂質、たんぱく質、ミネラル、ビタミンの5大栄養素すべての摂取を考えた食事を工夫したい。とくにスポーツを行うジュニアアスリートには「成長に必要なエネルギー」に加えて「運動のためのエネルギー」が必要である。主食の炭水化物はとくにしっかり摂るよう心がけたい。

　また、スポーツを行ううえで、ケガを未然に防ぎ、万一ケガをしたときには速やかに回復させるための食事も大切である。バレーボール選手に多くみられるスポーツ障害には、いわゆる「ジャンパー膝（膝蓋腱炎・膝蓋靭帯炎）」の他、動揺肩（ルーズショルダー）などの肩関節障害、腰痛、捻挫、突き指などが挙げられる。また、ジャンプ後の着地の際、足裏の血管中にある赤血球が破壊されることに起因する貧血症状を引き起こす例も多い。

　ケガをしたときは、専門医のもとで適切な処置を受けると同時に、食事でもケガの回復に必要な栄養素を豊富に含む食品を摂るようにしたい。

　それぞれの症状に必要となる食事・栄養素については表1を参照してほしい。どのケガでも共通していえるのは、まずは炎症を抑える栄養素を摂ること。そして、炎症が治まったところでケガを治す栄養素を摂るようにする。炎症を抑えるのが抗酸化食品ビタミンCで、ケガを治す材料がたんぱく質である。

　休養中にはエネルギーの消費が抑えられるため、炭水化物を減らし、高たんぱく低脂肪を心がける。もちろんビタミンやミネラルは積極的に摂るようにしたい。

　また、ジュニア世代はとくに成長期のピークでもあることから、スポーツ障害になりにくい体を作ることも大切である。緑黄色野菜などに含まれる抗酸化物質には、日々の練習で傷ついた筋肉の炎症を抑える働きがあり、ケガ予防の観点からは欠かすことのできない栄養素である。これらの食品を日ごろから積極的に摂ることで、骨や筋肉、靭帯などを強化して、ケガをしにくい体づくりを心がけたい。

表1　カギを握るビタミン、ミネラル

| エネルギー生成 | 抗酸化（抗炎症） | 神経・筋肉の働き |
| --- | --- | --- |
| ビタミンB群<br>マグネシウム<br>コエンザイムQ10 | ビタミンA（カロテン）・C・E<br>鉄・亜鉛・カルシウム<br>コエンザイムQ10 | カルシウム<br>マグネシウム<br>カリウム |
| 豚肉・鶏肉・レバー<br>卵・大豆製品<br>乳製品<br>青菜・きのこ類<br>ブロッコリー・アスパラガス<br>ナッツ類・海藻類<br>未精製穀物<br>バナナ　など | 緑黄色野菜・生野菜<br>柑橘系果物・プルーン<br>レバー・アサリ・ホタテ<br>サケ・カツオ・ブリ・イワシ・サバ<br>乳製品・大豆製品<br>乾物（切り干し大根・ひじき）<br>きのこ類　など | 乳製品<br>小魚（ちりめんじゃこ・サクラエビ）<br>海藻類<br>大豆製品<br>未精製穀物<br>乾物<br>生野菜　など |

さらに選手には、痛みや違和感に対して、それがどのようなものか判断ができ、必要に応じて食事を含め適切なケアができるようになってほしい。そのために、選手がもっと自分の身体に向き合い、対話ができるように促し、その機会をつくってあげる、それがジュニア選手を指導する者の役割であると考える。

## 3. 体と食べ物をつなぐ発想

選手への栄養サポートにあたっては、まず、選手に食に対してポジティブな姿勢をもってもらう「動機づけ」がなによりも重要である。その際、とくに留意したいのが「栄養を中心とした話をしない」ということ。なぜなら、栄養スタッフが現場にいる目的は「選手に栄養学を教える」ことではなく、選手が質の高い練習を行い、望ましい結果を出すために、栄養の側面からなにができるかを常に考え、サポートしていくことだからである。

通常、選手への栄養サポートは、選手自身に「自分の身体の成り立ち」を理解してもらうことから始まる。筋肉や骨、血液の働き、神経伝達の仕組みなどを生理学に基づいて解説し、それらがどのように構成されているのかを学ぶことで、必然的に栄養素の存在と必要性が理解できるからだ。たとえば、骨はどのような栄養素で構成され、どのような仕組みで成長や修復が行われるのかを知れば、選手たちはおのずと「何を食べるとよいのか」をイメージすることができる。

また、練習という外的刺激によって体の中で起こる変化（化学反応）についても必ず解説するよう心がけたい。具体的には、監督・コーチングスタッフとのミーティング内容をもとに、選手たちに、その時期に行われる練習の意味を明確に伝えるとともに、その練習を行うことによって選手自身の体内でどのような反応が起きるのかを伝えるのである。

練習には、「筋の発達を促す」「持久的能力やその耐性を高める」「スピードや動きなど神経伝達系を刺激する」など、それぞれに目的がある。当然のことながら、練習の種類によって体内で起こる反応には違いが生じる。これらは運動生理学に基づくものである。その違いを選手たちに伝えて「練習の目的を達成するためにはどのような栄養摂取が必要なのか」を理解させ、同時に「その栄養素はどんな食材に含まれているのか」を伝えている。こうしたプロセスによってはじめて、選手たちは「自分の体と食べ物とのつながり」や「体は食べ物でできている」ということを実感してくれるのだと感じている。

選手が高度な競技パフォーマンスを発揮するためには、全身のさまざまな器官が最高の状態に保たれていなければならない。これは、スポーツが人間のもつさまざまな機能を総動員する高度な活動であることを示している。そのため練習では、それらの機能をバランスよく鍛えることが求められる。そして同時に、練習による「外側からの刺激」に応じて「内側からの刺激」である栄養を適切に補給することが欠かせない。

そこで、スポーツ動作を支えるうえで重要な役割を果たす筋肉、骨、血液、神経について、その仕組みと必要な栄養、効果的な食材・組み合わせを解説する。

### 1—骨

骨は、体を支え、臓器や脳などを保護するとともに、カルシウムを蓄える役割も担っている。成長期のジュニア選手は、骨も大きく成長する時期。ケガや故障を防ぐためにも丈夫な骨を育てること

が大切である。

骨は、たんぱく質とコラーゲンが集まって線維状になったコラーゲン線維に、カルシウムが付着することで形成されている。いわばコラーゲン線維はビルの鉄骨のようなもの。カルシウムはコンクリートにあたる。同じくコラーゲンを主成分とする腱や軟骨、靱帯によって骨と骨、骨と筋肉が連結されている。

皮膚や血液と同様、骨も日々、新陳代謝を繰り返している。破骨細胞によって骨が壊され、骨芽細胞によって新たな骨が形成される。この働きによって小さな骨なら約90日、全身の骨でも約3年ですべて新しい骨に入れ替わるといわれている。

カルシウムは体内で合成できないため、通常1日600mgは食事から摂取すべきだといわれるが、とくにジュニア期のアスリートにはそれ以上に（800mg以上）積極的に摂ってほしい。また、骨を強く丈夫にするためには、カルシウムだけでなくたんぱく質も不可欠だ。骨芽細胞は、たんぱく質でできたコラーゲン線維の間を埋めるようにハイドロキシアパタイト（カルシウム化合物）を結晶化させるが、たんぱく質が不足すると、鉄骨にあたるコラーゲン線維が十分に形成できなくなるため、きちんと補っておく必要がある。

小魚や牛乳は、カルシウムとたんぱく質を同時に摂ることができるため、骨の形成に欠かすことのできない食品だ。また、納豆や豆腐もカルシウムとたんぱく質を豊富に含んでいる。さらに納豆には骨芽細胞を活性化するビタミン$K_2$が、豆腐には破骨細胞の働きを抑制するイソフラボンが含まれているため、いずれも骨を丈夫に保つ働きをしてくれる。ビタミンDは腸内でのカルシウムの吸収や骨への沈着を促す。ビタミンDは日光に当たることで体内でも合成されるが、室内での練習時間が多く日光に当たる機会の少ないバレーボール選手は食品からの摂取を心がけたい。

▶**効果的な食材**　チーズ、牛乳、ちりめんじゃこ、アーモンド、ドライフルーツ、サクラエビ、切り干し大根、ツナ缶、干しシイタケ、葉物野菜。

▶**効果的な組み合わせ**　カルシウムは、たんぱく質やビタミンC、マグネシウム、ビタミンDと一緒に摂取することで吸収率が高まる。

## ❷—筋肉

筋肉は収縮することで強い力を発揮する。練習をすると筋肉はダメージを受け、その修復過程で練習前より強くなろうとする働き（超回復）がある。また、骨格筋は運動のために必要なエネルギー源（筋グリコーゲン）の貯蔵庫としての役割ももつ。グリコーゲンは筋肉に78%、肝臓に18%、そして残りの4%が血液中に蓄えられている。

ある筋肉に蓄えられたグリコーゲンは、おもにその筋肉を動かすために使われる。たとえば上腕二頭筋に貯蔵されたグリコーゲンは、上腕二頭筋を動かすエネルギーとして使われるのである。運動によって筋グリコーゲンが枯渇すると、筋収縮がうまくいかなくなり、力が発揮できなくなる。アスリートにとって、練習などで減ってしまった筋グリコーゲンを、いかにスピーディに高いレベルまで回復させることができるかは、非常に重要な問題である。そのポイントはエネルギー補給の「質」と「タイミング」にある。

アスリートの栄養を考えるうえで、まず考えるべきことは、試合中あるいは練習中にエネルギー切れを起こさないようにすること。とくに、強度の高い運動や長時間の運動が求められる競技では、筋肉や肝臓に、より多くのグリコーゲンを蓄えることができれば有利である。

筋肉は、水分を除くと約80%がたんぱく質でできているため、筋力を強化するためには3回の

食事プラス補食でたんぱく質を十分に摂る必要がある。スポーツ選手には体重1kgあたり約1～2gのたんぱく質が必要だ。体重が50kgであれば、1日に50～100gのたんぱく質摂取が目標となる。

この際、1種類の食品だけでなく多様な種類の食品から摂取することが大切である。動物性のたんぱく質を食べるときには、大豆製品などの植物性たんぱく質も組み合わせて摂ることが重要である。食品100gあたりに含まれるたんぱく質の量は、動物性たんぱく質では、豚もも肉20.5g、鶏ささみ肉24.6g、マグロ（クロマグロ赤身）26.4g、植物性たんぱく質では、木綿豆腐が6.6gなど。成長期のジュニア選手は肉を好む傾向が強いが、植物性たんぱく質もしっかり食べるよう指導したい。また、たんぱく質食品が体内で効率よく利用されるように、たんぱく質の代謝や合成を促すビタミンB群（とくに$B_6$）も意識して摂取すべきである。

▶効果的な食材　マグロ赤身、レバー、鶏むね肉、サケ、サバ、納豆、卵、ニンニク、バナナなど。

▶効果的な組み合わせ　たんぱく質食品は、複数の種類を組み合わせることでアミノ酸のバランスが整い、良質な筋肉をつくりやすくする。

## 3—血液

血液中の赤血球は、酸素や栄養分を全身の細胞に運んでいる。この赤血球の主成分はヘモグロビンである。赤血球をトラックにたとえれば、ヘモグロビンは酸素を運ぶ荷台にあたる。つまり、赤血球の数が多ければ多いほど酸素を運ぶ荷台が広いということになる。

血液の主成分は鉄とたんぱく質。スポーツ選手が貧血を起こしやすいのは、激しい運動で鉄分が汗とともに体外に流れ出てしまうためだ。また、成長期に急激に身長が伸び、たんぱく質の必要量が増えることによっても貧血が起こりやすくなる。

ジュニア期の選手は、鉄やたんぱく質を積極的に摂取するよう指導したい。また、女子選手には月経があるため、とくに積極的な摂取が必要となる。

最近ではスポーツの現場でも、選手の血液検査を定期的に行い、練習計画の作成やオーバートレーニングの予防、試合前の調整段階で疲労の抜け具合を判断するなどの材料として役立てている。

血液を作る栄養素には、たんぱく質、鉄の他にビタミン$B_6$、ビタミン$B_2$、葉酸、ビタミン$B_{12}$がある。またビタミンCは、とくに非ヘム鉄（植物性食品に含まれる）の吸収を促進させる役割を担っている。

▶効果的な食材　肉（とくにレバー）、サケ、ブリ、サバ、アサリ、ひじき、切り干し大根、ドライプルーン、ほうれん草、納豆、バナナ、たらこ、青のり、アーモンド、フルーツ、生野菜、色の濃い野菜、イモ類など。

▶効果的な組み合わせ　丈夫な血液を作るためには、たんぱく質摂取が重要である。貧血対策には、たんぱく質はもちろん、鉄を多く含む食材を日常から継続的に摂取する。その際、鉄の吸収を阻害する要因となる、ウーロン茶、緑茶、紅茶、コーヒーなどは一緒に摂らないように心がける。

## 4—神経

スポーツにおいて神経は非常に重要な役割を占めている。バレーボールにも、相手やボールの動きをよくみて瞬時に判断し、適切に動く能力が求められる。この際、目から入った情報は「情報伝達物質」として、神経を通じて脳に送られる。脳は筋肉に指令を送り、その結果としてスピーディな運動動作が可能となる。

神経はたんぱく質、神経伝達物質はビタミンB群からできている。また、情報量の調節をカルシウムとマグネシウムが行っている（カルシウムは

情報伝達物質が放出されやすくする働きを、マグネシウムは過剰に放出されないよう抑制する役割を担う）。

そのため、神経の材料であるたんぱく質（肉、魚、卵、乳製品、大豆製品）を摂ることはもちろん、神経を正しく働かせるためのカルシウム（牛乳、チーズ、ひじき、ほうれん草、干しエビなどに豊富に含まれる）やマグネシウム（アーモンド、干しエビ、納豆、ワカメ、玄米などに豊富に含まれる）が欠かせない。また、情報伝達物質の働きを高めるビタミンB群も積極的に摂取したい。ビタミンB群は、鶏肉や豚肉、卵、牛乳、バナナなどに豊富に含まれている。

神経の働きを高めたいなら、インスタント食品は極力控えたい。なぜなら、多くのインスタント食品に含まれるリンには、カルシウムの吸収を阻害する働きがあるためだ。また、精製された砂糖（白砂糖）もビタミンとミネラルを消費してしまうため、神経の働きに必要な栄養素を守るためには、白砂糖の使用を控えるのが望ましい。

▶**効果的な食材**　チーズ、牛乳、ちりめんじゃこ、サクラエビ、海藻、ドライフルーツ、玄米、アーモンド、葉物野菜、豚肉、乳製品、大豆製品、ナッツ類、未精製穀物など。

▶**効果的な組み合わせ**　栄養素は、それぞれが相関し効率よく働くが、とくにカルシウムとマグネシウムはバランスが重要である。どちらかに偏ることなく摂取すべきである。

## 4. 日常の食、選手としての食

食事は、いうまでもなく日常生活の一部である。競技選手でなくとも、だれもが1日3回の食事を摂る。あまりに日常的な行為であるがゆえに「アスリートとして食事をどうとらえるか」がわかりにくくなっているように感じる。そこで「日常の食事」と「アスリートとしての食事」の関係を考える際に、衣服や靴を例に考えてみてはどうだろうか。

私たちが日常生活を送るうえで、衣服や靴は欠かせない。しかし、日常の衣服や靴をいくら豊富にもっていたとしても、バレーボールの練習や試合の際には、競技用ウエアやバレーボールシューズを身につける。反対に、競技用ウエアやシューズだけを準備していても日常生活を快適に過ごすことはできない。

食事についても同じことがいえる。「日常の食」はだれにとっても必須であるが、競技スポーツに取り組むためには、それに加えて「アスリートとしての食事（栄養摂取）」を考える必要があるのだ。国立スポーツ科学センター（JISS）は、サプリメントの分類として「ダイエタリーサプリメント」（一般的な栄養素）と「エルゴジェニックエイド」（運動量増加を助けるもの）の2種類に分類しているが、前者を日常の食事、後者をアスリートとしての食事と置き換えてみるとわかりやすいだろう。

中学生・高校生になると、自宅以外で食事をする機会も増えてくるだろう。体と栄養についての正しい知識をもち、アスリートにとって適切な食とはなにかを自分の頭で考え、「今、自分の体に必要なものはなにか」を感じることのできる選手に育ってほしい。

●「3食+補食」を、目的意識をもって食べる

朝・昼・晩の3度の食事には、それぞれに意味がある。そのため、「どんな目的でその食品を摂るのか」を理解したうえで食事を摂ることが大切である。

## ❶―朝食

　朝食は、体を目覚めさせて1日をスタートさせるための栄養をチャージするための食事。エネルギーとなる炭水化物を中心に、おかずやサラダなど多種多様な栄養を摂るよう心がけたい。よく噛んで食べることで、脳を目覚めさせる効果も期待できる。朝練などで朝食後すぐに体を動かす場合は、練習前にはおにぎりやジュース、果物など消化のよいものを食べ、練習後にもう一度食べるなど、2回に分けて摂るのもよいだろう。

## ❷―昼食

　学校に通うジュニア選手たちの本格練習は午後が中心となる。昼食は、午後の授業と練習に必要なエネルギーを補給するためにたっぷりと食べるよう指導したい。とかく昼食は「うどんだけ」「牛丼だけ」といった単品メニューになりがちだが、外食なら定食、市販の弁当なら幕の内弁当のように、さまざまな食品が食べられるメニューを選び、適宜おかずやサラダなどを組み合わせたい。たんぱく質が足りないときは牛乳やヨーグルトを、野菜が足りないときは野菜ジュースをプラスするなどの工夫を習慣づけたい。

## ❸―夕食

　夕食の目的は「日中の活動によって消費したエネルギーの補充」「練習によって傷ついた筋肉の修復材料の補充」「朝食と昼食で不足した栄養の補給」「疲労回復」である。

　多くの家庭では、1日に必要なエネルギーや栄養摂取の多くを夕食で摂る習慣がある。これには「運動後の栄養摂取が重要であるという考え方」と、「夕食時は食事の準備時間、食べる環境が整えやすい」という2つの理由があると考えられる。

　しかし私は、この習慣は、選手のコンディショニングという観点だけでなく、人間の生理リズムという意味からも望ましくないと考えている。本来、睡眠中は体の機能が内側（回復や成長）に向かう時間帯である。睡眠中に活発に分泌される成長ホルモンには、体組織を修復し、体力を回復させる働きがある。ところが、就寝に近い時間に多食すると胃腸に負担がかかり、消化活動が睡眠を妨げるため、この働きが妨げられてしまう。つまり「見た目には眠っていても体内は眠っていない（消化・吸収のためにフル稼働している）」状態なのである。

　選手たちのなかに「朝の目覚めが悪く、空腹を感じない」といった状況がみられる場合には、この状態に陥っていないかの確認をすべきである。

　食物を消化するためには約2〜3時間かかるため、快眠のためには就寝の3時間前には食事を済ませておくのが理想。成長ホルモンの分泌がピークを迎える時間帯が午後10時〜午前2時だということを考慮すれば、午後7時には夕食を済ませたいところだが、現実には、「部活の後に塾に通っている」など、早い時刻に夕食を摂ることができない選手も多いと思われる。こうしたケースでは、夕食を2回に分け、1回目の夕食でたんぱく質やビタミン・ミネラルを中心とした「疲労回復効果のある食品」を優先的に摂り、2回目はミルクやスープ、うどんなど「消化のよいもの」を食べるのもよいだろう。

## ❹―補食

　補食は、その名の通り「3回の食事では摂取できないエネルギーや栄養素を補完する」のが目的である。携帯・保管に適した食品を、当日の練習内容や、当日の食事で不足してしまった栄養素を考慮して準備することが望ましい。具体的な食品

としては、おにぎり、サンドイッチ、チーズ、ゆで卵、ドライフルーツ、ナッツ類、果汁100％ジュース、牛乳などである。スナック菓子や菓子パンには糖質と脂質以外の栄養素はほとんど含まれていないため、スポーツ選手の補食としては望ましくない。

練習終了直後の補食の目的は、エネルギーを摂取したり、空腹を満たしたりすることではない。運動によって減少したエネルギー源や、傷ついた筋や腱といった組織を、いち早く回復させるため、体内環境を合成の方向に向かわせる「スイッチ」の役割を果たしている。そのため、運動直後（20分が目安）に炭水化物（糖）とたんぱく質（アミノ酸）を「3：1」になるように摂取するのが最適である（サプリメントの項を参照）。

### 1 ― 練習前

練習に必要なエネルギーを補給するのが目的。おにぎりやサンドイッチなど固形のものは、練習開始1時間前くらいまでに。それ以降に空腹を覚えるようなら、果汁100％ジュースやエネルギーゼリーなどを補給する。

### 2 ― 練習後

終了後20分以内に、運動で失われた水分、糖質、たんぱく質を補うのが目的。練習直後は、胃腸の負担を軽減するため、おにぎりやバナナなどの固形物よりも飲料タイプのサプリメントを選ぶ。果汁100％ジュースやアミノ酸入りのゼリーが最適。ゼリーはゆっくり噛んで摂ることで、さらに消化・吸収がよくなる。

## 5. 食は栄養摂取だけが目的ではない

選手強化の現場では、食事は往々にして「栄養摂取の手段」「練習の一部」として語られるケースが多い。私自身も、この仕事を始めた当初は、選手にとって必要な栄養の摂取方法を、教科書的な知識だけで考えてしまう面があった。しかし、これまで多くの選手や指導者の方々と歩んできたなかで、栄養摂取以外に、食がもたらす効用の大切さを再認識することとなった。

その一つが、視覚、味覚、嗅覚、食感といった刺激である。食事の彩りや香り、噛みごたえなどが脳によい刺激を与え、その発達に関与することがわかっている。また、食卓の雰囲気づくりも大切だ。厳しい練習を続けるからこそ、家族やチームメイトと笑い合いながら、おいしく、楽しく食事をすることが大切なのだ。

ジュニア世代の選手たちが、食べることの大切さ、楽しさを通じて「身体を中心に食を考える」習慣を身につけてくれたら、この仕事に携わる者のひとりとして望外の喜びである。

（石川三知）

[引用・参考文献]
(1) 厚生労働省『日本人の食事摂取基準（2005年度版）』
(2) 厚生労働省『日本人の基礎代謝基準値（2010年版）』
(3) 長嶺晋吉『講座現代スポーツの科学2　スポーツとエネルギー・栄養』大修館書店、1979
(4) 日本体育協会スポーツ医・科学専門委員会監修『アスリートのための栄養・食事ガイド』第一出版、2014
(5) Yaspelkis, B. B. et al.: Carbohydrate supplementation spares muscle glycogen during variable-itensity exercise. J. Appl. Physiol., 75. 1477, 1993.
(6) Zawadzki, K. M. et al.: Carbohydrate-protein complex increases the rate of muscle glycogen storage after exercise. J. Appl. Physiol., 72. 1854, 1992.

# 4-4 サプリメント活用の基礎知識

## 1. サプリメントとは？

　昨今の健康志向の高まりから、スーパーやコンビニエンスストアの店頭でも、さまざまな種類のサプリメントが販売されている。「サプリメント」という言葉は、英語のsupplement（補足・補充・追加）に由来しており、その名の通り、日常の食生活で不足しがちな栄養素を補うことが、サプリメント本来の役割である。

　トレーニングの現場において、「食事だけで、選手たちの身体の要求にすべて応えたい」という願いを持ち続け、可能な限り食事だけで課題を解決しようと試行錯誤を続けている。しかし、現実にはサプリメントの力を借りる場面も少なくない。

　たとえば、柔道やレスリングなど階級制競技の選手では、成長著しい時期にトレーニング内容に見合ったエネルギーや栄養素を食事だけで摂ろうとすると、エネルギー過多になって体重が増加したり、反対に目標とする体重に到達できないなどのリスクが生じる。そのため、エネルギー源となる炭水化物や、骨や筋肉の元となるたんぱく質摂取にサプリメントを利用している例が多くみられる。

　同様に、体づくりのためには就寝前にもたんぱく質を補給したいところだが、体重増加のリスクがある場合にはアミノ酸のサプリメントを利用している。また、食材そのものに含まれる栄養成分が昔に比べて乏しいことや、トレーニングの現場に調理のできる環境がないなど、現実にはさまざまな問題を抱えている。

　そんな現状もあり、現在は「摂取タイミング」や「栄養素のバランス」を重視してサプリメントを使用している。

　最近では、成長過程の途上にある中学生や高校

生がサプリメントを利用するケースも珍しくない。もちろん、ジュニア世代のアスリートが自分自身の栄養管理に関心をもつこと自体はすばらしいことだが、あくまでサプリメントは栄養「補助」食品であることを忘れないでほしい。ジュニア世代のうちから「サプリメントに頼る」習慣をつけることは感心できない。「目的を明確にして利用する」という姿勢を指導したいものである。

## 2. サプリメントの分類

　サプリメントについては、国内・国外を問わず、明確な定義や分類がないのが現状である。そこで国立スポーツ科学センター（JISS）では、スポーツの現場に即した分類として、サプリメントを、「ダイエタリーサプリメント」（Dietary Supplements）と「エルゴジェニックエイド」（Ergogenic Aids）の2種類に分類している。

　ダイエタリーサプリメントとは、日常の食事で不足する栄養素を補うためのもので、プロテインやビタミン剤、鉄分などがこれにあたる。食事の時間がとれないときや、遠征先で食事の栄養分が偏ってしまうときなどに利用する。食事のタイミングで摂るとよいだろう。

　エルゴジェニックエイドとは、運動能力に影響する可能性のある栄養素や成分。直訳するとergogenic（運動量増加を）-aid（助ける）という語意に沿った目的をもつもの。運動前や運動中に摂取する糖質やビタミン・ミネラル類、運動後の回復を目的に摂る糖質やたんぱく質、適宜摂取するアミノ酸などがこれにあたる。サプリメントを利用する際には、どちらの目的なのかを明確にすることが重要である。

## 3. ジュニア期の選手とダイエタリーサプリメント

　日常の食事で不足する栄養素を補うためにサプリメントを使用するにあたっては、まず最初に、選手自身に、日常の食生活や体調についてセルフチェックさせてみることが大切だ。

　自分の、日頃の身体的特徴（風邪のひき始めの症状がどこに出るか、イライラしやすい、足がつりやすいなど）や、食べ物の好き嫌いについて書き出してみるのもよいだろう。当然のことながら、嫌いな食物に含まれている栄養素は不足しているはず。そして、選手が抱えているトラブルは、その栄養素の欠乏に起因する可能性が高いのである。

　トップアスリートの場合も決して例外ではない。血液検査で総たんぱくや赤血球数が低い値を示している選手に、幼少期からの食生活について聞いてみると、「肉や魚が嫌いであまり食べなかった」という答えが返ってくることがある。同様に、肉離れや小さなケガをしやすい選手には、野菜や果物を積極的に食べなかったことに起因するビタミンC不足が、筋けいれんを多く発生する選手は、乳製品や乾物類（ひじき、煮干し、ちりめんじゃこ、切り干し大根など）が苦手だったことによるミネラル不足が疑われるなど、幼少期からの食習慣が体質的な特徴となって現れやすい。こうした体質的特徴に応じて適切なサプリメントを使うことで、体質的な問題点の多くは解決できる。ジュニア世代の選手は、「身長が伸びている時期」「シニア世代に近づき、ウェイトトレーニングを積極的に取り入れる時期」など、成長段階に応じて身体に大きな変化が現れる時期でもある。サプリメントを利用するときは、メディカルスタッフの診断やセルフチェックの結果をもとに適切なサプリメントを選択することが大切である。

サプリメントを使用する際には、「このサプリメントは○○に効く」ではなく、あくまで「自分の体の状態を知り、不足した材料を補う」という視点から選ぶように心がけたい。たとえば貧血の場合には、血液の成り立ちと、それに関係する栄養素をイメージするのである。自分には赤血球の元となるたんぱく質が足りないのか？　あるいはビタミンB群やビタミンCは足りているのか？　など、このように考えをめぐらせることで、必要な材料がみえてくるようになるのである。

不確かな情報や宣伝文句に踊らされるのではなく、自分の体が発する声に耳を傾け「自分の体を中心に考える」習慣を、ジュニア世代から身につけたいものである。

## 4. ジュニア期の選手とエルゴジェニックエイド

エルゴジェニックエイドの中には、たとえば、爆発的なスピードやパワーを生み出す目的で摂取するクレアチン（アミノ酸の一種）、エネルギー産生や抗酸化作用が期待されるコエンザイムQ10などがある。しかしジュニア世代では、成長過程であること、また、体に十分な量が蓄えられている成分であることから、こうしたサプリメントは勧められない。

ここでは、日々のトレーニングの質を高め、健康な成長を促すためのエルゴジェニックエイドを「練習前・練習中」と「練習直後」のシーン別に紹介する。

### ❶──練習前・練習中の栄養補給はスポーツドリンクで

現在では、運動中にスポーツドリンクによる補給を実施している指導者は多いだろう。スポーツドリンクには「水分補給」と「エネルギー補給」の2つの役割があるが、ここでは、エネルギー補給の側面からスポーツドリンクの効用について考える。

運動中は筋肉中に貯蔵された筋グリコーゲンを消費している。スポーツドリンクは、運動によって消費されたエネルギー源を速やかに補給するた

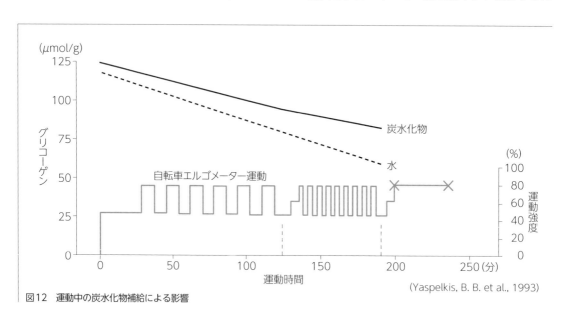

図12　運動中の炭水化物補給による影響

めに有効なサプリメントである。

図12は、運動中の炭水化物補給の影響を調べた実験結果である。自転車エルゴメーター（エアロバイク）による運動を継続しながら、一方のグループは「炭水化物を中心として溶かしたドリンク（スポーツドリンク）」を補給、他方のグループは「水」のみを補給して、その影響を調べている。実験結果をみると、スポーツドリンクを補給していたグループは、水だけのグループに比べ、時間・強度ともに明らかに運動量がすぐれていることがわかる。

また、運動量だけでなく、「運動の質」を高める面からも、スポーツドリンクは有効だ。「考える力」や「集中力の持続」に必要な脳の働きは、血液によって運ばれる糖（血糖）と酸素のみによって行われている。多様な戦術や攻撃パターンを用い、瞬時の判断を繰り返すバレーボールでは、長時間プレイすることによって脳の血糖はしだいに減少していく。イマジネーション豊かなプレイを継続的に行う意味からも、スポーツドリンクの積極的な摂取が必要である。

さらに「運動後の疲労回復」という点からも注目すべき結果が出ている。前述の実験では、運動前と運動後の筋グリコーゲン量を測定しているが、スポーツドリンクを補給していたグループは、水だけのグループに比べて運動量が多いにもかかわらず、運動後の筋グリコーゲン消費量が抑制されていたのである。トレーニング後に筋グリコーゲンを速やかに回復させ、次回のトレーニング開始までに完全にコンディションを整える意味でも、スポーツドリンクの摂取は重要であるといえるだろう。

ただし、スポーツドリンクは、家庭内など運動していない状態で水の代わりに飲むことは勧められない。一部の親は、子供に炭酸飲料を与えすぎるのは健康に悪いとは知っていても、スポーツドリンクを与え過ぎてはいけないことを知らない場合がある。スポーツドリンクには多くの糖分が含まれているため、「あくまでエルゴジェニックエイドとして運動時のエネルギー補給のために飲むものである」という指導を徹底したい。

## ❷ 練習直後の栄養補給は「炭水化物」+「たんぱく質」

練習終了直後の栄養摂取は、エネルギーを摂取したり、空腹を満たしたりすることではない。運動によって減少したエネルギー源や、傷ついた筋や腱といった組織を、いち早く回復させるため、体内環境を合成の方向に向かわせる「スイッチ」の役割を果たしているのである。

私たちの体には、運動によるダメージから回復する過程で「ゴールデンタイム」ともいうべき時間帯が3回ある。1回目が「運動を終えてから30分前後」、2回目が約「90〜120分前後」、そして3回目が「睡眠中」である。

なぜ、この時間帯がゴールデンタイムなのだろうか？ そのカギを握るのが「成長ホルモン」である。成長ホルモンというと、成長期に限って分泌されるものと誤解されがちだが、実際は大人になってからも分泌され続けている。回復のためのゴールデンタイムとは、体を治し回復させる成長ホルモンが活発に分泌される時間帯をさす。そこで、このタイミングに合わせて回復のための材料（栄養素）を取り入れ、その化学反応を活発化させることが重要なのだ。

これらの要素を満たすには、運動直後（20分が目安）に炭水化物（糖）とたんぱく質（アミノ酸）を「3：1」になるように摂取するのが最適である。炭水化物とたんぱく質を一緒に摂取すると、炭水化物だけを摂取したとき、あるいはたんぱく

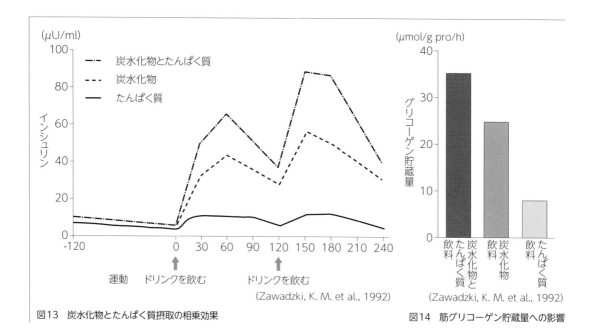

図13　炭水化物とたんぱく質摂取の相乗効果

図14　筋グリコーゲン貯蔵量への影響

質だけを摂取したときに比べ、分泌されるインシュリンの値が有意に高くなる（図13）。私たちの体は、インシュリンが分泌されないことには、細胞内に栄養素を取り込むことができない。言い換えれば、インシュリンが多く分泌されると、効率よく栄養素を取り込むことができるのだ。とくに「炭水化物3：たんぱく質1」の割合で摂取すると、インシュリンの分泌が活発になり、筋グリコーゲンが通常の約1.5倍のスピードで回復すると報告されている（図14）。

練習終了直後の栄養摂取において「炭水化物＋たんぱく質」という観点から、「バナナ＋牛乳」「サケ入りおにぎり」などを食べるよう指導する例もあるようだが、激しい運動の直後に固形物を摂取するとインシュリンの分泌が抑制されてしまう。また、運動後は胃腸も疲労しているため、消化・吸収が充分に行われるかどうかも疑問である。「練習終了直後の栄養摂取はエルゴジェニックエイドで」という位置づけを明確にしたい。

そこで私は、トレーニング直後の栄養補給では、炭水化物とたんぱく質を3：1の理想的な割合で含んだ「飲料タイプのサプリメント」を利用している。炭水化物はブドウ糖やマルトデキストリン、たんぱく質は乳たんぱくやホエイたんぱくがよいとされている。これは、消化吸収のスピードが速いことと、修復対象に適した栄養素であるという理由からだ。

第1回目の成長ホルモン分泌のタイミング（運動を終えてから30分前後）を有効活用することにより、選手の回復力を高め、その後の食事や睡眠の状態が良好になることが期待できる。疲労感の抜けた状態で食事を摂ることで、消化器官も活発に働き、栄養の吸収が高まるばかりでなく、少しでも多く疲労を回復した状態で睡眠に入れば、回復に要する時間は短くなり、必然的に成長や発達に適した睡眠が得られる。まさに「寝る子は育つ」の状態を作ることができるのである。

（石川三知）

VOLLEYBALL
COACHING THEORY

# 5章

## バレーボールに必要な基本技術とその練習法

# 5-1 基本技術の考え方

　バレーボールは、ネットで隔てられたコートで2つのチームが相対し、地面にボールを落とさないように打ち返し合って得点を競うスポーツである。ゲームはボールを落とすことによって得点が成立するため、それぞれのチームはラリーを続けるために「ボールを落とさない」ようにして、相手コートへボールを返し続けることがゲームの「目的」となる。

　この「目的」を達成するために、それぞれチームは逆に相手チームに「ボールを落とそう」とする。つまり、相手コートにボールを「落とす」ことは、自分のコートに「ボールを落とさない」ための「手段」となる。

　バレーボールは、他の「ネット型競技」[註1]と同じように打つ・弾くなどの「ボレー」によって攻防が繰り広げられ、ボールをもって操作する（ホールド）ことは許されない。一方、他の「ネット型競技」と異なる点は、相手コートにボレーで返球するまでに、味方コート内で3回までのプレイが許容されている点である。一人が連続して2回以上プレイするダブルコンタクトは許されないが、有効な攻撃を繰り出すために、「ゴール型競技」[註2]のように味方同士で「パス」することが許されていることが、バレーボールの競技特性である。

　また、バレーボールにおける有効な「アタック」というのは、他の「ネット型競技」と同じく、ネット付近で遂行される。とくに、バレーボールでは味方同士で最大2回の「パス」でボールをネット付近まで運べるので、有効な「アタック」が成立しやすく、攻撃側が圧倒的に有利となる。そのため、有効な「アタック」を阻止・制限するために、守備側はネット付近におけるボレーである「ブロック」で対抗する。

　さらに、「ネット型競技」におけるラリーの始まりと同様に、バレーボールは自分で投げたボー

ルをボレーする「サーブ」で始まる。

このように、すべてのボレーは大きく「アタック」「パス」「ブロック」「サーブ」という「手段的」な分類ができる。また、これらのボレーは、バレーボールのゲーム構造に沿って時系列で並べると、図1のように、①サーブ、②レセプション（パス）、③セット（パス）、④アタック、⑤ブロック、⑥ディグ（パス）という、より細かい「戦術的」な分類ができる。つまり、上記のような「戦術的」な概念に基づいて、それぞれの「技術」がバレーボールには存在することになる。

バレーボールの基本技術とは、上記のさまざまな場面でボールと自分の身体をコントロールするために共通して使われる普遍的な「動作原理」つまり、動作のもっともシンプルな原理・メカニ

図1　時系列に出現する技術

ズムである。

（布村忠弘、縄田亮太、緒方　良）

註1　ネット型競技：バレーボール、テニス、卓球、バドミントンなど、ネットで区切られたコートの中で攻防を組み立て、一定の得点に早く達することを競い合う競技。

註2　ゴール型競技：コート内で攻守が入り交じり、手や足などを使って攻防を組み立て、一定の時間内に得点を競い合う競技。

---

映像・数値データなどエビデンスに基づいた指導理論は、文字・映像の媒体として記録しやすいため、指導方法考案の指標となり、コーチングを議論するための幹となる。

ところが、これまでのバレーボール界はエビデンスに基づいた指導理論が確立されていなかった。国内大会で実績をあげた指導者の経験や主観が正当化され、根拠のある指導が蔑ろにされてきた。

基本技術指導において、JVA・各年齢層、競技レベルでの共通認識がないまま、講習会・研修会・初心者指導等が実施されていたのでは、日本全体の競技人口拡大や、全日本チームの強化策にも支障をきたしてきたのではないだろうか。

2013年、JVA指導普及委員会と日本バレーボール学会は連携して「基本技術統一化検討委員会」を設置し、運動生理学、運動力学、医学等のエビデンスに裏付けられた「基本技術の共通認識の確立」に取り組んできた。

検討委員会では、ボールと自分の身体をコントロールするための目的に合った合理的な動作を遂行するための「基本技術（動作）」を絞り込み、全てのプレイヤーに適合する共通部分を抽出し、統一化を試みた。

第5章では、検討委員会がまとめた技術のチェックポイント、科学的裏付け、やってはいけない動作、練習方法・修正方法などを踏まえ、すべてのバレーボーラーが共通して、認識できる「基本技術」を紹介する。

■JVA基本技術統一化検討委員会
[委員長]
亀ヶ谷純一（JVA指導普及委員会委員長、明治学院大学）
[副委員長]
遠藤俊郎（日本バレーボール学会名誉会長、山梨学院大学）
緒方　良（JVA指導普及委員会副委員長、三晃金属工業㈱）
河合　学（日本バレーボール学会会長、静岡大学）
積山和明（JVA指導普及委員会副委員長、東海大学）
吉田清司（日本バレーボール学会理事、専修大学）
[委員]
布村忠弘（日本バレーボール学会理事、富山大学）
勝本　真（日本バレーボール学会理事、茨城大学）
後藤浩史（日本バレーボール学会総務委員、愛知産業大学）
松井泰二（日本バレーボール学会理事、早稲田大学）
横矢勇一（日本バレーボール学会理事、大東文化大学）
増村雅尚（日本バレーボール学会学会員、崇城大学）
縄田亮太（日本バレーボール学会編集委員、愛知教育大学）

# 5-2 サーブ

サーブは、ゲームのラリー開始のためにバックライトプレイヤーがエンドライン後方から相手コートへボールを打ち込むための技術である。両手で打ったり、足で蹴ったりすることはできない。また、サーブのためのトスは1回だけで、トスを落とした場合はサーブミスとなる。バレーボールの中で、プレイヤー自身がすべてをコントロールし、遂行できる唯一の技術である。

## 1. サーブの目的

(1)「得点」する 「時間幅」(打つタイミング)、「空間幅」(ミートポイント・打球のコース)、「強度幅」(打球の緩急) を選択し、相手の状況に応じてそれらを最大限に活用する。

(2)相手チーム「攻撃」の体制を崩す 直接「得点」できなくても、相手チームの有効な「攻撃」を未然に防ごうとすることである。

＊

英語の"Serve"はラリーのスタートの「供する、配る」の意味であるが、プレイヤー一人の力で得点できる技術であるため、歴史的に技術開発が頻繁に行われてきた。現代では入れるだけのサーブから、変化やスピードによって少しでもレセプションを乱して相手の攻撃を弱め、直接ポイントすることを目的とした第一の攻撃技術として位置づけられる。

## 2. サーブの動作原理

### 1─「手」の加速方法

サーブは図1の(1)～(3)の組み合わせによってさまざまな種類がある。

図1 サーブの種類

助走の仕方、スイングの方向、球質の組み合わせによってさまざまなサーブが生み出される。

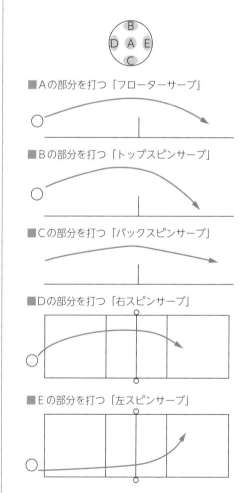

図2 ボールを打つ位置とボールの軌道

いずれのサーブでも、ボールを目標まで飛ばすにはヒットする「手」を加速する必要がある。「手」は「重心移動と体幹の回転」で加速されるが、方法は大きく2つに分類される。

① 伸ばした腕を重心移動と体幹の回転で振り回し、「手」を加速する方法。

アンダーハンドサーブ……両肩を結ぶ線と腕が振られる面が直交する（次頁写真1）。

サイドハンド・オーバーハンドサーブ……両肩を結ぶ線と腕が振られる面が一致する（次頁写真2）。

② 曲げられた肘を重心移動と体幹の回転で伸ばしていき、「手」を加速する方法（次頁写真3）。

## 2 ─「手」の当て方

ボールをヒットする手の当て方は、スピン系と無回転系に分けられる。

(1) **スピンサーブ** トップスピン（順回転、ドライブ）を打つには図2のBの部分、サイドスピン（横回転）を打つにはDかEの部分、バックスピン（逆回転）を打つにはCの部分を打つ。

(2) **無回転（フローター）サーブ** ボールに回転をかけずに打つサーブで、ボールが浮く（フロートする）ように回転がかかっていない球質を表現したものである。ボールを無回転にするには、腕を振り切らず、ボールの中心（図2のAの部分）を押し出すようにして、ヒット面を平行移動させる必要がある。無回転のボールはボールの後方に不

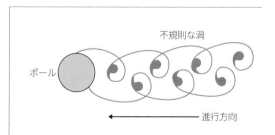

図3 無回転のサーブ

写真1　アンダーハンドサーブ

写真2　オーバーハンドサーブ

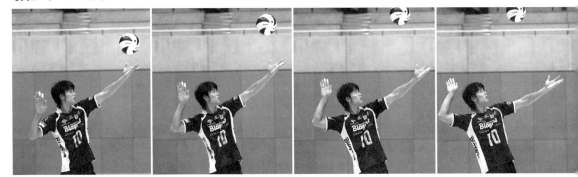

写真3　肘を重心移動と体幹の回転で伸ばしていって手を加速する方法

規則な空気の渦ができるため、相手コートに到達するまでにボールの軌道が変化する特徴がある（図3）。

これがフローターサーブのメリットで、相手レシーバーにとっては軌道が予測しづらくなるため、レシーブミスにつながりやすくなる。フローターサーブは、サーブ自体にスピードや威力がなくても十分に相手を崩す効果がある。

フローターサーブをジャンプなしでオーバーハンドのスイングで打ち出すのが、「スタンディングオーバーハンドフローターサーブ」であり、指導現場では一般に「フローターサーブ」と略して表現されている。

初心者へのサーブ導入段階では、フローターサーブの習得が有効である。なぜなら、フローターサーブは基本動作がスパイク動作に似ているため、

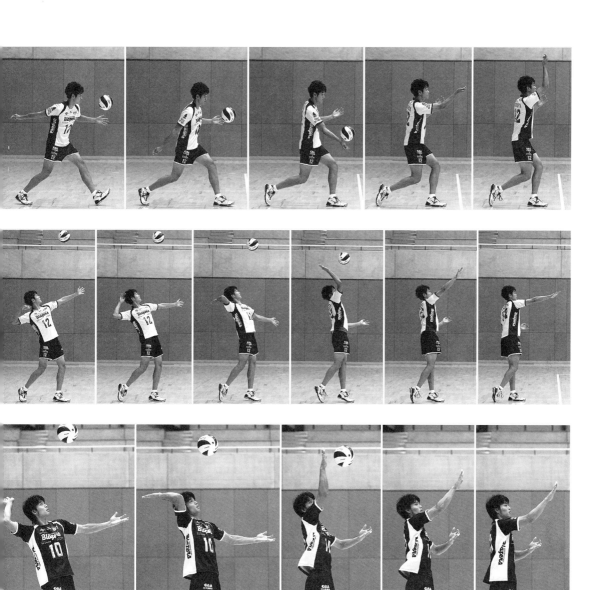

　スパイクのための運動プログラムや神経回路をサーブに転移しやすいからである。

　アンダーハンドサーブとサイドハンドサーブは、腕を振ること自体が容易であり、初心者でもボールを遠くに飛ばしやすい。とくにアンダーハンドサーブは、腕を振る面が垂直であるため運動をイメージしやすく、山なりのボールを打ちやすいことで初心者同士でもゲームが成立しやすいという利点もある。

　初心者の導入で重要なことは、なかなか相手コートにボールが届かないことへの配慮である。無理にボールを飛ばそうとするとフォームを崩したり、障害の原因ともなったりするので、無理なくネットを超える位置から打ち、徐々に距離を伸ばすなどの工夫が必要である。

## 3. フローターサーブの基本技術

### ◆構え

①肩幅に足を開き、左足を目標に向け、右足を90度までの範囲で横に開く（写真4）。

写真4　足の位置

写真5　構えの姿勢

写真6　悪い構えの姿勢

②右足に重心を乗せ、体幹をバランスよく立てる（写真5）。

### ◆トスアップ

※トスアップ〜テイクバックの動作はほぼ同時に行われる。

③左手が目の高さに達したときにボールを離す（写真7）。目線や体が上下しないようにする。

④スイングで右手首が振り下ろせる位置で、頭より前にトスボールを上げる。ネットを越えて相手コートにボールを入れるためには、打ち出す角度がやや上方になるようにヒットポイントを調節する。ボールを理想的な角度に強く打て、サーブターゲットも周辺視野でとらえられるのが理想のヒットポイントであり、その位置をみつけることが重要である。サーブはほとんどトスアップで成功失敗が決まるといわれるほどトスアップの位置が鍵を握っており、いつも正確に同じ位置と高さにトスアップできるよう練習する必要がある（写真8）。

⑤後ろからみたときに、おおよそ時計の1時の方向（写真9）になるようにトスボールを上げる。ヒットポイントの10cmほど上にトスボールの頂点がくるように調節し、高く上げ過ぎないように注意する。トスボールに回転は加えない。

写真7　目の高さに達したときにボールを離す

写真8　トスボールの落ちる位置

写真9　1時の方向にトスを上げる

肘を真横に上げる。右肘を真横で肩の高さに上げ、肘と手首は脱力して自然に曲がるようにする。写真6のように腕を真上に上げると、体幹で腕が振られにくくなり、手打ちになって、肘と肩へ強い負荷がかかってしまう。

◆左足への重心移動とフォアスイング

⑨左足への重心移動と左股関節での回旋および脊柱軸での回旋によって右肩が加速され、腕が振られる（写真12、13）。

⑩腕はテイクバックからボールヒットまで静止させないで、一連のスムーズな動きで回転させる。

⑪肩の力でむやみに腕を振るのではなく、体幹の捻りで腕が振られる感覚を大切にする。

◆左足の踏み出し

⑥トスアップしながら、左足を前に踏み出す。この動きで下半身のパワーを体幹部に伝えて捻り、肩、腕、手を加速することができるようになる。踏み出しを広くとることによって、腕や肩の力だけに頼る打ち方ではなく、体幹の捻りによる力強いスイングが可能となる（写真10）。

⑦左足のつま先を打ちたいコースに向けて踏み出すと、狙った方向に飛ばしやすい。また、左膝を打ちたい方向に屈曲させると、ボールに与えるエネルギーもロスしない（写真11）。

◆ボールヒット

⑫ボールを頭のやや前方、時計の1時のあたりでとらえる。ヒットポイントが頭の真上にならないように注意する。打点が大きく左右にずれた位置で打つと、身体が傾いてボールに力を加えられない。

⑬ヒットポイントは手の手首に近い硬い部分、手根部（写真14）でヒットすると反発係数が高くなり、球速が増す。手のひらや指はボールを

◆テイクバック

⑧左足を踏み出しながら、体幹部を捻りながら右

写真10　左足の踏み出し

写真11　つま先の向き1

写真12　右肩の加速

写真13　左足への重心移動

写真14　手根部　　写真15　ボールをヒットするときの手

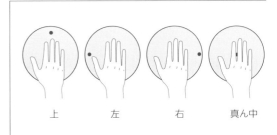

図4　空気穴の位置による変化

包むように丸くして補助的に当てる（写真15）。指先や手のひらに強く当たるとボールに回転が加わり、レシーバーにサーブ軌道を読まれやすくなる。

⑭手首をロックするような意識で固定させることが重要である。

⑮右肘は軽く曲げたままで、できるだけ高い位置でボールの中心を押し出すようにヒットする（写真16）。ボールの中心を外れてヒットすると回転しやすくなる。

⑯左肘は軽くたたみながら脇に引き寄せる。

◆ボール回転の調節方法

⑰ボールが当たった瞬間に止めるようなイメージでヒットすると、手前に落ちるサーブになりやすい（写真17）。

⑱ボールをヒットした後、手を前に押し出すように振り切ると、球足の長い伸びるサーブとなりやすい（写真18）。

⑲ボールの空気穴の位置を上にすると落ちやすく、左にすると左カーブ、右にすると右カーブしやすい。空気穴の硬い部分を打つとスピードが増す（図4）。

◆ボールヒット後の姿勢

⑳ボールヒット後は直ちにコート内に戻ってディフェンスの準備をする（写真19）。

写真16　右肘の曲げとヒットポイント　　写真17　落ちるサーブのスイング　　写真18　伸びるサーブのスイング　　写真19　ボールヒット後の準備

## 4. フローターサーブの練習方法

### 1 ── テニスボールでスイング練習

構えの姿勢からテニスボールを投げる（写真20）。バレーボールを投げようとすると、ボールが大きいために手のひらを上に向けたテイクバックから投げる形になり、肩への負担が大きくなる。テニスボールならボールを上から掴むことができるため、手のひらが下を向いたテイクバックを作りやすい。

### 2 ── トス練習

サーブの確実性を高めるには、常に安定したトスを上げる必要がある。理想的なトスとヒットポイントの位置がみつかったら、落下地点に雑巾を置き、常にその上にトスが落ちるよう、トスアップだけの練習をする（写真21）。

トスが乱れる要因として挙げられるのが、トスを高くし過ぎるケースである。ヒットポイントより10cmほど上でトスボールが頂点を迎えるようにする。また、指先を使って上げると、ボールに回転がかかって思ったところにトスを上げられな

写真20　テニスボールを投げる

写真21　トス練習

写真22　短い距離でのサーブ練習

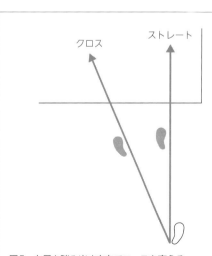

図5　左足を踏み出す方向でコースを変える

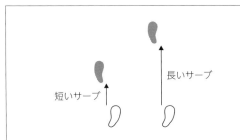

図6 左足を踏み出す幅で距離を変える

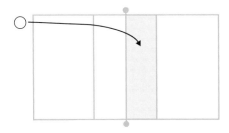

図7 アタックライン内へのサーブ

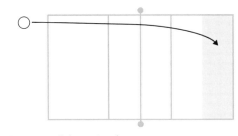

図8 コート後方へのサーブ

い。指先ではなく、左腕全体を使うイメージで上げる。

### 3──2人組で短い距離でのサーブ練習

最初から長い距離だとフォームが崩れるので、2人組になって打ちやすい距離で、胸元めがけて打ち合う（写真22）。慣れてきたら、ネットを挟んで徐々に距離を長くしていく。

### 4──コースを変えるサーブ

同じ構えの姿勢から、トスアップと同時に左足を踏み出す方向を変える（図5）。左足のつま先が向いた方向に重心を移動させてスイングする。

### 5──距離を変えるサーブ

同じ構えの姿勢から、トスアップと同時に左足を踏み出す幅を変える。サーブを短く打ちたければ左足を小さく踏み出し、長く打ちたければ左足を大きく踏み出す（図6）。腕のスイングスピードだけで距離の調節をするのではなく、体幹の捻りで調節することを心がける。

アタックライン内を狙うときはエンドラインの前で打ち（図7）、コート後方を狙うときはエンドラインから離れてネットギリギリを通過するサーブを打つ（図8）。

（吉田清司）

# 5-3 レセプション

「レセプション」とは、一般に「サーブレシーブ」といわれており、相手チームのサーブを受ける動作のことを表す。相手からの最初の攻撃であるサーブをセッターに正確に返球できれば、得意なバリエーションで攻撃ができ、得点につなげやすい。サーブには多くの球質があり、スピードや変化の違いがある。そのため、いろいろなサーブを受けて、ボールの球質やコースを予測して調整できる感覚と技術を身につけなければならない。

この項では、サーブのレシーブ以外にもフリーボールなどで用いる「アンダーハンドパス」(コントロール可能)を対象として解説する。これを達成するには、テニスのストロークのように、上肢は目標とする位置に「ヒット面の形成と移動」をすることで、それに加え下肢は「ヒット面と同じ方向への重心移動」をめざすとよい。ヒット面と重心移動が一致することで、安定した返球(運ぶこと)を実現することができる。

## 1. レセプションの目的

①サーブポイントを取られない。相手サーブをコートに落として失点したり、相手コートに直接返球したりして攻撃機会を失うことがないよう、味方プレイヤーがボールをつなぐことができるにする。
②セッターがより多くのアタッカーの力を最大限に引き出すことができるよう、ボールを適切な位置・高さに返球することである。つまり、セット・アタックを組み立てるための十分なセット位置や準備時間を確保することである。

## 2. レセプションの動作原理

### ■─ヒット面の形成と上肢の使い方

#### １─ヒット面の形成（手の組み方）

　正確にボールをヒットするために、腕でできる限り安定した平面を作る必要がある。ヒット位置は手首と肘の間（前腕）であり（写真1）、この部分が安定するように、通常は手を組む。初心者は手や手首でヒットしようとすることが多いので、注意が必要である。

　手の組み方は、手のひらを上に向けて左右の指の部分を重ねてから親指をそろえる「ハンドオーバーグリップ」、左右の指をお互いに何本か差し込んでから親指をそろえる「フィンガーインターロック」、片方の拳をもう片方の手で包み込む「フィストグリップ」などさまざまなものがある（写真2）。

　プレイヤーによって肘や指の柔軟性に違いがあるので、素早く組めて安定した面を作れる組み方を自分で選ぶ。重要なことは、ヒットの瞬間に両方の腕が左右対称となって肘が伸びていることである。

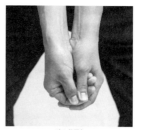
完成形

ハンドオーバーグリップ

フィストグリップ

（小指と薬指のみ）

（五指）

フィンガーインターロック

写真2　さまざまなアンダーハンドパスの手の組み方

#### ２─目標方向への上肢の使い方

　ボールの飛んでくる方向に正対したまま、左右の膝の間での重心移動を利用することがもっともシンプルなコントロールにつながる（写真3）。正対したままボールをヒットするには、高いボールや低いボールを処理するときでも、膝の間でボールをヒットすることが必要となる（写真4）。

　飛んでくるボールに勢いがある場合、腕を固定すればおもに反射でボールが目標に届くが、勢いがない場合は積極的に目標に向かって腕を動かさなければならない。

　場合によっては、肘を曲げる力でボールを飛ばさなければならないこともあるが、ヒット面を安

写真1　ヒットの位置

定させるためには肘を伸ばしておくべきなので、ボールを飛ばすために使える力は「肩関節の屈曲（腕の振り上げ）」「股関節および体幹の伸展」「重心移動」になる（写真5、6）。

相手コートから飛んでくるボールを味方にパスするとき、ほとんどの場合に方向転換をともなう。方向転換するには、膝の外でとらえた方がやりやすいという面もあるが、その場合も「ヒット面の向き」「ヒット面が動く方向」「ボールを飛ばす方向」が一致していなければならない。左右どちらかの肩を落としてヒット面を傾けることでそれらが一致し、正確にボールをコントロールすることができる（写真7）。

写真3　膝の間でのヒット

写真4　異なる高さでのボールヒット

写真5　肩関節の屈曲

写真6　股関節の伸展

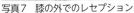
写真7　膝の外でのレセプション

5-3　レセプション

### ❷―目標方向への下肢の使い方

　ボールを正確にコントロールするためには、「ヒット面の平行移動」が重要であり、それを実現するには重心移動を有効に使わなければならない。「重心移動」は前後には可動域が小さく、左右に大きいため（写真8）、前後方向の動きでボールを飛ばそうとすると、股関節の伸展によって体幹を起こしたり腕を振り上げたりせざるを得なくなる。よって、「左右の重心移動」を使えるようになるべきである。

写真10　左右の重心移動によるコントロール

　ただし、重心移動の利用の仕方は、ボールの勢いによって分けて考える必要がある。

①ジャンピングサーブに対するレセプションのように、飛んでくるボールの勢いが非常に大きい場合には、スパイクのディグと同様にヒット面を安定させてボールを跳ね返し、重心移動はボールの勢いを殺すために用いる（写真9）。

②フローターサーブに対するレセプションのように、飛んでくるボールの勢いを利用したり、減速したりして跳ね返しつつ正確なコントロールをねらう場合には、飛んでくるボールに正対し跳ね返す力を前方への力とし、左右の重心移動による横方向（セッター側へ）の力を合成することで正確なコントロールができる（写真10）。

③さらに、アンダーハンドでセットアップする場合のように、飛んでくるボールの勢いを利用できない場合は、ボールを飛ばす方向を両足を結

写真8　重心移動（上：前後方向、下：左右方向）

写真9　ボールの勢いを吸収する重心移動

んだ線上にセットすることで、重心移動の方向とボールを飛ばす方向を一致させ、正確なコントロールができる（写真11）。

### 3 ─ ボールの落下地点への移動

写真12はサーブレシーブの全体を示している。レセプションは、サーブの打球方向へ素早く移動することが重要である。

落下地点を正確に予測するためには、打ち出されたボールのスピード、角度、ボールの回転などの情報を得て、それをもとにして判断しなければならない。写真12の①〜②の間に、これらの情報をもとに最初の落下地点の予測を行う。そのとき、素早い動き出しをしなければならないので、写真13に示すように、あまり低く構え過ぎることなく、動きやすい形で構える（写真13-1）。

写真11　左右の重心移動でボールを飛ばす

打たれたボールの左右のコースは、写真12の①のサーブヒット直後にわかるので、素早く左右への移動を開始する。③のボールがネットを越えるあたりで、ボールの落下地点の前後も予測できるので、あわせて移動を行う。落下地点が予測できてからボールヒットまでの時間は、当然前の

写真12　サーブヒットからレセプションまでのボールの軌道

写真13　サーブヒットからレセプションまでの動き

ボールは短く、後ろのボールは長いので、判断してから移動できる距離は後ろ方向の方が長いということになる。よって、後方移動からのレセプションを練習することがより効果的である。さらに、膝の外の高い位置でのレセプション（写真7）を身につけることで、守備範囲を大きく広げることができる。

現代のバレーボールでは、レセプションを2人または3人で行うことが多く、前後に関してはネット際からエンドラインまで1人でカバーすることになるため、前後の守備範囲の広さにどのように対応するかは非常に重要な課題となっている。

写真13-5に示すように、レセプションの形を作りながらボールのコースに移動し、13-6〜13-7のように、足を止めると同時にボールを引きつける体勢がとれているようにする。

上半身をサーバーに向けたまま、写真13-7〜13-10に示す右方向（セッターに近い側）への重心移動を使って、正確に方向のコントロールを行う。このときに、セッターに遠い側の足（写真の場合左足）が前に出ていると、重心移動はセッターから離れていくことになり、重心移動を使ってのコントロールができなくなる。また、上半身をセッター方向に回転させながらヒットせざるを得ない場合もあるが、ヒット面の平行移動ができないためコントロールの精度が落ちるので、できる限り重心移動を使ってのコントロールができる体勢を準備することが重要である。

写真14　視線と姿勢が安定したレセプション

13-6　　　　　13-7　　　　　13-8　　　　　13-9　　　　　13-10

　重心移動を使ってボールコントロールするためには、写真13-6〜13-7に示すような「ボールコースへの移動が終わってからボールヒットまでの引きつけ」、つまり、止まってからボールヒットまでの「間」が重要であり、この「間」がなく、ボールコースへの移動と同時にボールヒットすると「反射」や腕の操作のみでボールコントロールすることになってしまう。

### 4 ─視線と姿勢の安定

　ヒット面が安定して動くためには姿勢（体幹の角度）が安定している必要があるが、姿勢は視線の影響を強く受けるため、ヒット前後で視線を動かすことはパスの精度を損なう。ヒットの瞬間を直視することは視線を大きく動かすことになるため、ボールヒットを直視すべきではない（写真14、15）。

## 3. レセプションの動作チェックポイント

### 1 ─アンダーハンドパスのチェック

- ヒットの瞬間に腕で安定した面が作られているか？

写真15　目の高さは変わるが視線は一定

- ヒット位置は手首と肘の間で平らな面が作られている位置か？
- 「ヒット面の向き」「ヒット面が動く方向」「ボールを飛ばす方向」が一致しているか？

### 2 ─サーブが打たれるときに、リラックスした状態で構えているか

　形は大切だが、力が入り過ぎると動き出しが遅くなるので、リラックスし1歩目が素早く出るような状態を作ることが大切である。ディグとは異なり、あまり低くする必要はないので、自分の動きやすい形（写真13-1）で待つようにする。

### 3 ─サーブが打たれるときに、打たれた方向に移動しているか

　サーブが打たれてすぐに、左右方向の判断と動

き出しができているかどうか確認する。スプリットステップは、筋、腱に適切な緊張を与え、静的な安定を崩し動きやすい状態を作るので、さまざまなスポーツで用いられている。

動き出しが遅い場合は、予測ができないことも考えられるが、視力が低くボールがみえづらいことも考えられるので確認が必要である。また、前後の移動は判断できるタイミングが左右の場合よりも遅くなるが、判断できる以前に前後どちらかに動いてしまうと逆モーションになり、かえって移動が遅れることがあるので、早過ぎることがないか確認する。

### ④―サーブヒットからレセプションのボールヒットまで視線が安定しているか

視線が激しく動いてしまうと目測を誤る原因になり、ボールの落下地点の予測を間違ってしまったり、ボールコントロールするための姿勢が不安定になったりしやすい。そのため視線が不安定になっていないか、なっているとしたらその要因はなにかを観察する。

### ⑤―ボールをとらえたとき、セッター側への重心移動が使える体勢になっていたか

ボールを引きつける「間」がちゃんととれているか、ボールコースに移動すると同時にボールヒットしていたり、移動完了してから引きつけ動作を始めるなどの無駄があったりすることが多いので、とくに注意する。

## 4. レセプションの練習方法

### ①―ボール落下地点へ移動する

投げられたボールを、移動して両膝の間でキャッチする（写真16）。コーンやバケツを用いてもよい（写真17）。ボールの落下地点を正確に予測し、そこにタイミングよく移動し、準備の「間」をとる能力を身につけるのが目的である。膝の間でキャッチするためには、正確な位置の判断と腰を落とした捕球姿勢を完成しておくことが必要となる。

### ②―ヒット面を形成し、目標へ動かす

チェックポイントの①を確認、フィードバックしながら、ヒット面を目標へ動かす方向転換を身につけるために、3人で三角形を作り、順番にボールを回す。ラグビーのパスのように投げると、「重心移動でボールを送る感覚」がつかみやすい。ボールを送る感覚をつかんでからパスに挑戦してみる（写真18）。

捕りやすいボールでないと練習にならないので、初心者同士で練習する場合は、ボールを出す役、

写真16　ボールを両膝の間でキャッチする

写真17　ボールをコーンでキャッチする

パスをする役、パスされたボールを捕る役を交替しながら行う。

### 3──腕のヒット面を安定させ、ボールの勢いを利用する

サーブは10m以上の距離を飛んでくるので、マンツーマンのパスに比べボールがかなりの勢いをもっている。そのため、あまり腕を動かさなくても、ボールの勢いを利用してセッターに返球することができ、サーブのスピードが上がるとむしろ勢いを殺す必要が出てくるが、初心者は「ボールの勢いに負けないように」と、より速く腕を動かそうとして、かえって腕を振ってしまうことが多い。

「腕を振らなくてもボールが飛ぶ」という感覚は、球出しをした相手にパスを返す環境からは生まれないので、「ボールの飛んできた距離の1/2以下の距離にパスを返す」練習を行う。最初は6m程度の距離から緩いボールを投げ、レシーバーから3m程度の位置に立ったセッターに返すようにし、「腕を振らなくてもボールが飛ぶ」という感覚をつかんできたらネット越しに徐々に距離を伸ばしていくとよい（図1）。

（勝本　真）

[引用・参考資料]
(1)日本バレーボール学会編『バレーペディア　2012年改訂版』日本文化出版、2012
(2)吉田敏明、勝本真、中西康已『バレーボールの技術と指導』不昧堂出版、1996

写真18　三角パス

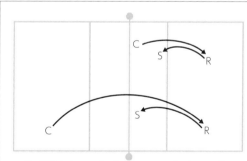

C：球出しのコーチ　S：セッター　R：レシーバー

図1　ボールの勢いを殺す練習

# 5-4 セット

英語の"Set"には、「すぐに使用できるように整える」という意味がある。バレーボールではレシーバーからのパスをアタッカーが攻撃しやすいようにボールを供給するパス技術をセットという。一般的には、セットする瞬間の動作をさす言葉であるが、ボールの真下まで走り込む準備局面からセット完了までの一連の動作をさす。

セットではアンダーハンドパスを用いることもあるが、ほとんどの場面でオーバーハンドパスを用い、パスボールの方向転換をともなう。この項では、オーバーハンドパスによるセットについて解説する。

## 1. セットの目的

セットの目的は、アタッカーの能力を最大限に引き出すことができる打ちやすいボールを供給することである。アタッカーの能力を最大限に引き出すには、時間幅（打つタイミング）、空間幅（ミートポイント、打球のコース）、強度幅（打球の緩急）を自由に選択できるようなボールを供給する必要がある。セットは与えられた状況（パスの返球位置、図1）にかかわらず、その目的を遂行できるようになることが重要である。

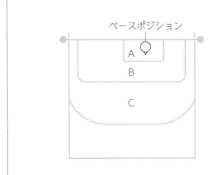

図1　パスの返球位置

## 2. セットの動作原理

オーバーハンドパスのセットでは、次の3点が重要である。

### 1 — 手をバネにする

ボールコンタクトの直前に腕をボールに向かって動かして迎えることによって、指および手首が受動的に背屈され、筋腱が伸ばされてバネのような反動を用いてボールを飛ばす。筋腱が伸ばされてバネのように働くためには、事前に筋肉が収縮する必要がある。つまり、ある程度指や手首を固めるように力を入れる必要があるということである（図2）。

一方、飛んできた「ボールをもつ」場合は、ボールの勢いを吸収するために、手を自分の方に向かって積極的に動かしてボールコンタクトするので、正しいパスとは動く方向・力の入れ方が逆であり、ボールキャッチの反則となる。「柔らかいハンドリング」が理想だからといって、ボールを「もつ」ことから教え、「もつ→投げる」を早くしていけば正しいパスになるというのは間違いである。

### 2 — 床反力を利用してボールを飛ばす

① ボールをとらえる位置：両手の親指と人差し指の間からボールがみえる位置。
② 床と手の間で姿勢が安定し、力が逃げない：体幹の角度が動かないように下肢を使う。膝や股関節の曲げ伸ばしは体幹の角度を変えやすいので、体幹を安定させて床反力を利用できる範囲にとどめる（図3）。

### 3 — パスの方向転換をする

セットは、ほとんどの場合方向転換をともなう。なぜなら、レシーブヒットの位置とスパイクヒットの位置が違うからである。オーバーハンドパス

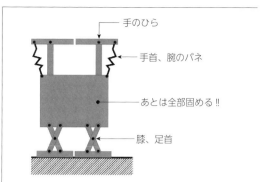

図2　直上突きパスの力学モデル

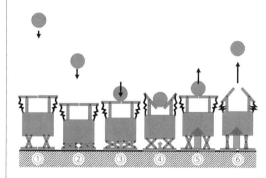

図3　直上突きパスの動作の流れ

でボールを迎えると同時に身体を回転させ、重心の鉛直線上とセット目標を結んだ位置でボールをとらえ、目標に向かって両手を動かすと正確にコントロールできる。

図4のようにセッターの頭頂からみてセット方向を「フロントゾーン」「サイドゾーン」「バックゾーン」に分類すると、頭頂のまわりにある「ポジション」が、ボールをとらえる位置となる。それぞれの位置から放たれたボールが、「フロントセット」「サイドセット」「バックセット」となるが、「重心の鉛直線上とセット目標を結んだ位置でボールをとらえ、目標に向かって両手を動かすと正確にコントロールできる」という原理はどのセットでも共通である。目標に正対する、または、目標に背中を正対させることでコントロールする

写真1 重心の鉛直線とセット目標を結んだ位置でボールをとらえる

図4 セットの方向

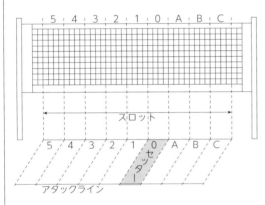

図5 セッターの立ち位置①

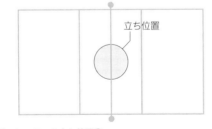

図6 セッターの立ち位置②

のがわかりやすいが、とくにセッターは360度あらゆる方向にボールをコントロールできなければならないため、「正対する」以外のボールコントロールの原理を身につける必要がある。

## 3. セットの基本技術

### 1─構え

#### 1─立ち位置

　セッターの立ち位置がずれると、アタッカーの攻撃位置に迷いが生じてしまうため、立ち位置を明確に確定することが大切である。ネットに水平な座標軸を設定して1m刻みで9分割した場合、レフト側から6〜7m、ライト側から3〜4mのスロットに立つ（図5）。コートにバスケットボールのセンターサークルがあれば、右端から1歩中に入ったあたりである（図6）。

#### 2─構えの姿勢

　注意点としてはネットに対して背中を向けて立たないことが挙げられる。なぜならば相手コートから目を離しており、サーブボールの出所がみえなくなるからである。「ボールと相手から目を離さな

写真2　構えの姿勢

い」ことがボールゲームでは鉄則である。構えとしては相手チームの1/3、自チームの2/3がみえるような姿勢が望ましい（写真2）。

### 3──両腕の構え

腕を構える位置は、肘をほぼ直角に曲げ、両手を上腹部の前におくことをイメージする。セッティングはボールの落下地点に素早く入ることが大切である。そのためにはまず、すぐに「走れる姿勢」がとれるように腕の位置に気をつける（写真3）。

写真3　両腕の構え

### 4──スタートの構え

足幅は肩幅よりやや広めにとる。身長の高低に関係なく、正面からみた姿勢が「二等辺三角形」になるイメージでスタンスをとる（写真4）。低く構え過ぎて「正三角形」を作ると動き出しが遅くなる（写真5）。

### 5──移動

常にベストポジションでセットできればよいが、レシーブが乱れてセッターが移動してセットしなければならない場面が実際には多い。ネットから離れた位置にレシーブボールが返ってきたときに対応できるように、ボールの軌道を判断すると同時に素早く移動する（写真6）。

## ❷──セット姿勢

※ 1〜3 の動作はほぼ同時に行われる。

### 1──両腕を上げる

レシーブボールが飛来してきたら、構えの姿勢から両腕を素早く、そして必ず同時に挙上して、ボールを受ける形で準備する。セッターが上げた手の位置は、クイックの助走に入る際の目標物となるので、セットする直前に挙上するよりも、早めに手を上げて準備する（写真7）。

写真8のように右手を先に上げてボールを呼び込んだりすると、構えの姿勢が崩れ、イレギュラーなレシーブボールに対応できなくなる。両腕を上げる際の目安として、腕の伸縮時に両腕が両肩より下に下がらないように注意する。

写真4　適切なスタンス　　写真5　低過ぎる構え

写真6　ボールの軌道を判断し素早く移動する

写真7　レシーブボールがきたら両腕を素早く同時に挙上する

写真8

写真11　Face to 4

### ②—手の形

　ボールを受ける両手は「受け皿」である。両手の間は「台形」の形をつくれるように開ける（写真9）。

　指は10本すべてがボールに触るようにする。ボールをおもに支えるのは、親指、人差し指、中指の3本だが、セッティングの際にボールが手からこぼれないようにするために、薬指と小指も必ずボールに「添える」。それぞれの指の腹（第二関節まで）がボールに触れるようにすると、手のひらとボールの間には隙間（くぼみ）ができる。ボールに触れる際には、その隙間が（くぼみ）がなくならない程度に、柔らかいボールタッチをイメージする。

　両親指を両眉の上にかかるくらいに上げ、台形の窓から上目づかいにボールをみる（写真10）。

### ③—身体の向き

　身体の向きは、ボールに触れる直前にはセット方向を向いておくようにして、ボールをとらえる。このとき、足先をセット方向に向けてボールの落下点に入ると、身体の向きが定まる。セットの際にはネットに対して身体が直角になるように向きを変える。アメリカなどでは「Face to 4」（ゾーン4の方向に正対する）といわれ、最大得点源となるレフトアタッカーに対して正対することが基本である（写真11）。

### ④—足の位置と使い方

　レシーブボールが速く短く返った緊急時以外は、右足に軸をおいて必ず左足を添えるようにする。左足を大きく床から離すなど足元のバランスが悪い場合は、セットボールが失速したり、正確なコントロールが難しくなる。

　足元のバランスが悪いと「手先」でのボールコントロールになるため、難しい返球になればなるほど「重心の鉛直線上とセット目標を結

写真9　両手の間は台形になるように開ける

写真10　台形の窓から上目づかいにボールをみる

写真12　左足を添える

写真13　高い位置でボールをとらえるには、肘の小さな可動域を鋭く使って瞬時に伸ばす

んだ位置でボールをとらえる」というボールコントロールの原理を正確に実現し、床反力を正確にボールに伝える、つまり「足で上げる」ことが重要になる（写真12）。

### 5 ─ セットアップ

　高い位置でボールをとらえるには、肘を伸ばす必要があるが、完全に伸ばしておくわけではなく、とらえる前には肘を少し弛め、肘の小さな可動域を鋭く使って瞬時に伸ばしきることでボールに力を伝える。セッターの手からボールが離れてもアタッカーのところに届くまで目にみえない1本の線でつながっているような状況をイメージするとよい（写真13）。

　ボールを受けて向きを変えるには、重心の真上と目標を結んだ線上でボールをとらえる。とらえる位置が適切でないと、床反力を十分利用することができず、腕の力に頼ったプレイになるが、もっとも多いケースは重心の真上と目標を結んだ線よりも左側でボールをとらえてレフト方向（ゾーン4）に上げようとする場合（写真14）で、そのままボールを押せば目標よりも左に飛んでしまうため、右に軌道をずらすために右手よりも左手でより強くボールを押そうとして、左肩を下げて構え、身体を右に回転させながらセットすることである。

　身体を右に回転させながらセットすると、結果

写真14　身体を右に回転させてしまう

的にボールがネットに近くなってしまうことが多く、正確にボールコントロールするためには、ボールコンタクトの前には身体の回転を止め、もっとも適切な位置でボールをとらえられるようにすべきであり、そのためのボールコンタクト直前の「間」が重要である。

## 4. セッターに必要なメンタリティー

　セッターはチームの「頭脳」と「ハート」である。ファーストコンタクトにおけるドリブルやホールディングのルールが大幅に緩和されてからというもの、日本におけるオーバーハンドパスの技術力は全般的に大きく低下したといっても過言ではない。かつて男女ともに世界の頂点をきわめ

た日本は、根本に「基本の技術を大切にする」バレーボールスタイルがあり、それらを守ってきたからこそ、体格的に勝る外国勢と互角以上の戦いが可能とされてきた。その技術力の高さがもっとも顕著であったのがオーバーハンドパスであった。

現代の6人制バレーボールにおいてはワンラリー中にセッターがボールを触らないことはまずないといってよいだろう。したがってセッターの出来、不出来がゲームを大きく左右することになる。また、年代問わず、トップレベルになればなるほど技術力の高さだけでなく、ゲームを組み立てる応用力や、スパイカーの能力を引き出す自己犠牲の人間力、乱れたレシーブボールに対して安易にアンダーパスでボールを扱わないも勤勉さも問われてくるようになる。セッターは、まさにチームの「頭脳」といえるポジションであることを自覚しなければならない。

## 5. セッター育成の考え方

セッターはバレーボール競技の中において専門性が非常に高いポジションといえる。

競技レベルが上がれば上がるほど、技術指導だけでなく、オフェンスの組み立て方やゲームの展開の仕方など専門的かつ、マンツーマンの指導が必要である。

バレーボールの競技特性をみたときに、すべての技術をまんべんなく習得していることが望ましい。このことに加えて可能な限り、チームの要となるセッターの育成には時間と忍耐をかけて専門性を考慮した指導を取り入れていかざるを得ない。日本の育成世代の現場では至難の業かもしれないが、理想としてめざしていくべきである。

## 6. セッティングの練習方法

### 1 ステーショナリー練習

セッターを定位置に固定し、いわゆる「ステーショナリー」で行うトス練習である。まずは数多

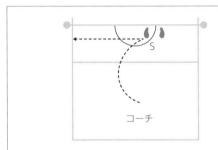

図7 ゾーン4へのステーショナリー練習

写真15 台を使ったステーショナリー練習

くボールに触ることが大切であるため、テーマを絞り込む必要がある。エースポジションに確実に上げられるように、スタートはゾーン4に向けて重点的に練習をするとよい（図7）。

実際のアタッカーの打点をイメージさせるために、台をおいた上に人を立たせてボールをキャッチしてもらうようにする。台をおく位置はアタッカーの腕の振り幅分だけネットから離すように気をつける（写真15）。

練習の際に選手は立ち位置がずれないよう、1回のセッティングごとに基本の立ち位置を確認する。このことを習慣づけることにより、強く意識せずとも自然と立ち位置の感覚が身につく。

## 2 ― セッターを動かす練習

ステーショナリー練習を一定数行った後は、セッターを動かしてのセット練習を行う。ボールの落下点まで移動させて、各ゾーンへセットを上げる（写真16）。

レシーバーからの返球については、セッターが待ち構えているところに必ずしもボールが返ってくるわけではない。そのような状況、つまりBパス以下の返球時でもセッターは自陣の攻撃者の負担を軽減し、決定率を上げられるトスを供給することが任務であり、技術力が問われる場面である。セッターは「どこからでも、どんな方向へも」セットできなければならない。

写真16　セッターを動かす練習

## 3―Go Against the Flow

「Go Against the Flow」とは、レシーバーからのボールの流れとは逆の方向へセットすることで、リスクもあるが、Bパス以下の返球であってもブロッカーを1枚にできる可能性がある方法である。

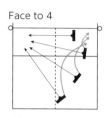

・遠いサイドに正確にセットするための基本
・ネット際や右コートからのセットはゾーン4に正対

・左コートからのセットはゾーン2に背中を向ける
・近いサイドは右肩越しのセットで対応する

図8　Face to 4とBack on 2

写真17　Face to 4

写真18　Back on 2

ゾーン4寄りにセッターが走った場合、相手ブロッカーの心理としてセッターは距離が近く、比較的無難にゾーン4にセットすると考える。とくにミドル・ブロッカーは早めに相手ゾーン4側にリリースする傾向にあるため、反対方向へ長い距離のセットした場合にはブロッカーの移動が難しくなる。

ゾーン4へ流れた場合にはゾーン2へ、ゾーン2方向へ流れたらゾーン4へ、と一見してシンプルな方法であるが、かなりの脚力を要する技術である。いずれの方向にセットするにしてもボールの下に入り込む動作が遅れればドリブルなどの反則をとられかねないため、十分なセット位置までの移動が鍵を握る。

遠い距離にセットする場合コントロールが難しくなるため、できる限り胸または背中を正対させて上げることが望ましい。つまり、コート右半分からはゾーン4に正対し（Face to 4）、コート左半分からはゾーン2に背中を正対させる（Back on 2）ことになり、ネットから離れるにしたがって、近い位置（近接スロット）には「サイドセット」を使うことになる（図8、写真17・18）。

## 4―組み合わせ例（図9）

以下に示すのは、シンプルな練習方法であるが、カテゴリー別に分けると変化に富んだ内容になり、選手も得意なトス、苦手なトスをみつけることができる。

①定位置でFace to 4のオープンセット：セッター定位置からゾーン4、ゾーン3、ゾーン2、ゾーン8へセットする。
②上記①のクイックセット：セッター定位置からゾーン4、ゾーン3、ゾーン2へセットする。
③ゾーン4でFace to 4のオープンセット：セッター定位置からゾーン4へ移動してゾーン4、

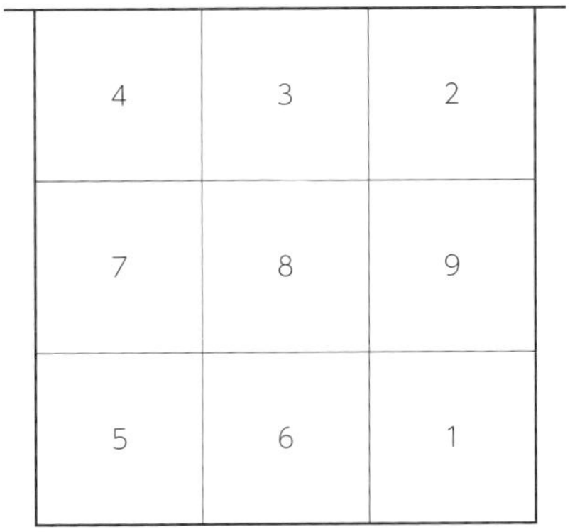

| 4 | 3 | 2 |
|---|---|---|
| 7 | 8 | 9 |
| 5 | 6 | 1 |

図9　ゾーン番号

ゾーン3、ゾーン2、ゾーン8へセットする。
④上記③のクイックセット。
⑤ゾーン2でFace to 4のオープンセット：セッター定位置からゾーン2へ移動してゾーン4、ゾーン3、ゾーン2、ゾーン8へセットする。
⑥上記⑤のクイックセット。
⑦ゾーン8でFace to 4のオープンセット：セッター定位置からゾーン8へ移動してゾーン4、ゾーン3、ゾーン2、ゾーン8へセットする。
⑧上記⑦のクイックセット。
⑨ゾーン9でFace to 4のオープンセット：セッター定位置からゾーン9へ移動してゾーン4、ゾーン3、ゾーン2、ゾーン8へセットする。
⑩上記⑨のクイックセット。
⑪ゾーン7でBack on 2のオープンセット：セッター定位置からゾーン7へ移動してBack on 2からゾーン4、ゾーン3、ゾーン2、ゾーン8へセットする。
⑫上記⑪のクイックセット。

## 5―ロングパス練習

　地味な基礎練習を反復して行うことは、時間を費やせなかったり敬遠されたりしがちであるが、セッティングに必要な筋力は、ウエイトトレーニングによらずとも「技術練習」の中で鍛えることもできる。その代表的な練習が「ロングパス」である。全身、とくに足を重点的に使ってトスを上げられるようにするためには是非、取り入れたい

写真19　ロングパス練習

練習である（写真19）。

### 6 ─ ジャンプセットを取り入れる

バレーボールは3回で必ず返球しなければならないルールではなく、2回目のタッチで攻撃してもよい。つまり、セッターも「攻撃者」であることを忘れないことが大切である。

身長の高い、低いにかかわらず、セッター自身も攻撃を仕掛けるメンタリティーをもって、常にツーアタックができるジャンプトスを心がけることがコンビネーションのリズムを生み出すことにつながっていく。

## 7. オーバーハンドパスはバレーボールの生命線

「オーバーハンドパスが完璧にできるようになったら、バレーボール技術全般の『半分』は完成したと思っていい」。これは筆者が「オリンピックに出場して金メダルを獲りたい」と強く願い、バレーボール選手になる決意をコーチに伝えたときにいわれた言葉である。全日本のセッターとしてプレイをしていたコーチはオーバーハンドパスの重要性を熟知しており、「オーバーハンドパスができずして選手にあらず」というほどの徹底ぶりであった。セッター以外のポジションの選手に対しても厳しく、技術面においてはセッターと同じくらいのレベルの完成度を求めた。

ゲームではつなぎの場面においてセッター以外の選手がセットする場面も少なくない。チーム全員が高いセット技術をもっていれば少々の守備の乱れがあってもさほど問題にはならない。そのような基本的な考えをもつコーチのもとで、オーバーハンドパスの練習に打ち込んだ。

基本技術の反復練習が好きな選手はまずいない。単調なうえに上達した実感を得にくいものだ。たとえ必要不可欠だと感じていても、選手が単純に「楽しい！」と思えない技術練習をさせるのは指導者にとっては一苦労である。技術の完成をみるまでは選手、指導者ともにたいへん根気のいる作業といえるだろう。

（ヨーコ・ゼッターランド）

[引用・参考文献]
(1) ヨーコ・ゼッターランド「セットの基礎テクニックと実践理論」、『Coaching & Playing Volleyball』87号、pp. 4-11、バレーボール・アンリミテッド、2013

# 5-5 スパイク

　バレーボールにおけるサーブ以外のすべての攻撃（返球）の総称をアタックという。アタックはレセプションアタック（レセプションからの最初の攻撃）と、トランジションアタック（レセプションアタック以外の攻撃）の2種類に区分できるが、どちらの場合も大半を占めるのがスパイクである。スパイクは、アタックの中でも、プレイヤーがジャンプしてより高い位置からボールを打ち込む技術のことであり、代表的なスコアリングスキルである。

## 1. スパイクの目的

### 1― 得点する

　得点するためには、アタッカーは相手の状況（ブロック、ディグ）に応じて「時間幅」（打つタイミング）、「空間幅」（ミートポイント、打球のコース）、「強度幅」（打球の緩急）を最大限に活用しながら、その状況に合った最適なプレイをする必要がある。

### 2― 相手チームの「攻撃」の体勢を崩す

　得点できなくても、最大3回のプレイで、相手チームのディフェンスを崩し、有効な攻撃を未然に防ごうとすることである。

## 2. スパイクの動作原理

### ■― 「跳ぶ」動作原理（助走つきジャンプ）

### 1― 高く跳ぶために、助走を利用する
（動作原理：起こし回転）

　助走を用いたジャンプでは、重心の鉛直速度を生み出す要因が大きく2つある。①身体の屈伸に

表1　離地時身体重心速度（フロントスパイク）

|  | 全日本選手 | 世界選手 |
| --- | --- | --- |
| 水平速度(m/s) | 1.56 ± 0.30 | 1.26 ± 0.42 |
| 鉛直速度(m/s) | 4.00 ± 0.27 | 3.84 ± 0.18 |

よるもの（垂直跳びなどのように上方向のみの力発揮）、②身体の起こし回転によるもの（前方向への力を上方向に転換する）に分けられ、スパイクジャンプは①と②の組み合わせによるところが大きい。とくに、②起こし回転を利用するには、できる限り速度を落とすことなく、離地直前の2歩で踏み切る必要がある。

このとき、助走距離が短いときには曲げ伸ばしを多く使い、助走距離が十分に長く、助走スピードが大きいときには、起こし回転を多く使ったジャンプをすることが効率的である。一流選手は、離地時に水平速度で1.2～1.5m/s、鉛直速度で3.8～4.0m/sの速度で重心を移動させており、やや前方に跳んでいることがわかる（表1）。

また、上肢の貢献として、腕の振り込みを利用して股関節のパワーを引き出して跳ぶことが重要である。そのためは、助走をしながら、上肢でバックスイング（腕は伸びても、曲げてもどちらも可）をとり、腕のダウンスイングをしっかりとることが重要である（写真1-1～1-3）。

### ②—セットされたボールに合わせて跳ぶ
**（動作原理：幅跳びの量と、筋出力の調節）**

セットされたボールに合わせて跳ぶ場合、ボールと身体が適切な距離で打てるように調節をする必要がある。ボールヒット位置を最適にするには、幅跳びの量が必要である。幅跳びの量は、身体の飛び出し方向によって決まる。つまり、どれだけ前方向に高く跳ぶのか方向を試行錯誤しながら筋出力を調節する力を身につけていく必要がある。

一般的には、その場での垂直跳びよりも、助走を用いた方がより高く跳べる。しかし、バレーボールでは、水平速度が大き過ぎると、空中で体が流れ、インパクト動作が難しくなるだけでなく、ネットに接触したり、着地に失敗したり、他の選手に接触して傷害をこうむる可能性も大きくなる。

空間で位置とタイミングをとらえ、ボールの軌道と自分の動きを合わせることは、空間認識、ボール軌道の予測、自分自身の動作の認識、タイミングなどの複雑な要素によって成り立っており、初心者にとってもっとも難しいことであるので、他の課題と同時に取り組ませることは避けて、最初のうちはフォームにこだわらない方がよい。

写真1　スパイクの連続写真（石川祐希選手）

## 2 ―「打つ」動作原理

### 1 ―強く打つためには、身体の回転を利用する（動作原理：運動連鎖）

強く打つためには、ボールの初速度を高める必要がある。それを実現するには、おもに体幹のひねりによって肩が加速され、それによって腕が振られる動作が必要になる（運動連鎖）。

スパイク動作に関する研究から、スパイクにおいてボール速度を大きくするには、インパクト直前における腕のスイング速度を大きくすること、さらにそのためには、フォワードスイングにおいて重心の水平速度を含めた肩の動く速度を大きくすることが重要と考えられている。具体的には「後屈・前屈」「回旋」「側屈」の動作に着目することが重要である（図1）。

### (1) 後屈・前屈動作（大きくなり過ぎはよくない動作）

右（利き手）肩を加速するために、体幹の反り（後屈）と反り戻し（前屈）を強調する方法（図1、後屈・前屈）は、肩の移動距離が小さくなる、体幹が不安定になりボールを目でとらえるための視界が大きく変化する、慣性モーメント（動かしにくさの指標）が大きくなり大きなエネルギーが必要になる等、問題が多い。

図1　後屈・前屈、回旋、側屈

### (2) 回旋動作（テイクバックで活用したい動作）

一方、体幹の縦軸まわりのひねりを利用する方法（図1、回旋）は、体幹を安定させやすく、視界の変化も小さくなり、慣性モーメントも小さく短時間で素早く動かすことができ、肩の移動距離も大きくすることができるため、体幹の後屈・前屈を利用する方法よりも有効である。

また、肩甲骨を前後に動かす動作も「ひねり」の要素となるため、肩甲骨まわりの柔軟性は、筋力とともにどの世代においても重要である。

### (3) 側屈（高い打点で打つために必要な動作）

スパイクはネットやブロックと対峙するためより高い打点が求められ、それを生み出すために必要な動作として体幹の横曲げ（側屈、図1）がある。

テイクバックで左手(非利き腕)を高く上げ右

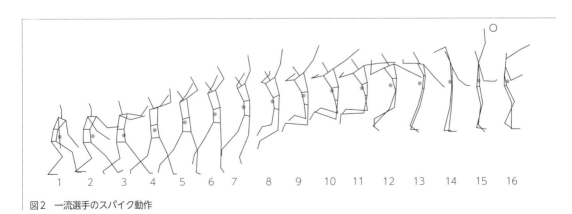

図2　一流選手のスパイク動作

（利き腕）肩を下げる（右肘は両肩の延長線上にあるのでさらに低くなる。写真1-5、図2-10）ことで、ヒットの瞬間に右肩が高く上がり（その分左肩は下がる）右腕が垂直に伸びて、最高の打点が得られる（写真1-7、図2-15）。この動きが「体幹の側屈の入れ替え」であり、左手（非利き腕）を上手く使うことで誘導できる。体幹の動きで腕が振られることにより、肘が上がっていき、垂直位の約30度前方で肘が伸びきりインパクトを迎える。

図2で具体的に説明すると、体幹のひねりで腕が振られるためには、テイクバックで左手（非利き手）を前に伸ばし、右（利き手）肩を後ろに引き、右（利き手）肘を両肩の延長線上（の少し前）に置き肘を曲げておくことが重要である（写真1-5、図2-1）。ボールを打つための準備（テイクバック）は「体幹が腕を振る準備をすること」であり、決して「肘を上げること」ではない。また、テイクバックを肩関節の動きで行うと、肘が両肩の延長線上を大きく外れることになり、効率よくスイングできないだけでなく、肩障害の原因になる可能性がある。「腕を振るための体幹の準備」はジャンプの踏み切り前に無意識に始まっているものであり、ジャンプしてから行うものではない。

フォワードスイングでは左（非利き手）肘を体側に引くことで右（利き手）肩が前方に加速され、腕が振られる。より強いボールを打つ（打球速度を上げる）には、肩をより大きく加速する、そのために肩の移動距離を大きくすることが基本となる。体幹の回転で腕が振られるイメージをもち、打撃腕は肩甲骨を含めた肩の動きによって振られるようにする。

肩が前方へ加速されることによって、上腕が前方に振り出され、肘が前方に動くと前腕が後方に回転し、肘が前を向くことになる（写真1-6、図2-14）。この動きは「肩関節の外旋」を意味するが、この動きを意図的に行ったり、最初から肘を前に向けてテイクバックを行ったりすると、「肘が先に出てしまっている」ことになり、腕を十分加速できず、肘下がりにもつながる。肩関節の外旋から内旋と肘の伸展が続いて起きるが、これら一連の動きが体幹による肩の加速によって連鎖して起きることが重要であり、それが「体幹によって腕が振られる感覚」をつかむということである。

まとめると、スパイク・スイングは、テイクバック完了で両肩関節結線上に上腕を保った状態から、打撃肩を前方へ勢いよく動かすことによって肩関節を大きく外転・外旋させ、腕が振られることでボールインパクトを迎える。体幹の動きによって受動的に、肘が上がっていき、肘が前を向いて、伸びるということであり、自ら肘を上げて前に向けようとしないことが重要である。

### ❷─セットされたボールに合わせて打つ
**（調整原理：テイクバックの完了、ヒット位置の変化）**

セットに合わせて打つという、空間でボールヒットの位置とタイミングをとらえるためには、テイクバックの完成を早く行えることが望ましい。そうすることで、一定ではないセットの軌道や早さに、タイミングを合わせることが可能になる。スパイクのスイングの分類にはストレートアーム、ボウアンドアロー、サーキュラーなどと呼ばれる種類があるが、ボウアンドアロー（写真2）は肘を前方に高く上げてから後ろに引いていくというテイクバックの経路をとり、サーキュラー（写真3）は直接最短経路を通ってテイクバック完成にいたるため、サーキュラーの方が早くテイクバックを完成できる（b）。ボウアンドアローはテイクバック完成に時間がかかるため、テイクバックの体幹の動きが小さくなり、結果としてフォワードスイングの肩の移動距離（a）が小さくなり、十分な加速ができにくくなる。ボウアンドアロー

を進める立場には「高く跳ぶためには両腕を前方に高く振り上げるべきである」という考え方があるが、ジャンプのために有効な腕の振り上げは胸の高さあたりまでであり、高く振り上げる意味はない。

　もう一つのスイングフォームであるストレートアーム（写真4）は①の(1)で述べた「右（利き手）肩を加速するために、体幹の反り（後屈）と反り戻し（前屈）を強調する方法」であり、腰と肩関節を無理に使うことになるため、パフォーマンス上の問題のみならず、障害を起こす可能性が高いという問題もある。

　また、ヒット位置を左右にずらすことでブロックをかわしてコースを変えることができるため、コース打ちには「ヒット位置と打球コースの関係」（写真5、図3）をつかむことが基本である。肩や肘をひねってコースを変えることもできるが、関節周囲への負担が大きくなるため、まず、体幹の動きで腕が振り切られる方向にボールが飛ぶようにするべきである。

③──フォロースルー

　ボールを打ち、ボールに勢いを与えた後の腕には、まだ大きな勢いが残っている。フォロースルー局面において、打撃腕に肩関節で急激にブレーキをかけると、肩を痛めることになる。ボールをヒットした後、肩で腕を追いかけるようにしながら、「同じ方向に腕を振り抜く」と徐々に腕の勢いを弱め、スムーズな減速が可能となる（写真6）。

写真2　ボウアンドアローアームスイング

写真3　サーキュラーアームスイング

写真4　ストレートアームスイング

（写真2〜4はともに『バレーペディア』より）

写真5　レフトからのコース打ち（上段：インナー、下段：ストレート）

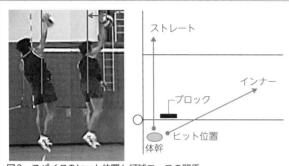
図3 スパイクのヒット位置と打球コースの関係

写真6 肩の軌跡と指先の軌跡

## 3. スパイクの練習方法

スパイクは、セットされたボールの軌道と自分の動き（アプローチ・フォーム）を合わせながら、さらに空中でボールの位置とタイミングを調整してヒットするという複雑なことを行っている。これは、いうまでもなく初心者にとってはもっとも難しいことである。

したがって、さまざまな要素を同時に取り組ませることは避け、とくに最初のうちはフォームにこだわらず、ジャンプして空中でボールをヒットする感覚だけを身につけるようにするとよい。また、アタッカーがセットされたボールに合わせるのではなく、セットするボールをアタッカーに合わせてもらうとよい。つまり、「アタッカー」がボールのことを考えずに「助走」と「踏み切り」と「ヒット」を試行錯誤できるような状況をつくることが大切である。そのようなコンセプトのもと、代表的な練習方法を示したうえで、部分的な要素に着目した練習を紹介する。

### 1 ─ 代表的な練習方法──ネットから「離れた位置」における「手投げ」のセットをスパイク

セッター役がアタックライン付近に立ち、手投げによる直上セットを行う。まず、アタッカーは十分に助走できる距離（初心者でも4〜5m程度）を確保する。次に、アタッカーが先に助走（踏み切りではなく、それまでのアプローチ）を始め、アタッカーのアプローチに合わせて、おおよその高さ（アタッカーの最高到達点くらい）でボールをセットしてあげる。そうすることで、アタッカーは「助走」や「踏み切り」のタイミングの調節をせずに、空中でのヒットに専念できるようにする。

### 2 ─ 各要素の練習方法

(1) 助走からヘディングとティップ（片手のフェイント）（写真7）

空間で位置とタイミングをとらえ、ボールの軌道と自分の動きを合わせるための練習である。

①直上セットのボールの落下地点でヘディングをする。

②さまざまな方向からボールをセッティングしてもらい、ヘディングする。

③直上セットのボールへスパイクジャンプしてボールをティップする。

④さまざまな方向からボールをスパイクジャンプしてボールをティップする。

(2) 助走の勢いを利用して高くジャンプする練習（写真8）

助走からジャンプ体勢に移行するときに体幹を前方へ傾けるが、両肩の力をある程度抜くことで

写真7 ヘディングとティップ　　　写真8 ジャンプ

両腕は相対的に後方へ移動しやすくなり、ジャンプのためのバックスイングが可能となる。以下の練習では、力を入れる・抜くタイミングや前後の動作との関係をうまく作ることが重要である。

①股関節伸展：スクワット姿勢から両足で前方向へジャンプする。なるべく膝関節を使わず、両腕のバックスイングと股関節伸展を利用する。

②足関節伸展：低い台上から両足で降り、素早く切り返す動作を行い、反動動作を身につける。

③膝関節出力調整：サードテンポやファーストテンポなどさまざまなセッティングに対して、ヘディングできるタイミングでジャンプを行い、助走速度や動作時間、膝関節の使い方を調整する。

(3) 体幹の捻りで肩を加速して腕を振る（写真9）

①タオルスイング：打撃手でタオルを握り、タオルの先を結ぶなどして重さを調節し、タオルが頭上で立つようにスイングする。

②タオルスイング時に、肘が先行し過ぎていないかチェックする。肘が先行し過ぎるとタオルが立たず、前方向に伸びてしまう。

③タオルスイングにおいて、テイクバック時に胸が十分に横を向いているかどうかチェックす

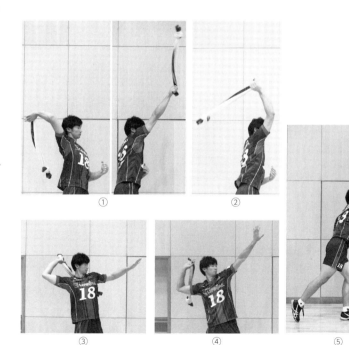

写真9 タオルスイング

る。

④タオルスイングにおいて、テイクバック時に非打撃肩を前、打撃腕肩を後ろにした状態で、両肩を結んだ先に折りたたまれた肘があるかチェックしてからスイングする。

⑤ボールを投げる：腕はテイクバック時に右（利き手）肘を両肩結線上に構え、前方への体重移動と両肩の前後の入れ替えによって投動作を行う。両肩の前後の入れ替えを直接意識することは腕の動きを硬くするので、「目標に対して横向きに立ち、投げ終わったときに右（利き手側）の足が前に出て、逆の横向きになっているように」意識するのがよい。

(4) 体幹の側屈（横曲げ）の入れ替えで高い打点を得る（写真10）

①肘丸体操：肘を曲げ、人差し指の指先を前胸部中央からずれないように固定し、両肩結線上に肘があるように肘を上げて、肘で円を描くように動かす。左右対称に前回し後ろ回しを行い、次に両肘が対角線上にあるようにして、背泳ぎ、クロールのように腕を回す。両肩の前後・上下の入れ替えができるようになる。

②スパイクにはMotion-dependent forceの方向が重要であり、インパクトするためには、打撃腕肩を上・前方向へ、対角肩は下方向へ移動し、打撃肘が適切にボールの方向へ向かっている必要がある。この方向が適切かどうかチェックし、両肩の入れ替えを意識しながら、ボールをヒットする。

③地上にてボールを直上にセットし、スイングを行う。そのとき、テイクバックから前方へ体重移動しているか、肩の入れ替えはできているか、打撃肘の方向はボールの方へ適切に向いているか、肘が先行し過ぎて両肩結線が崩れていないかなどをチェックする。

④慣れてきたらボールを飛ばす距離を長くしてみる。体重移動方向と肘の方向とボールの飛ぶ方向が一致しているかチェックする。距離を長くしても狙いがずれないようスイングする。

(5) 着地とフォロースルー（図4）

①ジャンプ同様、股関節や足関節を十分使い着地できているかチェックする。

②柔らかいマットなどで着地練習を行う。

③内側（ターン方向）にスイングしたときは体の

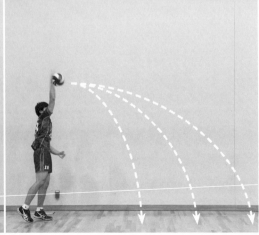

写真10　体幹の側屈

外へ、外側（クロス方向）にスイングしたときは体の前から内へ、打撃腕を逃がし減速させる動作を練習する。肩でひねらず、振り切った腕が行きたい方向へと向かうようにすることが重要である。

④打撃腕のブレーキを肩関節だけで行わないよう、フォロースルーで肘を曲げ、肩が肘を追いかけるようにして、全身でブレーキ動作ができるようにする。

（増村雅尚）

図4　着地とフォロースルー

[引用・参考文献]

(1)阿江通良ほか「高さをねらいとする跳のバイオメカニクス的特性―垂直跳、バレーボールのスパイクジャンプおよび走高跳の踏切の比較―」、『身体運動の科学Ⅴ』pp. 182-188、杏林書院、1983

(2)橋原孝博ほか「バレーボールのオープンスパイクジャンプに関するバイオメカニクス的研究―助走速度の変化が踏切に及ぼす影響―」、『身体運動の科学Ⅴ』pp. 175-181、杏林書院、1983

(3)増村雅尚ほか「スイング速度の異なるバレーボール選手のスパイク動作に関する研究―スパイク動作指導におけるポイント―」、『スポーツ方法学研究』第20巻第1号、pp. 85-97、2007

(4)増村雅尚ほか「バレーボール選手のスパイクジャンプ」、『体育の科学』第57巻第7号、pp. 521-527、2007

(5)増村雅尚ほか「空中でボールを強く打つためのからだの動き―バレーボールにおける打動作の分析―」、『バイオメカニクス研究』第11巻第3号、pp. 213-219、2007

(6)都澤凡夫ほか「バレーボールワールドカップ '81における一流選手のスパイク動作に関する事例的研究」、『昭和56年度日本体育協会スポーツ医・科学研究報告第5報』pp. 46-55、1982

(7)日本バレーボール学会編『バレーペディア　2012年改訂版』日本文化出版、2012

(8)セリンジャー・アッカーマンブレント『セリンジャーのパワーバレーボール』ベースボール・マガジン社、1993

# 5-6 ブロック

写真1　スイングジャンプによるブロック

"Block"は「遮る」「妨害する」の意味で、相手の攻撃をネット際でジャンプして防御する技術である。以前は「ストップ」と呼ばれ、守備的ニュアンスの強い技術であったが、国際ルールの改正とともに得点に絡む大きなウェイトを占めるプレイとなった。それまで守備的技術であったブロックが、現代では攻撃的要素も兼ね備え、1本のブロックで試合の流れを変える場面を多くの試合で目にすることができる。

## 1. ブロックの目的

ブロックは4つの目的を考慮して用いられる。優秀なブロッカーでも1セット当たりのブロック得点（キルブロック）は1点前後と少ない。

したがって、ブロックで相手スパイクをシャットアウトすることができなくても、②〜④の目的を達成していることを忘れず、辛抱強く跳び続けることが重要である。

①キルブロック：相手スパイクをブロックで直接相手コートへ返球し、得点する。
②エリアブロック：ブロックで相手のスパイクコースを限定し、ディグの範囲を限定する。

③ソフトブロック：ブロックでワンタッチして相手スパイクの勢いを緩め、ディグを継続しやすくする。
④プレッシャーブロック：相手スパイカーに心理的プレッシャーをかけてミスを誘う。

## 2. ブロックの動作原理

ブロックの動作原理は、次の4点である。
① ジャンプして十分な高さを得る。
② 適切な位置（想定されるスパイクコース）にブロック面を形成する。
③ ブロックヒット時に体幹・肩・肘・手首・指の各関節を固定する。
④ ネットに触れないように身体をコントロールする。

十分な高さは相手のスパイクによってさまざまであるが、高く跳ぶためには股関節の伸展を大きく使う必要があり、そのためには沈み込みで体幹を前傾させ勢いよく腕を振るスイングジャンプが有利である（写真1）。

写真2のようにネットに正対してジャンプすると、体幹の前傾も腕の振りもネットが邪魔になってしまう。高く跳ぶためには、スイングジャンプを用いて横向きに踏み切り、空中で正対する方が

写真2　正対ジャンプ

合理的である。

　横向きに踏み切って空中で正対するということは、空中での身体の回転を積極的に活用してコントロールするということであり、これができればさらに、身体が回転しても腕が作るブロック面は正対させておくことも可能になる。

　適切なブロック面の位置は、ジャンプする位置取りによって決まる左右の位置と、ネットのどのくらい相手側か味方側かという問題があり、とくに後者はブロックの高さによって変化する。ブロック面が十分高い位置に作れる場合は、できるだけスパイクのヒット位置の近く（ネットの相手側）にブロック面を置くこと（写真3）でより効果的なブロックができるが、低い位置にしか作れない場合は、スパイクヒットから離れて、打ち下ろしてきたスパイクに触れる位置にブロック面を作った方が有効である（写真4）。

　適切な位置への移動手段として「ステップ」と「ジャンプ」がある。

　「ステップ」は、より早くより高い位置に到達できるように、移動中は移動しやすい姿勢をとることが重要であり、とくに2歩（クロスオーバー）以上のステップでは、手を胸の前にブロックの準備の形でセットしておくよりも、積極的に腕を振った方がより早くより高い位置に到達できる。

　セットされたボールをみてから反応する「リードブロック」においてはとくに、判断してから素早くスタートすることが重要であり、素早く動ける構えが必要となる。左右どちらかに早く動くという場合は、スプリットステップが有効になる（「ディグ」の項参照）。

　「ジャンプ」は、スパイクジャンプのようにしっ

写真3　高さが得られたときのブロック

写真4　高さが得られないときのブロック

かり腕を振って踏み込むことで高く跳ぶことができる。また、空中での水平方向への移動を利用することにより、より早く有効なブロックを完成することができる。

　ジャンプは股関節の伸展動作であり、腕を挙げていく動作では体幹の伸展も起きるので、空中では身体全体が反りがちになるが、そこから腕を前にもっていこうとすると「あおる」ブロックになる（写真5）。身体が反る前に、状況に応じた「適切なブロック面の位置」に向かって最短コースで伸びていくことで、あおらないブロックができるようになる（写真6）。

　ブロックヒットの瞬間は、腹筋を締めることで体幹を固め、肩甲骨を挙上して腕を上に伸ばすことで肩関節とその周囲を固め、指を強く開くことで指と手首、肘を固めることができる。

　ブロックはネットとの間合いをつかむのが難しく、とくにネットの相手側にブロック面を作った場合に著しい。また、着地の直後に次のプレイをしなければならないことも多く、着地の仕方も問題となる。

　ブロックは、ボールに触らないでプレイを終えることが多いために、指導者はその動作の是非・可否を常に選手に伝えることが重要であり、指導

写真5 「あおる」ブロック

写真6 身体が反る前にブロック面の位置に伸びる

者の能力の差が出やすい。

## 3. ブロックの基本技術

### 1―構え

　写真7は、横から撮ったブロックの構えである。相手のスパイカーの動きに対応するために、あまり力を入れ過ぎずに両脚を広げて軽く膝を曲げて立つ。両手は顔の前で肩より上方に構える。写真8は、正面の構えである。手のひらを開き、人差し指か中指が天井を向く状態が望ましい。顎を引いて前方をみる。

写真7　構え（横）

写真8　構え（正面）

### 2―移動とジャンプ

　ブロックで構えた位置から実際にブロックジャンプをする位置まで移動する際に用いるフットワークには基本的なものとして「サイドステップ」

サイドステップ　ネット

写真9　サイドステップによるジャンプ

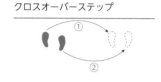

クロスオーバーステップ

写真10　クロスオーバーステップによるジャンプ

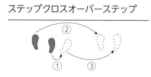

ステップクロスオーバーステップ

写真11　ステップクロスオーバーステップによるジャンプ

図1　ブロックステップの種類

「クロスオーバーステップ」「ステップクロスオーバーステップ」がある。

　短い移動には「サイドステップ」（写真9）や「クロスオーバーステップ」（写真10）を用い、長い移動には「ステップクロスオーバーステップ」（写真11）やこれらのステップをミックスさせて用いる。

　体を正対させるには「サイドステップ」、ネット上に腕を出す早さや高さを追求するには、「スイングジャンプ」（写真1）による「クロスオーバーステップ」や「ステップクロスオーバーステップ」が適している。

### 3―腕の出し方と視線

　写真12は普通に立って両腕を上げた状態。写真13はさらに肩甲骨を上げた状態。個人差はあ

写真12　普通に立った状態　写真13　肩を伸ばした状態　写真14　ブロック時の視線

写真15 空中で接触するブロック

写真16 同時に移動するブロック

るが、後者の方が到達点は5cm以上高くなる。実際のブロック時には、写真13の状態でさらに両腕が耳に触れる程度の角度で前方に出す。顔はまっすぐ前を向く。写真14はシャットアウトの瞬間である。両腕は肩幅、手のひらは腕の延長線上に大きく開き、決して指をボールに向けてはならない。視線は相手スパイカーの視線に合致させる。

### 4 ―複数枚で跳ぶ

2人以上のプレイヤーでブロックを跳ぶ場合は、位置関係がとくに重要となる。2枚のブロックの間が空き過ぎると、ブロックを利用してスパイクを決められやすくなるが、接近することはケガのリスクにもつながる。安全にかつ空中で適切な2枚のブロック面を作るために、次の3つの方法が考えられる。

①完全に間隔を詰めた状態で静止してから、真上に跳ぶ。
②垂直に跳ぶブロッカーに、移動してきたブロッカーが空中で接触し、着地する。
③間隔を詰めた2人のブロッカーが同時に移動する。

①が完全に実行できれば安全かもしれないが、遅れても有効なブロックをしようとすれば不可能である。

②はサイドブロッカーがアンテナ付近で構えるスプレッドシフトに適しており、空中で適切な間隔のブロックを完成した後、降り際に体幹を接触させる。空中で味方ブロッカーの身体と接触することにより、互いの身体の位置が認識できるため、相手の足を踏むことなく安全に着地できるようになる（写真15）。

③はブロッカーが接近して中央付近に構えるバンチシフトに適している。（写真16）

## 4. ブロックの練習方法

### 1 ―低いネットでの練習①

写真17は2人で行う。大切なことは、最初にセッ

写真17　セットの確認—ブロック直前—シャットアウト

写真18　スパイカーの確認—ブロック直前—シャットアウト

トされたボールをみることである。そのボールが打てる状況にあると判断したら、瞬時に視線をスパイカーの視線に合わせ、ボールの位置、打たれるタイミング、方向等を把握する。スパイカーのスイング動作は、視点ではなく視野で確認することを身につける。

### 2—低いネットでの練習②

写真18はもっとも基本的なブロック練習の一つで、3人1組で行う。ネットをブロッカーの身長程度まで下げ、セットはブロッカーの後方からネット越しに上げる。スパイカーはそのセットを体の向いた方向にまっすぐ強打する。ブロッカーは、立った状態でボールが腕に当たる直前に写真18の真ん中の完成形を作る。

あえてネット越しのセットを上げることで、ブロッカーの視界から完全にボールを隠す。ブロッカーは、スパイカーの視線の先にボールがある感覚を覚える。

### 3—台を使った練習

写真19、20は、台を使った練習法である。この際に気をつけなければならないこととして、台上でのスパイカーの力量が挙げられる。とくにセットしたボールを落ち際まで待って打つと、ブロッカーの手指のケガを引き起こす恐れがあり、一定のタイミングで打つ技術が必要となる。

写真19はレフト側のブロックで、写真20はライト側ブロックである。台を使うことでスパイクの安定性が確保され、基本的な体の使い方や、理想的なフォームを身につけるには非常に有効な練習方法である。写真19の真ん中はシャットアウトの直後、写真20の真ん中は直前のフォームであるが、ともに体の軸が重心を中心としたいわゆる「くの字」になっていることに注目してもらいたい（股関節を曲げたお尻の突き出た姿勢ではないことに注意）。体幹を締めることで強打に対応し得るブロックとなる。

写真19　ブロック直前—シャットアウト—着地へ

写真20　ブロック直前—シャットアウト—着地へ

写真21　パスをみる―セッターをみる―セットをみる

写真22　スパイカーをみる―シャットアウト―着地へ

また、写真19の右、写真20の右はシャットアウト後で、ともに体の軸がコートの内側を向いていることがわかる。コート外へ大きくボールをはじかれてしまえば、ブロックとしては完全に失敗である。

### ❹─通常のネットでの練習

写真21、22は、より実際のプレイに近い練習法である。まず、写真21の左ではセッターに入るパスの確認をする。この写真ではセッターが上げやすいところにボールが返球されることが確認できるが、短いボールやときにはネットを越えてくるボールがありこの確認は大切である。

写真21の真ん中ではセッターの動作をみてセットを上げる方向をみきわめる。写真21の右ではセットされたボールを確認し、高さ、ネットからの距離や落下位置の予測等を瞬時に行う。写真22の右ではブロッカーの視線はすでにスパイカーの視線に移っている。スパイカーのジャンプ動作中も決して視線を外さない。

ジャンプする際に、顎が上がってしまうと相手スパイカーがみづらいうえに、上体が反ることにより腕が前方に出にくくなりネットとの間に距離が生じる。それが「吸い込み」の原因にもなるので、顎を上げないジャンプを心掛ける。写真22の真ん中でシャットアウト、写真22の右では着地姿勢に入っている。

## 5. 基本技術習得のための確認事項

ブロックの基本技術とボールを使った練習法について写真を使いながら説明を加えてきた。最後のまとめとして、基本技術習得に際して以下の点を再確認してもらいたい。

①スパイクが手に当たったら、シャットアウトもしくはワンタッチで得点につなげることが理想である。したがって、いわゆる吸い込みやタッチネット、コート外に大きくはじき出されるようなブロックは極力排除しなければならない。そのためには、正しいフォームとタイミングを身につけることが最優先課題である。高さや力強さ等は、その次の段階である。

②セットされたボールの現在位置は、相手スパイカーの視線から読み取る。どのコースにどのタイミングで打たれるかの判断は、スパイカーの動きを視点ではなく視野で確認する。当然のことながら、ボールそのものには一切の情報はなく、情報は全て相手のスパイカーにある。ボールをみていては、得られる種々の情報を自ら遮断していることになる。

③ブロックは1本で試合の流れを変えることがある。とくに相手のエースを止めればなおさらである。そこには、絶対に止めるという強い意志が存在すべきである。

## 6. ブロックのよい"バレー選手"を　ミドルブロッカーへ

富松崇彰選手は、東海大学の4年時に東レアローズの内定選手として、Vプレミアリーグ2006/07シーズンに出場し、新人賞、ブロック賞、ベスト6賞を受賞した。2007年からは、全日本代表に選出され現在にいたっている。その間、ブロック賞については、2009/10、2010/11、2011/12、2012/13、2013/14、2015/16シーズンの計7回の受賞を記録している。日本男子バレーボール界屈指のブロックの名手といえる。

写真23は、富松選手（No.2）が大学4年時の全日本インカレにおけるブロックである。身長は191cmで日本のミドルブロッカーとしては決して大型ではないが、移動のスピード、高さ、フォーム、視線の使い方等、ほぼ理想的といえるブロッカーである。高校時代（東北高校）には、サーブやレセプション、つなぎのプレイもこなすオールラウンドのウィングスパイカーとして全国制覇の中心選手であったが、大学2年時の後半からミドルブロッカーに転向して成功を収めた。指導者が選手の有する運動能力をみきわめることが大切と

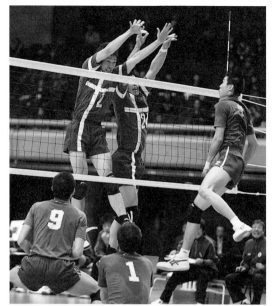

写真23　富松崇彰選手のブロック

いうことを具現化した選手である。

日本の指導者は、「ミドルブロッカーはパスや細かいプレイを免除され、ブロックやスパイクだけできればよい」という考え方から、「ブロックのよい"バレーボール選手"がミドルをやる」という発想の転換を是非ともしていただきたい。

（積山和明）

# 5-7 ディグ

　ディグ（dig）は英語で「（地面などを）掘る」という意味であるが、バレーボールでは相手チームから飛んでくるボールを受ける動作の中で、レセプション以外のすべての技術にこの言葉を用いる。ディグをするプレイヤーを「ディガー」と呼ぶ。

　ディグはアンダーハンドパスだけでなく、オーバーハンドパスで受けても、あるいは脚や頭で受けてもディグとなる。この項では正確なコントロールが難しい、いわゆる「強打レシーブ」について解説する。レセプションの項で述べた「コントロールできるアンダーハンドパス」の場合は「体重移動」を使って目標の方向にヒット面を動かすことでボールをコントロールするが、「コントロールができないアンダーハンドパス」（強打レシーブ）の場合は、「適切なヒット面の形成」と「ボールのコースにヒット面を移動させること」によって、ボールを落とさないことに加え、ヒット方向の調整をしながら、ボールのエネルギーを吸収することが求められる。

## 1. ディグの目的

　「レセプション」の目的と同じく、より攻撃を効果的にすることである。ただし、ネットに近い位置（バックアタックを含む）からのスパイクに対応する点で「レセプション」と異なる。これは「レセプション」に比べて「ディグ」の方がより速度の高いボールをプレイすることが多いことを示している。つまり、ボールコントロールの精度が落ちるため、味方がトスアップなどでつなげる範囲にコントロールする・落とさないということが目的となる。

## 2. ディグの動作原理

ディグの動作原理は以下の4つである。
①前腕または手でヒット面を作る。
②ヒット面で反射させたボールが目標の範囲に飛ぶように、適切なヒット面の角度を作る。
③ヒット面をボールのコースに移動する。
④ボールのエネルギーを吸収する。

## 3. ディグの基本

### ❶─ヒット面の形成

#### 1─上肢の使い方

アンダーハンド（前腕）で平らなヒット面を形成し、ボールが目標の範囲に飛ぶように、角度を調整する（写真1）。上体を起こした頭上のボールをオーバーハンド（掌）によってヒット面を形成し、遂行することも可能である（写真2）。

#### 2─適切な反射角度の形成

両肩と手部を線で結ぶと三角形ができる。その三角形によって作られる面を目的の方向に向けることが大切である。その際、できる限り両膝の間（身体の正面）でボールヒットを行う。構えた身体から外側に打たれた場合でも、両膝を外側に向

写真1 アンダーハンドによるヒット面の形成

写真2 オーバーハンドによるヒット面の形成

写真3 適切な面の形成

けて、両膝の間（身体の正面）で三角形が目的の方向に向くようにヒットすることが大事である（写真3）。

#### 3─ボールヒットの時のエネルギー吸収の仕方

アンダーハンドレシーブを行うときに腕を振る動作が癖になっていると、強打に対するディグでもボールコントロールができなくなるので気をつけなければならない。また、肘が体幹に近過ぎるとボールのスピードを吸収することが難しくなる。肘だけを前に出すというよりは、肩から腕全体を

写真4 ボールスピードを吸収する動き

写真5　ディグ後の受け身

体幹の前に出すことにより強打のボールコントロールが容易になる（写真4）。

#### 4―受け身

さらに、ヒット面をボールコースにもっていくために、開いた足の外側までヒット面を移動する場合もあり、重心も足の外側になるので、受け身の技術が必要となる。受け身は、膝をつかず身体の側面の筋肉で着地する（写真5）。適切な受け身ができないと、膝をついたり捻ったりすることになり、傷害の原因となることが多い。とくに、開いた足の内側に膝をつくことは、つま先が外を向き膝が内を向いたtoe out-knee in（トウアウト・ニーイン）の状態になり、この状態で体重を支えることは非常に危険である。

### 2―構えの位置どりおよび移動

#### 1―手・肘の位置

相手の攻撃状況とコート内の立ち位置によって、最適な場所で構えることが必要である。ハンズアップ（手が胸より上）、ハンズミドル（手が臍）、ハンズダウン（手が臍より下）と区別される。基本的には、さまざまなボールに選択的な反応で対応できるハンズミドルを採用し、その状況におけるより最適な構えがとれるようになるとよい（写真6）。なお、どの構えでも肘を体幹から離す方がよい。肘の位置が体幹に近いと面の形成が遅れることや、ボールヒットの際にとらえる位置が後ろ過ぎて後方へボールを弾きやすいので注意する。ボールスピードが速い場合は重心移動が間に合わず、腕の位置を動かすのみとなるので、腕をどのように構えるかがとくに重要となる。

#### 2―ルール改正にともなうディグの対応方法の変化

従来のディグの基本姿勢は、膝を曲げ、踵を浮かし母指球に体重をかけた低い姿勢で足幅を広めにとり、直ちに前方向に動くことができるように膝や上体をつま先よりも前に置く極端な前傾姿勢を強調していた（写真7）。

写真6　ハンズミドルのパワーポジション

写真7　極端な前傾姿勢によるディグ

写真8 上体を起こしたディグ

9-1　　　　　　　　9-2
写真9　スプリットステップ

　しかし、1995年のファーストプレイにおけるダブルコンタクト許容のルール改正により、ディグは「前へ動いてアンダーハンドパスであげる」だけでなく「上体を起こしながらオーバーハンドパス等であげる」ことも可能となった（写真8）。
　このルール改正は、従来におけるコート後方から前方への動きを重視したディガーのポジショニングに変化をもたらした。それまでは、コート後方への強打の守備から、前方のフェイントボール処理まで長い移動距離を必要としていた。しかし、ルール改正によって、ディガーの位置取りがエンドラインから3～4m前方になり（中間守備）、エンドラインまでの伸びるボールはオーバーハンドで、角度のあるボールはアンダーハンドで、フェイントはダイビングレシーブでと変化した。このように「動きによるディグ」から「反応によるディグ」へと変化したのである。したがって、より多くのボールに反応するため、基本姿勢も極端な前傾姿勢ではなく、上体を起こしたパワーポジションが必要となる。

### 3──パワーポジション

　肩幅より広めに足幅をとり、股関節を曲げる。骨盤から上体を前傾させる。このとき足の親指の付け根（母指球）と膝、肩の位置が一直線になるようにする。1歩を出すためにいちばん効果的な構えである（写真6）。

### 4──視線の使い方

　視線を安定させる。ボールに触れる直前に視線の上下動、左右へのブレがあるとボールを正確にとらえることが難しくなるうえ、返球先への正確なコントロールもしにくくなる。相手アタッカーと味方ブロッカーがしっかりと視野におさまった状態でボールコントロールを行う。アタッカーだけに視点を合わせるというよりもブロッカーや味方チームの他の選手も視野に入れることが重要である。

### 5──打たれたボールに反応する

　ディグにおいて「予測」は大切であるが、間違った予測や思い込み、自分の癖などによってボールが打たれる前に動き出してしまうと、ボールの軌道と逆方向に動いてしまう場面が出てくる。結果的に、ボールへの反応が遅れることがあるので、ディグにおいてはあくまでもボールに反応するという基本を忘れてはならない。

### 6──スプリットステップ

　1歩以内の範囲では、重心移動によって腕のヒット面をボールのコースに動かす。2歩以上の場合は、相手スパイクが打たれてからボールの方向を判断

| 9-3 | 9-4 | 9-5 | 9-6 | 9-7 |

写真10　ボールヒット後のフォロー姿勢

し、素早く移動する必要がある。

　より短時間で正しい方向への重心移動を遂行するためには、「スプリットステップ」を用いるとよい（写真9）。スパイクのヒット直前に合わせて、小さくジャンプ（写真9-3〜9-4）・着地（写真9-5）することで抜重を獲得しながら、目的の方向へ移動するために発生する逆方向への一時的な重心移動を防ぎ、より素早い重心移動が可能になる。

### 7──ボールヒットの後のフォロー姿勢

　バレーボールはラリーを制することを競い合うスポーツである。レフェリーの笛が鳴るまでは常時動きを止めないことが重要だ。ディグは自陣に来たボールのファーストコンタクトである。そのあとセット、アタックへとつながり、ディグを行ったプレイヤー自身も攻撃への参加やブロックフォローなどへと準備しなければならない。

　ディグでのボールヒットの後はセッターに対して腕の面を向けた状態でボールを送り出す。このとき、足の動きがセッターから離れた方向に動くフォローステップをするとボールコントロールが定まらないうえ、次の動作への切り替えが難しくなるので下肢を崩さず、斜め前方へのステップができることが望ましい。ボールヒット後は返球先に視線を向け、次の動作に対する判断をする（写真10）。

## 4. ディグの練習方法

### 1──練習メニュー作成の考え方

　ディグは思考・判断からの行動というよりは、反射・反応からの動作が多くなる。瞬間的に行う

動作だからこそ基本の構えや腕の位置、面の作り方、足の運び方などは正しく行えるようにする必要がある。

正しいフォーム作りを目的とするメニューの場合、なるべく連続せず単発のボールを打ってもらい、自分のフォームと返球の質を確認しながら行うようにしたい。ビデオなどを活用し、自分のフォームチェックが随時できるような環境を作ることも正しいフォーム作りに役立つ。

レシーブ練習の定番といえばコートの中に3人のレシーバーが入り、指導者がランダムに出したボールを3人で拾いつなげる「スリーマン」であろう。男女問わずどのカテゴリーでも行われている練習である。

「スリーマン」は遠くのボールを追いかけ、コントロールする練習だ。足を使い広いコートを3人で協力しながら拾うことで、動きと空いたスペースへのカバーリングを身につけることができる。

また、ボールを最後まで追いかけるという「執着心」や、球際の丁寧さも必要だ。しかし、3人が目まぐるしく動き回るので、フォーメーションによる守備練習という要素に欠ける。「スリーマン」をディグ練習のメインメニューとすることは危険である。

## 2—ディグ練習の組み立て

ディグ練習の組み立ては、①フォーム作り・単調なステップからのディグ→②連続動作や動きを含めたディグ→③フォーメーションと関連させたディグ、のようにステップアップしていくことが望ましい。人数も、①個人のディグ→②複数人数のディグ→③チームでのディグ、と試合に近い状況まで徐々に増やしていく。

ボールの強度や打点の調整なども考慮する必要がある。基本的な技術練習がクリアできたら、①より強い球質に変化させる→②台を活用し実際のアタッカーから打たれる打点に近づける、など工夫するとよい。

## 3—ディグ練習例

### 1—基本のフォーム作り

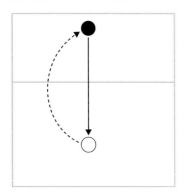

正面に打たれた打球を返球
※パワーポジション、腕の位置、面の向け方に注意する。

### 2—単純な動きからのディグ

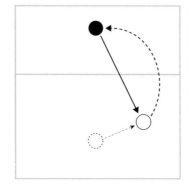
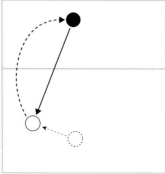

構えた位置から左右に動き正しいフォームで返球
※真横に動くのではなく斜め前に足を運び腕の面を返球目標に向ける。

## ③ 連続動作の入ったディグ練習

1本目のディグ（強打）

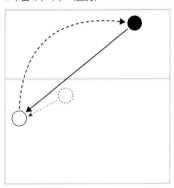

2本目のディグ（ワンタッチボール・軟攻）

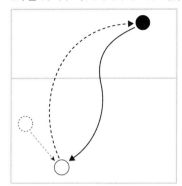
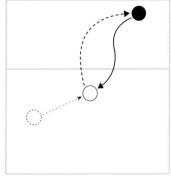

ツー攻撃を警戒してからサイドライン際に下がり強打を上げる。

強打を拾った後、その場所から後方へのワンタッチボールやコート内への軟攻などのボールを連続して上げる。

※逆サイドやストレート方向の打球に対するディグにも応用する。

## ④ 複数人数でのディグ練習

ポジション（P）4・5・6の連携

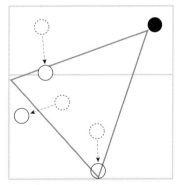

ポジション（P）2・1・6の連携

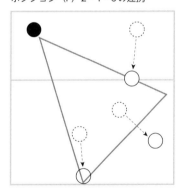

P4はブロックの位置から、P5・P6はツー攻撃を警戒した場所から移動しクロス方向に打たれるボールを3人で上げる。

P2はブロックの位置から、P1・P6はツー攻撃を警戒した場所から移動しクロス方向に打たれるボールを3人で上げる。

※打つ人の前にブロッカーを立たせ、①ブロックの脇を抜ける強打のポジショニングを視覚的に理解させる、②ブロックにわざとあてるように打ち、ワンタッチボール、イレギュラーボールが出るようにする、などの工夫を加えるとより実践的になる。
※ストレート方向の打球に対するディグにも応用する。

## 5 — フォーメーションを意識したディグ練習

ラリーの動きからのゾーン4攻撃に対するディグ

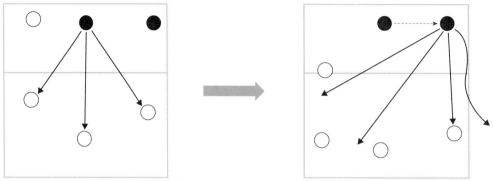

ネット際真ん中に位置したコーチはバックプレイヤー3人に対しスリーマンレシーブの要領でボールを出す。その途中途中でサイドにいるもう一人のボール出しにボールを投げ渡し、そのボールをP4を含めた4人のディガーに対し強打、軟攻、ワンタッチボールなどを想定した球質で打つ。返球目標は常にネット際真ん中に位置したコーチにし、連続して練習できるようにする。

※逆サイドのディグ練習にも応用する。
※スリーマンでのボール出しは3人がぐるぐるとポジションを変えながら拾うというよりは各ポジションの前後、左右の動きを意識させる。そのことにより、サイドから強打を打たれる直前にイレギュラーなポジショニングをとらざるを得なくなり、実戦に近い動きを作ることができる。
※①サイドからボールを打つ人を台の上に立たせ、高い打点からのディグ練習にする、②ネット際両サイドに打つ人を配し、コートの中に5人入れてコート全面を使ったチームディグ練習に発展させるなど応用することができる。

## 6 — チームとしてのディグ練習

実戦を想定した練習

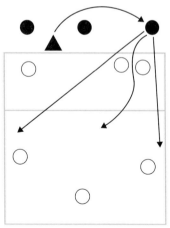

ディグ練習の最終形は相手コートからアタッカーに打たれる打球をブロックと連携しながら守ることである。
実戦と同じようにセッターからトスを上げてもらい相手コートに打ち込むボールを6人でディフェンスする。
トスを上げる場所を限定した約束練習からランダムにトスを回す実践的練習へとステップアップさせる。ディグが正確に返球できなかった場合のハイセットの質の向上もチームでのディグ練習には不可欠である。

（佐藤伊知子）

VOLLEYBALL
COACHING THEORY

# 6章

## 戦術戦略の基礎
――基本的ゲームマネジメント

# 6-1 チーム構成、スターティングポジション

## 1. チーム構成

バレーボールの競技特性の一つとして、ポジションによる「分業制」が挙げられる。チームの編成を考えるうえで、それぞれのポジションで偏りなく適正な人数を確保する必要がある。また、練習を効率的に行い、技術の習得を図るためにも、競技人数（ビーチ～9人制）、使用できるコート数、指導者数も考慮し、チームの構成を決定したい。

6人制バレーボールで考えてみると、ウィングスパイカー（レフト）、オポジット（ライト）、ミドルブロッカー（センター）、セッター、リベロ、ディガーがポジションとして考えることができる（図1）。

それぞれのポジションで、適度な競争心理が働くようにある程度の人数が確保できることが望ましい。また、ケガによる戦線離脱への対応という意味でも、それぞれのポジションで複数人数が確保されていることによって可能となり、戦力向上やチームのレベルアップの機会ととらえることができる。

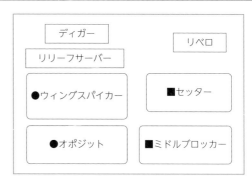

図1　6人制のポジション別のチーム構成

## 2. ポジションの特性

ここでは、ポジションごとの特性と適性について触れておく。

### ①―ウィングスパイカー（WS）

レフトからのオープン攻撃を中心に、時間差攻撃、ライトからのオープン攻撃などバリエーション豊かなプレイが求められる。勝負のかかった場面でポイントできる技術力も必要である。

### ②―オポジット（OP）

レセプションやディグの中心となる選手。スーパーエースとして、もっとも得点力のある選手をこの位置におくこともある。

### ③―ミドルブロッカー（MB）

クイック攻撃を中心に攻撃に参加し、その一方でブロックの柱となりうる能力（敏捷性・瞬発力）が求められる。

### ④―セッター（S）

チームの司令塔の役割を担う。ゲームの状況や相手ブロッカーの動きを冷静に読み取る能力、攻撃を組み立てる創造力と判断力が求められる。

### ⑤―リベロ（L）

守りの要として、後衛の選手と何度も交代して試合に出場できる。また、チームの他の選手とは違うユニフォームを着用する。

### ⑥―ディガー

チームのピンチを救う選手である。どんなボールでも拾う確実なディグの力と仲間を元気づける精神力が必要である。

### ⑦―リリーフサーバー

サーブのスペシャリスト。「勝利の方程式」として投入されることが多い。また、試合の流れを変えるために投入される。

### ⑧―スタッフ

監督、テクニカルコーチ、ストレングスコーチ、メディカルトレーナーなど、チームを支える組織編制が必要である。その他に、渉外を努める総務や練習を管理するマネージャー、栄養士などの役割分担をすることによって、指導にも分業制を取り入れるチームもある。しかし、兼任でいくつもの役割を担っている指導者も多い。

## 3. スターティングポジション

試合に臨むとき、選手をどのように配置するか、大いに悩み、何度もシミュレーションをする指導者が多いのではないだろうか。目の前の選手たちの特性を活かし、バランスよく配置する必要がある。そして、優位に試合を進めるためにも、知略に富んだ采配が必要になる。

### ①―対角A（図2）

チームにウィングスパイカーとミドルブロッカーに2人ずつの適格者がいる場合に望ましいスターティングポジションである。

### ②―対角B（図3）

ミドルとオポジットの配置を変えている。オポジットがサウスポーだった場合などに有効である。

### ③―三角形にエースを配置する（図4）

ウィングスパイカーの対角候補が3人おり、甲乙つけがたいときに有効な配置となる。センタープレイヤーが対角にならないため、その役割のできるウィングスパイカーの育成も必要となる。

### ④―スーパーエース構想（図5、6）

得点力の高い選手が1人、ウィングスパイカー、オポジットの選手が2人いる場合に用いる。

フロントオーダーとバックオーダーの違いは、ウィングスパイカーとミドルブロッカーの位置で

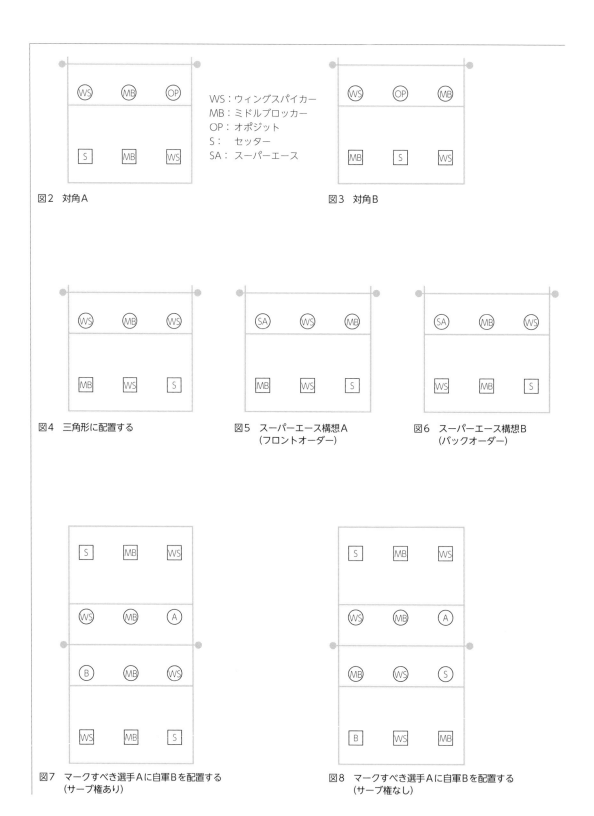

ある。サウスポーやレセプション、ディグの得意な選手など、選手の特性に合わせて決定するとよい。また、練習試合などの結果も参考にすることが大切である。

### 5 ── スターティングポジションの変更（図7、8）

スターティングラインナップのシートは、セットごとに提出することになっているので、工夫を施す余地がある。スパイカーとブロッカーには相性があり、得意な相手と前衛で数多く対峙するようなスタート位置を模索する必要がある。また、試合前は自軍のコンディション確認と相手チームのデータ収集に努め、試合の進め方を判断する必要があり、劣勢に追い込まれたときの打開策として、スターティングポジションを変更することも一案である。ここでは、マークすべき選手Aに対し、前衛でできるだけ自軍の選手Bをフロントゾーンで多く対峙するためのスターティングポジションを紹介する。

敵のマークをかわし、自軍に有利に試合を進めるためにも、指導者としてこの法則性を理解しておく必要がある。また、練習試合で試しておき、選手自身に有効な手段であるという理解を身をもって学ばせておく必要もある。

## 4. その他の留意事項

刻一刻と変化していく戦況を冷静に分析し、相手の作戦の変化に素早く対応することが、指導者として大切なことであると考える。そのためには、指導者の判断力・決断力が勝敗を決するといっても過言ではない。

バレーボールの試合は、一局の将棋や碁の勝負に似ている。敵の手を読み、自軍の有効な次の手を考える。手詰まりになることを避けるためにも、指導者は最悪の状況を想定して備えておかなければならない。「エースが捻挫したら、この手を打つ」「セッターが試合を離れなければならない状況になったら、この選手がトスを上げる」など、あの手、この手、奥の手を試しておくことが大切である。

（蓮　一臣）

[引用・参考文献]
(1) 中山秀道「フォーメーション概論」、JVAコーチ講習会プログラム（2014.8.9～13）
(2) 髙橋宏文『基礎からのバレーボール』ナツメ社、2004

# 6-2 戦術的にサーブを打つ

サーブは相手に妨害されることなく、自由意思で行うことができるプレイである。また、サーブは攻撃的な戦術として重要な役割を果たしている技術である。

## ❶ サーブの段階的指導

サーブは、①相手コートに入れる、②あるエリアを狙う、③狙いを決めて相手を崩す、④相手から得点を獲得する、という4つの技術段階に分けることができる。さらにそれが、①3本以上連続してできる、②2本連続してできる、③連続してできない（1本のみ）、のいずれなのか確認することで、技術段階がどの程度定着しているかをみきわめる。たとえば、ある箇所を狙うことはできるが2本連続して打つことはできない段階というように評価をする。コーチは選手がどの段階であるかを把握し、コーチングしなければならない。

以下、フローターサーブを例として説明する。

### 1 相手コートに入れられる段階

この段階では、サーブの打ち方でボールを9m以上飛ばすことを身につけていなければならない。その前段階としては、オーバースローでボールを投げて9m以上飛ぶかどうかをみる必要がある。9mに届かない場合には、まずはボールの投げ方を習得しなければならない。オーバーハンドスローで9m飛ぶようになったら、フローターサーブに挑戦する。はじめはフローターサーブの打球地点をネットからエンドライン方向に3m、4.5m、6m、9mの順に打つことが好ましい。

### 2 あるエリアを狙える段階

この段階では、サーブを自分の思い通りの場所にコントロールできることが重要になる。まずは図1に挑戦する。ボールの飛距離を思い通りにコントロールできないのであれば、Aの「1」のエリアを狙うようにし、飛距離がコントロールでき

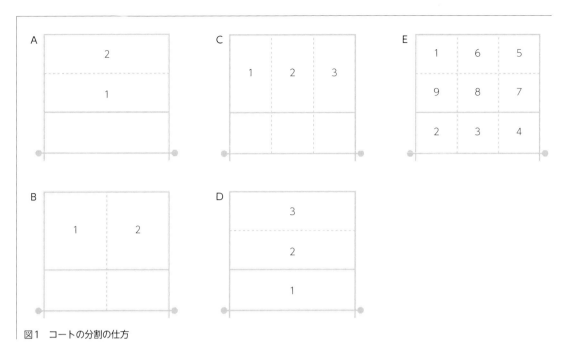

図1 コートの分割の仕方

るのであれば「2」を狙う。このようにコートをいくつか分割してトレーニングをすることは非常に有効である。自身が意図した通りのボールが飛んでいくこと、まずは「ボールコントロール」を身につけさせたい。

### ③—相手のレセプションを崩す

この段階では、相手のレセプションを崩すことが重要である。相手を崩すには、次のようなことをする必要がある。

① プレイヤーの苦手な場所を狙う（プレイヤーの左・右・前・後ろ・斜めなど）。
② 相手のプレイヤーの間を狙う。
③ 攻撃が不利になるような場所を狙う。

　a. セッターの進んでくるコース。
　b. アタッカーの攻撃場所と離れた方向に打つ。
　c. 攻撃オプションを減らすように打つ。
　d. ターゲットプレイヤーを決め、連続して狙う。
　e. 超高速で打つ。
　f. 超低速で打つ。
　g. 打球の速度に変化つける。

a〜gのすべてをできるようにすることである。

### ④—相手から得点を獲得する

③と似ているが、サーブの最終目的は得点を獲得することなので、攻撃的なサーブを開発すること、体得することが重要である。

## ❷—サーブの考え方

サーブは、ゲーム開始のプレイであることから、自チームにおいてゲームを有利に展開できるファーストプレイである。したがって、相手チームをコントロールすることができる有効な技術と考えなければならない。また、サーブで得点を獲得することが最大の目的ではあるが、すべてのサーブで得点を獲得することは不可能と考えられるため、前述の②狙う、③崩す、④得点を獲得するという段階を考えるべきである。

バレーボールでは、①サーブによって相手のレセプションを崩し攻撃オプションを減らす、②あ

るターゲットプレイヤーを狙って相手の意図した攻撃を防ぐことが必要になってくる。また、サーブはブロック→ディグ→セット→アタックを経ずに効率的に点を得ることができでき、ゲームにリズムが生まれる。自身一人で完結するスキルであり個の力によるところが大きい。

## 3─サーブの遂行過程

① 構え──狙う場所を確認し、打つ位置、スピード・弾道・方向を決定する。
② ルーティンを行う。
③ トスアップ──スキルを左右する大きな要因なので正確に行う。
④ ボールインパクト。
⑤ フォロースルー。

## 4─サーブの特性

① 1試合平均2〜4点（トップレベル）を占める。
② 試合の「リズムと流れ」を左右する（味方・敵）。
③ 試合ペースをコントロールできる。
　［例］
　味方より敵が有利な場合⇒時間制限8秒を利用
　敵より味方が有利な場合⇒吹笛と同時に打つ

## 5─サーブの分類

### 1─打球の仕方による分類

① アンダーハンドサーブ
② サイドハンドサーブ
③ オーバーハンドサーブ
④ フローターサーブ
⑤ ジャンプサーブ
⑥ ジャンプフローターサーブ

### 2─ボールの回転による分類

① トップスピン
② バックスピン
③ サイドスピン
④ ノースピン

### 3─戦術目的による分類

① パワーサーブ
② コントロールサーブ

## 6─戦術例

### 1─狙うことによる

① ポジション1へ打つ⇒セッターの目をスパイカーから離させる。
② 特定のプレイヤーを狙う⇒技術が低い、攻撃を限定する、ストレスをかける。
③ プレイヤーの間を狙う。
④ フォーメーション上で空いている場所、守備範囲の重なるところを狙う。

### 2─キープレイヤーを狙う

① 相手攻撃のオプションを減退させる。
② パワーサーブを打つ。
③ 破壊的なサーブを打ちブロックを有利にする。
④ 次にセットされるであろうプレイヤーを狙う。
⑤ フロントプレイヤーのミドルブロッカーを狙う。
⑥ 攻撃のスピードを減退させる。
⑦ リズムを活かす（早いタイミングで打球）。
⑧ 相手チームに焦りや疲れがみえたとき。
⑨ 連続ポイントを取った後。
⑩ 相手チームにタイムアウト・選手交代枠が残っていないとき。

### 3─リズムを活かす（ミスしてはならない場面）

① セットのファーストサーブ。
② 相手チームがタイムアウトを取った直後。
③ 前のサーバーがミスをした場合。
④ 長いラリーが続いた後。
⑤ 相手チームが連続得点した後。
⑥ 交代サーバーとしてサーブを打つ場合。

（松井泰二）

# 6-3 レセプションフォーメーションとカバーリング

## 1. レセプションフォーメーションとは

　レセプションフォーメーションとは、サーブ権をもたないチームの、サーブが打たれる前の選手の配置およびレセプションまでの動きのことである。自チームのその後の局面をどのように優位に進めることができるかを考慮して選手を配置し、組織的に動き、有効な攻撃につなげるための方策を考えることが大切である。

　バドミントンやテニスなどのネット型競技におけるラリーの最初は、すべてサーブから開始され、そのサーブを受ける（準備を含む）場面は必ず発生する。バレーボールも例外でなく、相手のサーブミスやポジショナルフォルト等を除き、ラリー開始時のサーブ⇨レセプションの連続性は必ず発生する局面であり、また、レセプションを行う場合、セットの開始時を除き、基本的にすでに相手にポイントされている状態であることから、連続ポイントを避けるためにも、個人技能（レセプション）・組織的配置（レセプションフォーメーション）は、ゲームの勝敗を左右する非常に重要な要素である。

## 2. 基本的なレセプションフォーメーション

　バレーボールのレセプションにおいて、コート外に落下するボールをコンタクトする必要はなく、また、コートの広さと選手の人数を考えたとき、表1に示す通り、他の競技に比べて1人あたりの面積が狭い競技である。このことから、初級者に多いのが複数選手間での「ボールの譲り合い」または「ぶつかり合い」によるミスである。このミスを避けるために、自チームコートを6分割し、

表1 各競技における競技者1人あたりの面積

| 競技名 | コートのサイズ (m) | コート面積 (㎡) | 競技人数 (人) | 1人あたりの面積 (㎡) |
|---|---|---|---|---|
| バレーボール | 18.00 × 9.00 | 162.0 | 12 | 14 |
| テニス（シングルス） | 23.77 × 8.23 | 195.6 | 2 | 98 |
| テニス（ダブルス） | 23.77 × 10.97 | 260.8 | 4 | 65 |
| バドミントン（シングルス） | 13.40 × 5.18 | 69.4 | 2 | 35 |
| バドミントン（ダブルス） | 13.40 × 6.10 | 81.7 | 4 | 20 |
| バスケットボール | 28.00 × 15.00 | 420.0 | 10 | 42 |
| サッカー（国際大会最大） | 110.00 × 75.00 | 8,250.0 | 22 | 375 |
| ビーチバレーボール | 16.00 × 8.00 | 128 | 4 | 32 |
| 9人制バレーボール（男子） | 21.00 × 10.50 | 220.5 | 18 | 12 |
| 9人制バレーボール（女子） | 18.00 × 9.00 | 162.0 | 18 | 9 |
| ソフトバレーボール | 13.40 × 6.10 | 81.7 | 8 | 10 |

各選手に守るべきエリアを決めておくことが必要であるが、「レセプション後のボールコンタクトをセッターに任せたい」とするとき、もっとも基本的なレセプションフォーメーションは、セッターを除く最大の5名で考える必要がある。

ところで、バレーボールにはローテーションというほかのスポーツにはない独特のルールがあるため、各プレイヤーは自身に与えられた役割にかかわらず、ラリーの開始時点では前衛3ヶ所、後衛3ヶ所、計6ヶ所のコートポジションを順番にめぐる。しかし、サーブが打たれた直後からは、コート上のどの位置に移動することも自由であり、初心者段階のゲームを除けば、コートポジションから離れて自身に与えられた役割に徹するために、特定のホームポジションへ移動してプレイするのが一般的である。

## 1―Wフォーメーション

### 1―1-5システム：セッターが前衛の場合

セッターのホームポジションを図2（一般的な位置であるが、決まっているわけではない）とした場合、セッターの移動はネットに平行な動きのみに限定される（または動かなくてよい）ため、セッターの動きは比較的容易である。ここでは、セッターのコートポジション番号4、3、2の場合の例を順に図示する（図3-1、3-2、3-3）。これらの場合、自チームの前衛スパイカーは2名で、相手ブロッカーは3名となることから、前衛選手が数的不利の状況下で攻撃しなければならない（後衛選手の攻撃、いわゆるバックアタックも視点に入れる必要がある）。

### 2―0-6システム：セッターが後衛の場合

セッターのホームポジションを図2とした場合、セッターの移動は、ネットに対して垂直方向にも必要なため、1-5システムより難しくなる。ここでは、セッターのポジション番号1、6、5の順に図示する（図4-1、4-2、4-3）。とくに注意したいのは、セッターのポジション番号5の場合、前衛3名がすべてレセプションに対する準備を行うため、移動距離が長くなることである。

### 3―サーブが打たれる位置とWフォーメーションの関係

図3、4で示したフォーメーションはあくまでも基本の形であるが、レセプションフォーメーションは、相手サーブの打つ位置・種類・強さ等によって柔軟に対応する必要がある。たとえば、図5-1、5-2に示すように、サーブが打たれる状況によって、前方3名が作るラインは常にネットに対して平行ではなく、サーバーに対峙したうえで、各自が返球しやすいようにフォーメーションを決

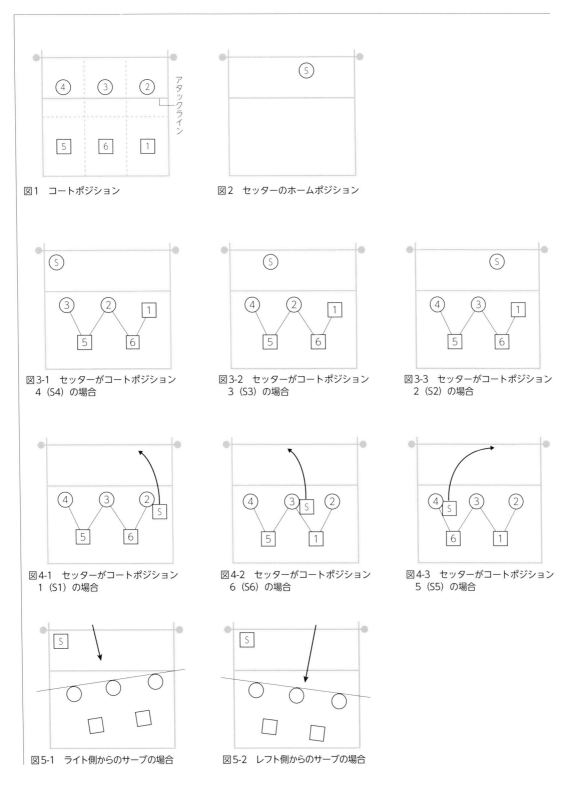

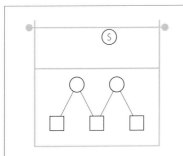
図6-1 Mフォーメーション（1-2-3システム）

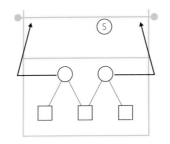
図6-2 レフト・ライト攻撃への移行

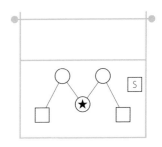
図6-3 前衛選手の1名がレセプションに専念

定することが必要である。

### 2—Mフォーメーション（1-2-3システム）

　Mフォーメーションは、基本的にセッターが前衛の場合に利用される（セッターが後衛の場合も利用できるが、前衛選手を前方に2名しか配置できず、ローテーションと配置によっては、セッターがエンドライン付近からホームポジションへの移動が必要となり、合理的でない）。

　Wフォーメーションは、前方3名、後方2名の選手でフォーメーションを構成するのに対し、Mフォーメーションは前方2名・後方3名でレセプションを行おうとするフォーメーションである（図6-1）。基本的な考え方は、Wフォーメーションと同じであるが、レフトからの攻撃、ライトからの攻撃に特化し、ファーストテンポの攻撃をしないチームの場合（図6-2）、セッターが後衛でも、スパイク攻撃ができない選手が前衛にいて、レセプションに専念させたい場合（図6-3）等に利用できるフォーメーションと考えられる。後方に3名配置することで、エンドライン付近に強いサーブを打つ選手に対して3名でレセプションできることから有効である。

　　　　　　　　＊

　WフォーメーションやMフォーメーションでは、1人あたりの守備範囲を最小にできること、また、選手の配置が機械的に決まることから、初級者にはたいへんわかりやすく、試合中のフォーメーションの混乱を避けることができるというメリットがある。このことから、レクリエーションバレー、学校における体育の授業、初級者で構成されるチーム等で一般的に利用されている。

　しかし、セッター以外の5人がレセプションをする必要があるため、理論的には、その5人全員がある程度のレセプション能力をもつ必要がある。たとえば、5名のうちの1名のレセプション能力が極端に低い場合、その選手にサーブを集められたときは、試合全体がたいへん不利な状況になることも想定しなければならない。また、ファーストテンポの攻撃やバックアタックを担う選手もレセプション要員として均等に準備・参加しなければならないことから、攻撃にとって不利な条件となるなど、リスクも大きい。できるだけ早期に次のステップに進んでいく必要がある。

## 3. 目的や役割分担を明確にしたレセプションフォーメーション

　次のステップとして、できるだけ守備範囲を狭くすることでレセプションの成果を追求する均等

配置のフォーメーションから、その後にめざすオフェンス局面にスムーズに移行できるように、目的や役割分担をもったレセプションフォーメーションを指導していく必要がある。

### 1 ── Wフォーメーションの変形

前述のWフォーメーションの利点を残しつつ、自チーム選手の特性や相手サーブの特徴を考慮したフォーメーションである。

#### ①── 拡散型（図7）

Wの中央に位置する選手のレセプション能力が高い場合（図中では★印の選手）、この選手の守備範囲を大きくすることでレセプション率を上げようとするフォーメーションである。同時に、その他の選手はエンドラインとサイドラインに位置することができ、動きの方向を限定し、レセプションをしやすくすることができる。

#### ②── 後方配置型（図8）

前衛の選手が相対的にレセプションが得意な場合や、相手サーブが強く、エンドライン付近を狙ってくる場合に有効である。前衛に相対的にレセプションが得意な選手がいる際のスパイクサーブにも対応できる。

#### ③── 前後分離型（図9）

前後にサーブを打ち分けてくるサーバーに対して有効である。基本的に前3名は前の緩いサーブに対応し、後ろ2名は強いサーブに対応する。

#### ④── 密集型（図10）

Wの文字を上下からつぶしたようなフォーメーションである。コート中央へのサーブが多いケースに有効であると同時に、選手間の距離が近い配置にしているため、だれがレセプションをするかの判断を早める効果もあると考えられる。

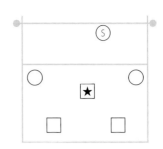

図7　拡散型

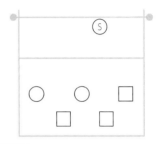

図8　後方配置型

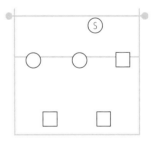

図9　前後分離型

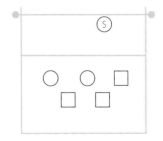

図10　密集型

## 2 ─ 相対的にレセプション能力が低い選手にレセプションをさせないフォーメーション

先に述べたように、Wフォーメーションを用いて試合を行っている場合、相手チームのサーバーは相対的にレセプション能力が低い選手を狙ってくることが予想される。そのことをあらかじめ想定したフォーメンションを準備しておく必要がある。図11は4名でレセプションを準備するフォーメーションである。

このフォーメーションでカバーされる選手は、試合中、ほとんどレセプションをしなくてもよいことになる。バレーボールを始めたばかりの初心者にとって、ゲームの展開上、レセプションをさせない方が有利になることもあると思われるが、かえってこのフォーメーションによってレセプションを学習する機会を奪うことにもなりかねない。そのため、練習時のレセプションの指導と同時に、ゲーム中にもレセプションができる環境を与え、その児童・生徒等の初心者に「私は、レセプションをしなくてもいい」と思わせないように指導する必要がある。

## 3 ─ ファーストテンポの攻撃を重視したフォーメーション

Wフォーメーションなど、セッターを除く5名でレセプションを行う場合、ファーストテンポの攻撃（AクイックやBクイックなど）を試みる選手もレセプションに参加する必要があるが、できるだけ早く攻撃ができるように、なるべくレセプションに関与しないことが望ましい。そこで、レセプションに参加させないようにその選手を配置し（図12）、ファーストテンポの攻撃を重視した選手配置で、4名でレセプションを準備するフォーメーションである。

## 4 ─ バックアタック攻撃を重視したフォーメーション

同様に、バックアタックを試みる選手にレセプションをさせないで、攻撃に専念させるためのフォーメーションである（図13）。初級者で構成されるチームでは、セッターを除く5名のスパイカーそれぞれが一定の攻撃を行えるのであれば、攻撃は前衛に任せることが一般的であるが、1名の非常に攻撃が得意な選手がいるチームの場合、その選手が後衛に位置するときにも、できるだけ攻撃に参加させることが効果的である。この例も

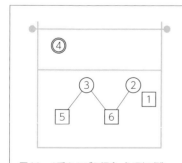

図11　4番をかばう場合（N型の例）

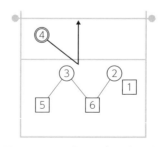

図12　ファーストテンポの攻撃を重視した場合

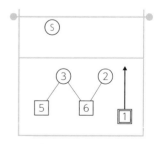

図13　バックアタックを重視した場合（S4）

4名でレセプションを準備するフォーメーションである。

### 5 ─ レフトサイド(ライトサイド)からの攻撃が得意な選手がいる場合のフォーメーション

たとえば、あるスパイカーのレフトサイドからのスパイク決定力を100としたとき、ライトサイドからのスパイク決定力が50など極端に低い場合、そのスパイカーにはできるだけレフトから打たせたい。しかし、ライト側でレセプションを行った後、レフトに移動し、スパイクすることは初級者にはたいへんで困難であることから、レセプションをさせず、相手サーブと同時にレフト側に移動させ、レフトからの攻撃を効果的に行わせようとするフォーメーションである(図14-1：図4-1の変形)。この例では、後衛に位置するセッターの移動も短くすることができる。また、逆の場合も同様で、ライト攻撃がレフト攻撃よりも相対的に得意な選手の場合、図14-2(図4-1の変形)のようなフォーメーションを利用することができる。

### 6 ─ スパイクサーブに対するフォーメーション

スパイクサーブに対応するレセプションにおいて、勢いよく打たれたスパイクサーブはネット近くに落球する可能性が少ないと想定し、前後の動きよりも左右の動きを重視する必要がある。5名でレセプションを行う場合、図7を基本として考え、ここでは3名でレセプションを行う例(セッターが前衛・後衛それぞれの場合)を図示する(図15-1、15-2)。

### 7 ─ リベロを中心としたフォーメーション

リベロは守備の要である。ここでは、リベロを中心とし、その他2名(合計3名)でレセプションを行うフォーメーションを図示する(図16)。

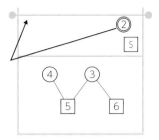

図14-1　2番にレフト攻撃をさせたい場合(S1)

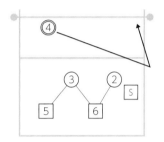

図14-2　4番にライト攻撃をさせたい場合(S1)

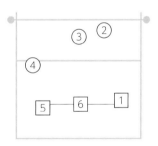

図15-1　スパイクサーブへの対応(3名、セッターが前衛の場合)

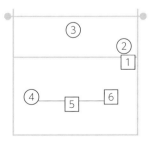

図15-2　スパイクサーブへの対応(3名、セッターが後衛の場合)

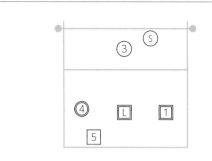

図16 リベロを中心としたフォーメーション（S2，L6）

初級者で構成されるチームにとって3名や2名でのレセプションは、相手のサーブがどうであれたいへん困難ではあるが、リベロがとくにレセプション能力が高い場合や相手の戦術的な意味を含め、サーブのスピードが弱い場合等に有効である。

## 4. レセプションにおける カバーリング（相互協力）

### 🟦1─選手の動線からみたカバーリング

レセプションに参加する選手が多いと、守るべき範囲が狭くなるのと同時に、選手間の守備範囲の重なりが起こる。たとえば、2名の選手の真ん中にサーブが打たれた場合、両選手が衝突することも考えられる。これは安全面からもたいへん危険である。そこで練習時には、ボールの進行方向に対して、A選手は前方、B選手は後方（オーバーラップ）というようにあらかじめ動線を確認しておく必要がある（図17）。

### 🟦2─他の選手のレセプション後のカバーリング

サーブが打たれた後、自分がレセプションをする・しないを瞬時に判断し、レセプションをしない選手はレセプション後の局面を優位に展開すべく、できるだけ早く次の局面へ体勢を整えることが望ましい。しかし、レセプションされたボールの行方を正しく判断せず、「レセプションされたボールは、セッターに返球されるはず」との憶測をもってレセプションしない選手が次の局面に移行してしまうと、返球がそれて自分の目の前に落球するようなミスも起こりうる。選手やチームのレベルにもよるが、とくに、初級者で構成されるチームにおいては、レセプションされたボールの行方を見届けて正しく判断しながら（見届けながら）次の局面に移行し、場合によっては、ファーストテンポの攻撃をする選手でさえ、セッターに代わってセットしなければならない場合もあることを指導しておくべきである。

### 🟦3─フォーメーションにおける想定外の ボールやサーブに対するカバーリング

サーブされたボールが、ネットに当たってネット付近に落ちる、いわゆる「ネットインサーブ」についても対応できるようにしておく必要がある。原則として、ここまでセッターは、レセプションをしないという前提でフォーメーションを考えてきたが、このような場合は、セッターがレセプションをしなければならないケースがある。また、ファーストテンポを重視したフォーメーションにおいても、サーブが打たれた後、完全に攻撃に移行するのではなく、レセプションを意図した選手

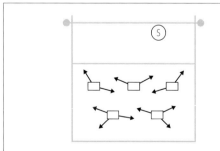

図17 カバーリング（Overlap）の例

が届かないような場合にはカバーリングが必要である。

また、図24で示したように、勢いよく打たれたスパイクサーブは物理的に前方に落ちないという前提で前方を広くあけているので、レセプションに参加しない選手も想定外の軌道のサーブ、すなわち、ネットインサーブや極端に緩く打たれた場合には対応しなければならない。

### 4 ─ ジャッジ（イン・アウトの判断）

サーブされたボールがコート内に落球する（レセプションしなければならない）、コート外に落球する（レセプションしてはならない）を予測し、適切に判断することはたいへん重要である。コート外に落球するボールを無理にレセプションし、大きくはじいてしまった結果、相手コートに攻撃もできずにイージーボールを返球することや、そのまま、サービスエースとして得点を与えてしまうような最悪のケースは避けなければならない。

イン・アウトのジャッジについては、原則として、選手個々で判断することが望ましいが、初級者には、ジャッジしながらレセプションを行うことはたいへん難しいことから、レセプションをしない選手がジャッジして伝え、レセプションする選手に協力できるように準備しておくことが必要である。サイドライン付近のジャッジ（視野に入る）より、エンドライン付近のジャッジ（視野に入らない）は、たいへん困難であることから、練習の中で組織的に確認し合う習慣をつけたい。

＊

本節では、基本的なレセプションフォーメーションについて述べてきた。しかし、その型や選手個々の特性を勘案した配置を考えた場合、フォーメーションの数は無数に存在し、また、サーブを打つ相手選手も自チームのレセプションフォーメーションによってサーブの種類や打つ場所、落球場所を変えてくると考えられるため、「このレセプションフォーメーションがいちばんよい！」というベストのフォーメーションは存在しない。さらに、3-3でファーストテンポの攻撃を重視したフォーメーションについて記述したが、実際に重視しているファーストテンポの攻撃を何本（％）打つことができたのか、何本（％）決まったのかなど、フォーメーションの目的とその効果もフィードバックしなければならない。練習時には、指導者が選手に対して、そのフォーメーションのもつメリットやデメリットを十分説明し、選手個々に役割を理解させることが必要である。そのうえで、反省と実践を繰り返しながら、論理的なチームを育成したい。

（橋爪　裕）

[引用・参考文献]
(1) 国際バレーボール連盟『FIVB Coaches Manual 2011』
(2) 日本バレーボール学会編『バレーペディア　2012年改訂版』日本文化出版、2012
(3) 日本バレーボール協会編『最新バレーボールコーチ教本』大修館書店、2005
(4) 日本バレーボール協会編『バレーボール指導教本』大修館書店、2012
(5) 日本バレーボール協会指導普及委員会『2015全国大学バレーボール部員対象日本体育協会公認バレーボール指導員（専門科目）資格取得講習会テキスト』2015
(6) Volleyball Canada『Coaches Manual Level 1』1994
(7) 吉川正博『試合に勝つためのバレーボールフォーメーションBook』日東書院本社、2013

# 6-4 アタックフォーメーションとカバーリング

## 1. アタックフォーメーションの考え方

　一般的なラリーの中で使われるフォーメーションを時系列で並べると、基本的に図1のようになる（サーブ側のチームをA、レセプション側のチームをBとする）。

　この流れが刻々と変化しながらバレーボールのラリーは展開していく。また、相手に返球するまでのボールコンタクト数によっても考え方は変化するため、アタックフォーメーションを一元的にとらえることは困難である。そこでここでは、レセプションまたはディグした瞬間から、アタックヒット前までの過程に限定して、攻撃の分類と攻撃に関わる選手の配置および約束された動き（システム）について記述する。

　バレーボールにおいては、他のネット型の競技と比較してネットが高いことから、初級者にとってはネットの高さ自体が大きな障害であり、さらに、攻撃を阻止しようとする相手側のブロッカーに対して効果的に攻撃をするためには、アタックフォーメーションの理解が必須であり、試合の勝敗を左右する非常に重要な要素である。

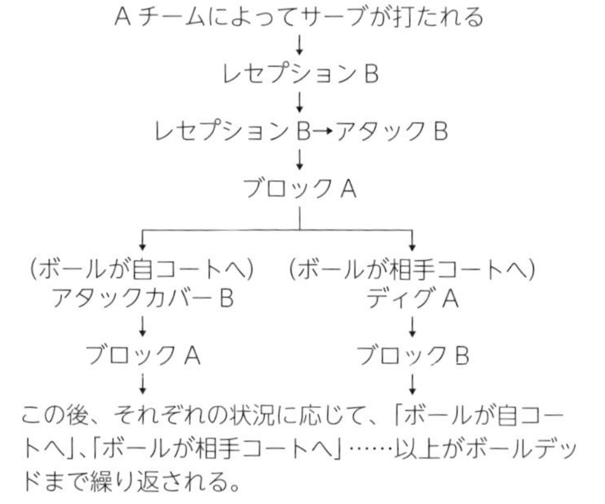

```
Aチームによってサーブが打たれる
        ↓
     レセプションB
        ↓
  レセプションB→アタックB
        ↓
      ブロックA
        ↓
  ┌─────┴─────┐
(ボールが自コートへ)  (ボールが相手コートへ)
  アタックカバーB      ディグA
      ↓              ↓
    ブロックA         ブロックB
```
この後、それぞれの状況に応じて、「ボールが自コートへ」、「ボールが相手コートへ」……以上がボールデッドまで繰り返される。

図1　ラリー中のフォーメーションの流れ

## 2. 攻撃の種類

### ■1 コンタクト回数による攻撃の分類（ブロックによるコンタクトを除く）

#### 1 ダイレクト攻撃（ファーストコンタクトでの攻撃）

相手コートから返球されたボールを直接攻撃する方法である。一般的に自チームのサーブやアタックがよく、相手のレセプションやディグのミスを誘い、自コート内のネット近くに返球された場合等、アタッカーが直接アタックヒットの可能な状態のときに利用できる。その他、相手のセカンドコンタクトミス、または、ブロックされたボールがネットに平行に飛んできた際などにもチャンスがある。

ダイレクト攻撃においては、ほとんどの場合、攻撃前の最終のコンタクトは相手チーム選手によるもので、自チームではコントロールができない半面、前方から返ってくるボールをアタックするので、初級者にとっても、技術的に比較的容易であることや、相手の意図するディグフォーメーションによる配置が完了する前に攻撃できる可能性が高く、有効であることから、一定の技能をもつ選手であれば積極的にダイレクト攻撃を行いたい。

#### 2 セカンドコンタクトでの攻撃（二段攻撃）

3回までのコンタクトが認められている中で（ブロックによるコンタクトを除く）、2回目のコンタクトで相手コートに攻撃する方法である。セカンドコンタクトでの攻撃としては、セッターの2（ツー）攻撃（Dump）が一般的であり、国際的なレベルの試合でもみることができる。また、相手コートからの緩いフリーボール等をファーストコンタクトで直接セットし、スパイクをする方法や、ブロックによって相手攻撃の威力が軽減されたときに直接セットする方法がある（9人制バレーボールでは、ブロックによるコンタクトを1回とカウントするため、この方法がよく利用される）。

セカンドコンタクトおよびサードコンタクトが許容とされているということは、ネット型競技におけるバレーボールの大きな特性の一つである。

#### 3 サードコンタクトでの攻撃（三段攻撃）

多彩な攻撃をめざして、現在のバレーボールでもっとも利用される攻撃方法である。基本的に、この攻撃方法は、①ファーストコンタクトはセッターへ、②セッターを中心にセカンドコンタクトはアタッカーにセット、③サードコンタクトは相手コートに返球するという明確な目的をもち、セッターを中心として攻撃できるため、安定した攻撃が期待できるとともに、アタックまでの時間が長いことから、アタッカーが攻撃するにあたって効果的にコンディションを整えることができる等のメリットをもつ。

### ■2 セットの高さによる攻撃の分類

#### 1 ナンバーリングシステム

ナンバーリングシステムは、二次元の座標系を利用し、2桁の数字でセットの種類を特定しようとするシステムである。図2にナンバーリングシステムの例を示す。自チームのレフトサイドからライトサイドまでの9mを水平方向に1mずつ、1から9のゾーンとしてナンバーリングを行い、アタック攻撃をする場所を示す（最初の数字）。次に、ネット上部白帯から上方に1単位ずつのゾーンに分割し、下から上に1からナンバーリングを行い、セットされたボールの軌跡のピーク高を示す（2番目の数字）。この際、理論的には、体育館の天井まで一定の単位で表現することができるが、後述の速攻を意図したセットのピーク高を1（速攻

においてはボールがピーク高に達する前にアタックヒットすることもあることから、例外もある)、時間差攻撃等を意図したセットのピーク高を2で表現することが一般的であり、今回の場合、3より上方を0と表現する。これらの2つの数字を組み合わせて、セットの種類を表現する方法であるが、これは、あくまでもナンバーリングシステムの考え方の一例であり、とくに、上方の単位(それぞれの高さ)はチームのレベルに応じて構成することが望ましい。

### ②──オープン攻撃、ハイセット

今回の例では、「13」「93」「10」などで表現できる攻撃である(図3)。アタッカーにアタックヒットまでの時間を与えることができ、また、アタッカーがセットミスへの対応も可能なこと、セットが比較的容易なこと、後述のアタックカバーフォーメーションまでに時間的な余裕を与えることができる等のメリットから、また、レセプションやディグのミスに対応するためにも、もっとも基本的な攻撃である。その半面、相手ブロッカーにも時間を与えることになるので、発展として、セッターやアタッカーの能力や状況に応じて、トスを低くし、平行攻撃として有利に攻撃する方法もある。

レセプションやディグが大きく乱れた際や、打つべきスパイカーに時間を与えたい際にも利用することができるが、初級者にとっては、ネットに平行ではない後方からの非常に高いセットは、アタックすることがたいへん困難であることから、助走方向を工夫させるといった指導が必要である。

### ③──セミ・時間差攻撃

今回の例では、「52」「32」「62」で表現できる攻撃である(図4)。セミ攻撃、時間差攻撃として考えることができるが、時間差攻撃の場合、速攻に対応してジャンプした相手ブロッカーがこの

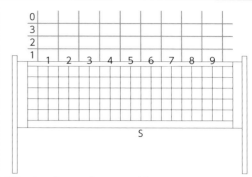

図2　ナンバーリングシステムの例

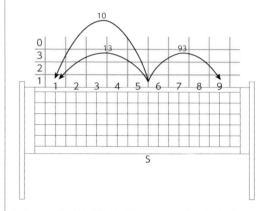

図3　ナンバーリングシステムで表現したオープン攻撃

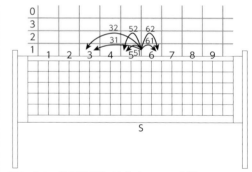

図4　セミ・時間差攻撃、速攻(クイック攻撃)

攻撃のブロックに間に合わないようにする必要がある。

また、このような相手ブロックを意識した攻撃以前に、初級者でも比較的攻撃しやすいことから、アタック練習としても有効である。

### 4—ファーストテンポ（クイック）

Aクイックや、Bクイックといわれている攻撃のことである。ナンバーリングシステムで表現すると、セッターの水平方向のホームポジションを5と6のゾーンの境界線とした場合、Aクイックは「51」、Bクイックは「31」、Cクイックは「61」となる（図4）。とくにこの攻撃の成否は、アタッカーの技能はもちろんだが、セッターの技能に大きく左右される。

## 3. 複数選手によるアタックフォーメーション

レセプションやディグされたボールが意図した通りセッターに返った後、空間（攻撃の幅）、時間の違い（または同一時間）、スパイカーの交差等を活かし、数的優位の状況を生みだして効果的に攻撃するために、複数の選手が協調するべきである。ここでは、初級者で構成されるチームを中心に、2名以上でより効果的に攻撃する方法について述べる。

### 1—基本的なアタックフォーメーション

セッターが前衛でアタッカーが2名の場合に考えることができるもっとも基本的なパターンを図示する（図5）。アタックフォーメーションに移行する前の位置（レセプション、ブロック、ディグ等）からもっともアタックに移行しやすい攻撃の例である。レフトサイドにいる選手はレフトから、センターにいる選手はセンターからアタック攻撃をする。

セッターが後衛の際は、フロントの3名での攻撃になる（図6）。それぞれ、レフト、センター、ライトのサイドからアタック攻撃をする。

### 2—アタックフォーメーションの応用

#### 1—空間（幅）を活かした攻撃

図7は図5（前衛2名の場合）の応用で、センターに位置する選手をライト側に移動させ、9mの空間をできるだけ広く利用しようとする攻撃例である。図5で示した例では、ネットの幅9mの半分しか利用できていないので、ブロッカーがカバーする範囲も限られるが、図7ではブロッカーも広い範囲をカバーする必要がある。また、図5にライト側のバックアタックを組み合わせることで同様の効果をもたせることができる。

#### 2—時間差攻撃

アタックヒットまでの時間が違う攻撃を準備し、その差を利用して攻撃する方法である。たとえば、「51」および「32」での攻撃の両方を準備しておく。

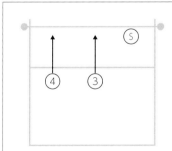

図5 基本的な攻撃例（S2）の場合

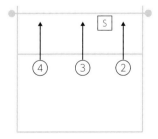

図6 基本的な攻撃例（セッターが後衛の場合）

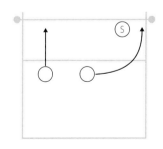

図7 幅を活かした攻撃例

この攻撃の基本的な考え方は、相手ブロッカーが「両者に対応できない」環境をつくり、できるだけブロック力を低下させようというものである。相手ブロッカーが、ファーストテンポに対応して必ずジャンプする場合（コミットブロック）にはとくに有効である。

この例では「51」に対してブロックしようとジャンプした選手が、着地⇒移動⇒「32」に対してブロックが完成する前に、「32」のセットに対するスパイクヒットを完了している必要がある。

その他、選手個人の技能が高まってくると、この考え方を踏まえた攻撃を1人で行うことができる。すなわち、速攻で打つとみせかけてジャンプせず、タイミングをずらしてアタックヒットする方法を「1人時間差攻撃」という。また、前衛スパイカーと後衛スパイカーが協調して攻撃する例（パイプ攻撃・ビック〈バックロークイック〉等）もある。

### ③—X攻撃

②で述べた時間差攻撃をさらに複雑にした攻撃である。

時間差に加え、スパイカーの移動軌跡を交差させることで、相手ブロックフォーメーションを混乱させようとする攻撃である。相手ブロックフォーメーションにおいて、水平方向の動きのみ行うチーム（ブロッカーの配置替えをしない・できないチーム）に対してとくに有効である。ここでは例として、「31」＋「52」を図示する（図8）。

★印のブロッカーは、4の選手が3の選手のレフトサイドから攻撃してくると予想して準備しているが、3の選手のライト側に移動したため、ブロックに参加できない例である（■のブロッカーによって移動が阻まれる）。

このような攻撃パターンに加え、助走方法を工夫することでさらに攻撃の効果を高めることができ

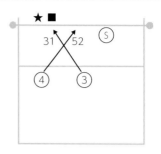

図8　X攻撃

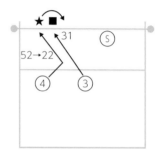

図9　フェイクX攻撃

る。図9は、図8で示したX攻撃をするとみせかけて、選手が交差せず（フェイクX）、相手ブロッカーの混乱を誘いながら攻撃する例である。また、複数人が同時に速攻を打とうとする方法も挙げられる。その他、アタックヒットされたボールのコースやその球速等を含めて考えた場合、攻撃パターンは無数に存在する。指導現場では、指導するチームや選手のレベル、また、対戦する相手チームのレベルに応じて、その目的やメリット、デメリットを理解させながら複数のアタックフォーメーションを準備しておきたい。

### ④—バックアタック

セッターが前衛の場合は前衛のアタッカーは2名になるので、後衛選手もアタックに参加させ、ブロック数に対して数的不利にならないようにする方法である。ブロックに参加できる人数は最大でも3名であるが、アタックできる人数は最大で

5名になる。前衛アタッカーが3名の場合には、後衛選手のアタック参加で数的優位を狙うこともできる。このことから、現代のバレーボールにおいてバックアタックは必須な攻撃方法になっている。その他、この攻撃には前述の「幅を活かした攻撃」および「時間差攻撃」等の考え方を含めることができ、非常に多彩な攻撃をつくり出すことができる。

バックアタックは、アタックライン後方で踏み切ってアタックする技術であり、相手コートに「直線的」にボールを打つためには、高度な身体的・技術的能力が必要であり、同時にアタックラインを踏む（越える）リスクも大きく、難度が高い攻撃方法である。しかし、非常に重要な攻撃であることから、初級者で構成されチームにおいても、フロント攻撃とあわせて指導していきたい。

## 4. アタックカバーフォーメーションとは

### ❶ 相手ブロックに対応したフォーメーション（アタック→ブロック→アタックカバー）

相手チームがブロックを試みる場合、自チームのアタッカーが打ったボールが相手にブロックされ、自チームコートに戻る場合を想定しなければならない。アタックカバーフォーメーションとは、この戻ってきたボールをコートに落とさないようにするために必要なフォーメーションである。指導の中で、「ブロックカバー」と表現することもあるが、相手ブロッカーの失敗をカバーする意図でないことや、自チームブロッカーのカバーをする動作と同じ表現になるため、ここでは「アタックカバー」と表現する。

自チームアタッカーおよび相手ブロッカーの能力・数に応じて対応する必要があるが、アタッカー以外の5名で2ラインを形成し、相手ブロッカーによってアタッカー近くに戻されたボールを2名で、アタッカーから離れたボールを3名で処理する2-3型（図10-1）や、アタッカー近くを3名で、離れたボールを2名で処理する3-2型（図10-2）が基本的な例である。加えて、ブロッカーに接触し、大きくはじかれたボールを処理するため、後方に1名残る2-2-1型も考えることができる。ここでは、Wフォーメーションから「13」の攻撃に対しての各選手の動きを示す（図10-3）。セットされる位置をいちばん早く認識できるのは、その意思決定をするセッターであり、この例においてもいちばん移動距離を大きくしている。また、アタックしたアタッカー自身も戻されたボールに

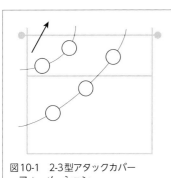

図10-1　2-3型アタックカバーフォーメーション

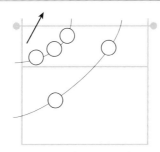

図10-2　3-2型アタックカバーフォーメーション

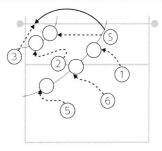

図10-3　Wフォーメーションから2-3型アタックカバーフォーメーション

対して処理する必要があり、アタック練習時においても、アタック⇒アタックカバーを一連の動作とした指導が必要である。

　アタックカバーフォーメーションは、自チームのアタックフォーメーションが複雑になればなるほど動きも複雑となり、早さも要求されることから、アタックフォーメーションの高度化とともに、アタックカバーのフォーメーションも高度化しなければならない。また、アタックが困難な場合や、相手ブロックが複数名で完成されている場合等、相手ブロックに意図的に緩く当てることによって（リバウンド）、このアタックカバーフォーメーションを利用し、次のより有利なアタックフォーメーションに展開できるようにするためにも、非常に重要なフォーメーションである。

## 2　自チームアタックミスに対応したアタックカバー（自チームアタッカーのミス→アタックカバー）

　前述のダイレクト攻撃において（とくに初級者に起こる例として）、そのアタッカー自身がダイレクトで返球されてくることを予期しておらず、最悪、ダイレクト攻撃が「空振り」となることも想定される。そのため、アタックカバーが必要となる（本来は単にフリーボール等のディグとして考えるべきである）。また、アタックヒットしたにもかかわらず、ネットを越えなかったケースにおいても、その後最大2回のコンタクトが許されることから、ネットプレイを含め、ダイレクト攻撃（ミス）後のカバーが必要である。

　また、たとえば、Aクイックでの攻撃を意図したが、スパイクヒットできなかった場合（ミス）、そのボールをセッター以外の選手（そのスパイカーを含む）でカバーし、返球しなければ相手ポイントとなってしまう。これらの例も自チーム選手のアタックのミスをカバーするという観点から、組織的にカバーする必要がある。ミスが多い初級者で構成されたチームにとって、ここで述べたアタック攻撃における自チーム選手のミスに対するカバーは非常に重要であり、その原因であるミスに対する指導とあわせて、日頃から細部にわたって指導していきたい。

（橋爪　裕）

[引用・参考文献]
(1)国際バレーボール連盟『FIVB Coaches Manual 2011』
(2)日本バレーボール学会編『バレーペディア　2012年改訂版』日本文化出版、2012
(3)日本バレーボール協会編『最新バレーボールコーチ教本』大修館書店、2005
(4)日本バレーボール協会編『バレーボール指導教本』大修館書店、2012
(5)日本バレーボール協会指導普及委員会『2015全国大学バレーボール部員対象日本体育協会公認バレーボール指導員（専門科目）資格取得講習会テキスト』2015
(6)Volleyball Canada『Coaches Manual Level 1』1994
(7)吉川正博『試合に勝つためのバレーボールフォーメーションBook』日東書院本社、2013

# 6-5 ブロックフォーメーション

## 1. ブロックフォーメーションとは

　ブロックとは、「ふさぐ」「妨害する」などを意味するが、相手からの攻撃に対して、ネット際でジャンプした後、以下に述べる目的に即し、ネット上に両腕を伸ばすことによって、チームの壁をつくるプレイのことをいう。互いに攻撃的な返球をめざすバレーボールにおいて、ブロックをディフェンス面からとらえると、相手からの攻撃を相手にもっとも近い位置で阻止・軽減するために必要な技能であるといえる。

　1965年にブロックに関わる国際ルールの変更があり、ブロックのオーバーネットが許容され、1977年にはブロック時のボールコンタクトが1本とカウントされなくなった。これらのルール変更により、これまで守備的な技術としてとらえられていたブロックは攻撃的な技術へと変貌していくこととなる。

　すなわち、オーバーネットが許容されたことでネットを越えて腕を前に出すことが可能になり、スパイクのヒットポイントとブロックの距離が近づき、スパイクの強打コースを制限できるエリアも広くなった。これにより、相手チームにもっとも近い位置でのポイント獲得（シャットアウト）を目的とした技術「キルブロック」が台頭していく。また、ブロックをファーストコンタクトとしてカウントしないルール変更により、ブロック後のプレイがセットではなく、ディグとなることで局面の修正機会が増え、さらにブロックの重要度が高まることになった。

　現在では、相手チームにもっとも近い位置での攻防に影響し、ゲームの勝敗を左右する重要な技能の一つとして、ブロックを個人技術としてだけでなくフォーメーション（シフト）としてとらえ、

このシステムを機能させることが必須の課題となっている。ブロックフォーメーションは、ディグフォーメーション（フロアディフェンス）と関連させたトータルディフェンスの第一段階として組織化・体系化が図られているのである。

このようにブロックフォーメーションは、相手の攻撃に対して、1人あるいは2人、3人で組織的にブロックすることから、ブロックに参加する選手の配置や反応・動き方をシステム化することがめざされている。以下では、ブロックの目的に沿って代表的なフォーメーションをいくつか紹介し、このシステムが有効に機能するためのポイントを解説する。

## 2. ブロックの目的

ブロックの目的は、攻守の観点から以下の4つにまとめることができる。
① 相手のアタック（スパイク）をシャットアウトする（キルブロック）。
② 相手のスパイクコースを制限して、ディグしやすい状況をつくる。
③ ソフトブロック（ワンタッチ）でスパイクの威力を軽減する。
④ ブロックの高さや人数によって相手スパイカーに心理的なプレッシャーをかける。

チームの選手構成や身体能力などによっては、常に3人のブロッカーを確保できない場合もある。人数に関係なく、ブロッカーとして相手チームにもっとも近い位置での攻防に関わる重要な技能であることを理解させ、常にチームシステムとしての目的意識をもち、ブロックすることを徹底すべきである。

## 3. ブロックの反応の種類

### ①—コミットブロック

おもに相手のファーストテンポ（クイック）の攻撃に対して用いられるブロックである。セットされたボールの行方を追う前にクイッカーのヒットテンポに合わせて跳ぶため、セットに振られることもある。スパイカー1人に確実に1人以上のブロッカーで対応するマンツーマンブロックにおいて、クイックへの対応はコミットブロックに相当する。

### ②—リードブロック

相手セッターのセットした"事実"に対して素早く反応する（see & response）ブロックことで、コミットブロックのようにセッターの配球に左右されることはなくなるが、セット後に素早く反応する反射的な動きが求められる。ブロックの完了までに相手チームのオフェンス移行の過程を同期的に把握・判断する必要があり、また与えられている時間が短いため、ブロッカーにも広い周辺視野、高い反応・身体能力が求められる。個人の技能習熟に加えて、チームとしてこのシステムを有効に機能させるためには、多くの時間を要する。

### ③—ゲスブロック

「ゲス」とは推測の意味であり、ブロッカー個人の勝手な憶測や直感で行うブロックである。初心者やゲームに慣れていない選手、あるいはブロックのシステム化が図られていないチームにみられる傾向がある。キャリアや技術に乏しい段階では、一見すると一生懸命にブロックしているようにみえ、まれに読みが当たることもあるが、ディフェンスパターンの再現性に乏しく、それぞれの選手の勝手な憶測や判断で動くため、ディガーの動きにもマイナスの影響を及ぼし、チーム全体の

ディフェンス力の低下にもつながりかねない。選手やチームの将来を考えたときには、なるべく早期にゲスブロックを排除するよう努める必要がある。

## 4. ブロックフォーメーション（シフト）の種類

### 1―バンチ（図1）

全ての攻撃に対して、なるべく多くのブロッカーを対応させることを目的としたシフトであり、おもにリード反応と組み合わせて（バンチ・リードブロック）、コート中央に3人のブロッカーを集めて配置される。中央付近からの攻撃（クイック、バックアタック等）に対しては効果的だが、両サイドのアンテナ付近から速いテンポで攻めてくるチームには対応が難しくなる。

### 2―スプレッド（図2）

両サイドからテンポの速い攻撃が多い場合に対応するためには、コートの両サイドにブロッカー間を離して（広げて）配置することも効果的である。アンテナ付近にブロッカーを配置することにより、両サイドのテンポの速い攻撃に対して待ち構えるようにしっかりと対応できる。しかし、とくにミドルブロッカーは左右の移動範囲が広がるために、素早く移動する能力が要求される。また、図1に示すバンチとは逆に、中央からのコンビネーションをともなう攻撃や速いテンポでの攻撃に対して、複数人でのブロックが難しくなる。

### 3―デディケート（図3）

相手チームの攻撃パターンやエーススパイカーへの対応など、相手のオフェンスに強弱や攻撃位置の偏りがある場合には、ブロッカー間の距離を均等にせず、マークする相手に合わせてブロッカー人数を増やして配置する方法もある。デディケートシフト呼ばれ、ブロッカーの配置が傾斜配分されているために、セット前の段階での相手セッターと配球先の駆け引きに使われることもある。

### 4―スタック（図4）

アタッカーが交錯してコンビネーションスパイクを多用するチーム等に対しては、両サイドいずれかのブロッカーをセンターブロッカーの背面にネットからやや離して配置し、相手のファーストテンポの攻撃に連動し、変則的な動き（X攻撃等）からセカンドテンポで攻撃してくる選手に必ず最低1人のブロッカーを対応させるよう配置するシフトも有効であると考える。

高校生チームなどに多く用いられており、ミドルブロッカーはクイッカーにコミットブロックで

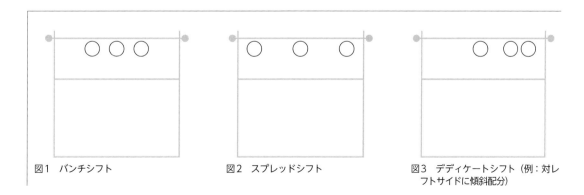

図1　バンチシフト　　　　図2　スプレッドシフト　　　　図3　デディケートシフト（例：対レフトサイドに傾斜配分）

図4 スタックシフト

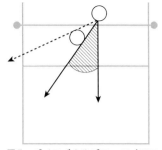
図5 ダイアゴナルブロック（クロスコースの制限）

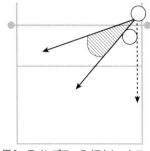
図6 ラインブロック（ストレートコースの制限）

対応し、その後、交錯しながら攻撃してくるスパイカーに対して、ミドルブロッカーの背後よりアジャストしながらブロック対応するのが主流である。変則的に交錯して攻めてくるアタッカーに対して、ノーブロックのコンディションをつくらない場合や3人のブロッカーの判断・対応、役割の切り替えが間に合わない場合などにも有効であるが、相手の動きに合わせてブロッカーも交錯する必要があり、左右のポジションが入れ替わる場合もあるので、切り返しのオフェンスへの移行が難しくなることもある。

#### 5 ― ダイアゴナル（コースの制限、図5）

ブロッカーの人数が少ない場合でも、ブロックの目的に挙げているように、スパイクコースにある程度の制限をかけることができる。その際、ブロッカーが対角（クロス）のスパイクコースを制限する位置でブロックするシフトをダイアゴナルブロックと呼ぶ。相手の助走ラインやステップを評価し、もっとも強打となるコースにプレッシャーをかけ、リベロやディガーを多く配置しているコースに打たせるといった、フロアディフェンスとの連携が不可欠である。

#### 6 ― ライン（コースの制限、図6）

ダイアゴナルブロックに対して、ストレートコースを制限する位置でブロックに跳ぶシフトをラインブロックと呼ぶ。ダイアゴナルと考え方は同じであるが、それぞれ強打の抜けるコースがストレート、クロスと異なるため、ディガーはボールを追う動きと返球角度の違いなどを理解し、コースに特化したディグ練習をしておく必要がある。

## 5. ブロックフォーメーション（シフト）の応用

#### 1 ― リリース（図7）

図1に示したバンチシフトからサイドブロッカーの1人をいずれかのサイドに広げた（変則スプレッド）配置であり、センター付近のコンビネーションに加えて一方のサイドに高速で強い攻撃がある時や、相手のフロントスパイカーが2人でバックアタックがある場合など、ある程度の偏った攻撃パターンに限定されるときなどにも用いられる。

#### 2 ― ステイ（図8）

ステイとは、その場にとどまるという意味をもち、ブロッカーが定位置にとどまるシフトである。相手チームのレセプションやディグされたボールの返球位置やスパイカーの踏切位置に関わらず、バンチやスプレッドなどの定位置にとどまった状態からブロックするシフトである。

### ③―フロント（アジャスト、図9）

ステイとは逆に、レセプションやディグの返球場所や相手のミドルブロッカーのクイック位置など、セット前にブロッカーが相手のオフェンスコンディションに合わせて配置を移動するシフトである。

フロントシフトでは、図9-1に示すように、おもに相手クイッカーの踏み切る位置の正面にミドルブロッカーを対峙させるのが一般的である。レシーブコンディションによって、セット先が限られた場合や、ブロード等の高速で移動しながらの攻撃に対応できる。ブロッカーの身体能力や技術の到達度によっては有効なシフトである。

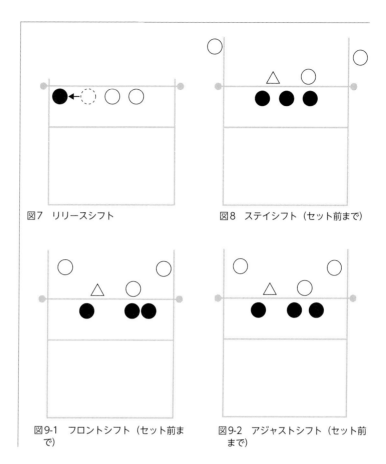

図7　リリースシフト

図8　ステイシフト（セット前まで）

図9-1　フロントシフト（セット前まで）

図9-2　アジャストシフト（セット前まで）

また、図9-2のように、ブロック技能のレベルによっては、フロントシフトからアジャストシフトへと発展させる。アジャストシフトでは、クイック以外の攻撃（対角サイドの攻撃等）にも素早くブロッカーが対応できるよう、常にアタッカーの正面で対峙するのではなく、スタート位置からの移動をなるべく抑え、クイック攻撃以外の両サイドへのブロックにも対応できるように調整・配置するシフトであり、フロントシフトより移動距離は短くなる。わずかな配置の違いと思うかもしれないが、競技レベルが上がるにつれて、数センチの配置の違いが、結果として状況を大きく左右することとなる。

## 6. サーブ前からブロック完了までの局面移行にリード・確認すべき内容

ブロックをシステムとして機能させるには、ゲスブロックの要素を排除することが大切である。その第一段階として、ブロッカーは、相手コートにもっとも近い位置で、瞬時に相手のオフェンス状況を把握し反応すること（see & response）が求められる。状況の把握には、なにをみる（視野に入れている）かが重要であり、基本的な視野の順次性は、レシーブ→ボール→セット→ボール→スパイカーの順となる。

この順次性におけるブロッカーの視点の移行について、把握・確認しておくべき内容の例を表1

**表1　ブロック完了までの視点の動き・確認すべき内容**

| | |
|---|---|
| サーブ前 | ・アタッカー（前・後衛）の人数と配置<br>・レセプションの配置からの攻撃テンポ・コンビネーションパターンの整理<br>・セッターの前・後衛<br>・自チームのフロアディフェンスと関連させたブロックシフトの調整<br>・ゲームの展開・コンディション |
| サーブ後～レセプションまで | ・スパイカーのポジションチェンジ・移動場所<br>・セッターのセットアップ状況 |
| レセプション時 | ・レセプションボールの評価<br>・起こりうる攻撃への判断 |
| レセプション後～セットまで | ・セッターのセットコンディション（対峙するスパイカーの移動を視野に入れておく）<br>・クイッカーの動き、助走の方向 |
| セット後 | ・実際のセットボールへ反応 |
| セット後～スパイクヒットまで | ・セットボールの評価→スパイク位置への移動<br>・スパイカーのヒットコンディション |
| スパイクヒット後 | ・タッチボールの方向・処理<br>・自チームのディグ評価 |

（『バレーペディア』より）

に示す。リードブロックを用いる場合は、どうしてもセッターのセットが最終的な反応のきっかけ（トリガー）となるため、ブロッカーはセッターの動き、セットの瞬間を凝視しがちであるが、最終的な攻撃者はおもにスパイカーとなるため、同期的に相手チームのスパイカー（前・後衛）の動きを把握するためにも、周辺視野を用いた状況把握能力を高めておくことが望まれる。

（土岡大介）

[引用・参考文献]
(1) 国際バレーボール連盟『FIVB Coaches Manual 2011』バレーボール・アンリミテッド、2011
(2) 日本バレーボール学会編『バレーペディア』日本文化出版、2010
(3) 日本バレーボール協会編『バレーボール指導教本』大修館書店、2004
(4) 日本バレーボール協会編『最新バレーボールコーチ教本』大修館書店、2005
(5) 吉川正博『試合に勝つためのバレーボールフォーメーションBook』日東書院本社、2013

# 6-6 ディグフォーメーション

## 1. ディグフォーメーションとは

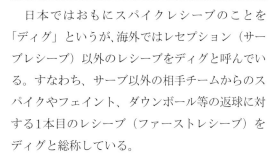

　日本ではおもにスパイクレシーブのことを「ディグ」というが、海外ではレセプション（サーブレシーブ）以外のレシーブをディグと呼んでいる。すなわち、サーブ以外の相手チームからのスパイクやフェイント、ダウンボール等の返球に対する1本目のレシーブ（ファーストレシーブ）をディグと総称している。

　バレーボールは、レセプション（ブロック＋ディグ）―セット―スパイクの3つの局面をつなぎ合わせ、必ず攻撃的な返球をめざす競技である。そして、ディフェンスを考える際には、得点効率の高いスパイクとそれを阻止・制限するブロックなどネット付近での攻防過程は避けられない。よって、本節で取り扱うディグフォーメーション（フロアディフェンス）も、単独で機能すると考えるべきではない。ブロックとディグの連携によって成立するトータルディフェンスとしてとらえられるべきである。

　トータルディフェンスのフォーメーションは、チームの選手構成や技能の習熟度、相手チームの攻撃パターン、そして自チームのディグからアタックへの局面移行（トランジション）のシステムによって、ブロッカー人数や配置・システムを調整したり、ディガーのベース・リード（レディ）ポジションを使い分けたりすることで、無限ともいえる守備隊形を考えることができる。この攻防に関わるシステムの駆け引きが、バレーボールの醍醐味の一つといえる。そもそもバレーボールは、レセプション側のチームに最初の攻撃権があるため、連続ポイントを獲得する（ブレーク率を向上させる）には、このトータルディフェンスを機能させ、自チームの攻撃（切り返し）へとつなげて

いく必要がある。

ここでは、ベースポジション別に初歩的な攻撃パターンに対するディグフォーメーションを取り上げて説明する。ディグを完了した瞬間に攻撃へと転換され（トランジション）、オフェンスフォーメーションとなるため、ここではディガーのファーストコンタクトまでの局面について取り扱う。

## 2. ベースポジションと　　リード（レディ）ポジション

ディフェンスのベースポジションとは、相手コートにボールがある状況での自陣の選手6人の配置を意味し、ディフェンスフォーメーションのスタート位置となる。また、リード（レディ）ポジションとは、ベースポジションから相手セッターの配球や攻撃パターンに合わせて選手が移動し、配置されたディフェンスフォーメーション（ブロック＋ディグフォーメーション）を意味し、おもにセット後から相手のスパイク・返球までに完了をめざした守備配置となる。リード（レディ）ポジションの位置から実際に攻撃・返球されたボールに反応し、ブロック・ディグすることとなる。

また、このベースポジションやリード（レディ）ポジションを完了したディフェンスの配置を表現する際、3つの数字（3：1：2、3-1-2等）で表す方法がある。この3つの数字は、相手チームに近い位置からの選手配置数を示しており、それぞれ（ブロッカー数、フェイント・軟打等に対応するディガー数、強打スパイク等に対応するディガー数）、と表記するのが一般的である。

## 3. ベースポジションの種類

ベースポジションを決定する要因としては、チームを構成する選手の競技レベル（キャリア）やローテ・ポジション別の役割、相手チームの攻撃パターン、自チームのブロッカーとして動員できる人数や用いることができるブロックシステム、ディグ能力などが挙げられる。ここでは、前衛の3選手がブロッカーとして配置できる場合と中学生チームなどにみられるブロッカーの人数を3人確保できない場合について、代表的なベースポジションを例示し、その特徴を説明する。

### ■1 ─ 前衛3選手がブロッカーとして配置　　　できる場合

図1-1（3：1：2）は、ポジション6（バックセンター）の選手が、相手からのフェイントやツーアタック、ワンタッチボール等に対応しやすいようにアタックライン付近まで上がり、ポジション1・5（バックライト・レフト）の選手がコートサイドの深い位置を守る配置であり、6アップ、またはマンアップフォーメーションと呼ばれる。ポジション6の選手が、相手セッターのセット先に合わせて左右に移動し、フェイントなどに対応するようなリード（レディ）ポジションへの移動が一般的である。強打の少ないチームには有効な隊形であるが、バックセンターへの速い攻撃への対応が難しくなる。

図1-2（3：2：1）は、図1-1とは逆にポジション6の選手がバックゾーン深くに位置し、ポジション1・5の選手がそれぞれ両サイド中央付近に位置する配置である。一般的な認知度も高く、6ダウン、またはマンダウンフォーメーションと呼ばれる。速いテンポでのコート中央へのフェイント、

軟打攻撃やバックゾーン両コーナーのスペースを攻撃されたときの対応を考えておく必要があるが、このベースポジションからブロックシステムと連動させて、多様なディグフォーメーションへと発展しており、トップレベルのチームを含め、ベースポジションとして採用するチームが多い。

図1-3（変則3：0：3）は、後衛の3選手が横一列に配置されており、ブロックのみでは対応が難しい速攻への対応を重視した配置である。3人がほぼ横並びとなることから一般的にフラット・フォーメーションと呼ばれ、速攻をディグする機会の少ないポジション6の選手も浅く配置し、ディグやワンタッチボールへの対応人数を増やした配置である。深い位置に配置されたディガーがおらず、後衛3選手の横の連携とポジショニング（3人のラインの前後調整）、スパイカーに近づく位置取りとなるため、とくにスパイクコースに対する素早い反応が要求される。

## 2―ブロッカーの人数が2人、もしくは1人の場合のベースポジション

図2-1（2：2：2）は、ブロッカーを2人配置し、フェイントやツーアタックへの対応にオフブロッカーを加えた2人、そして強打ディグ対応に2人を配置した隊形である。センターからの攻撃に対して2人がブロックしても、その両サイドへのフェイントをカバーリングできる。サイド攻撃へのブロックが1人になっても、オフブロッカーが対角コースのディガーとなるため、強打が少なくコース打ちを多用してくるような相手のディグにも適している。しかし、ブロッカーが2人しかいないため、速攻や両サイドから速いテンポでコート中央や後衛選手の間を攻められた場合の対応が難しくなる。

図2-2（2：1：3）は、図2-1と同様にブロッカーに2人を配置しているが、フェイント対応を1人

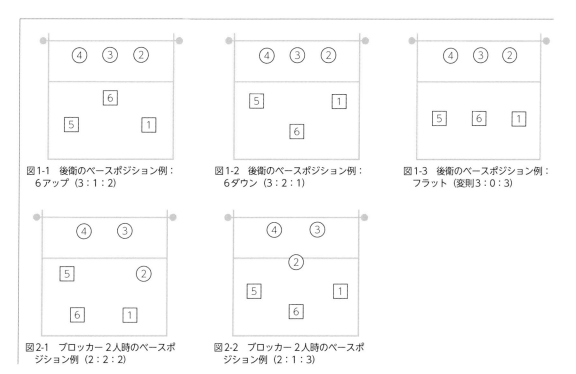

図1-1　後衛のベースポジション例：6アップ（3：1：2）

図1-2　後衛のベースポジション例：6ダウン（3：2：1）

図1-3　後衛のベースポジション例：フラット（変則3：0：3）

図2-1　ブロッカー2人時のベースポジション例（2：2：2）

図2-2　ブロッカー2人時のベースポジション例（2：1：3）

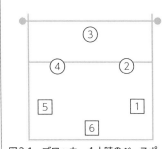

図3-1 ブロッカー1人時のベースポジション例（1：2：3）

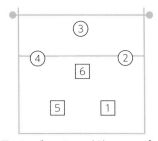

図3-2 ブロッカー1人時のベースポジション例（1：3：2）

にして、後衛の強打ディグに3人を配置した隊形である。フェイント対応にセッターを配置するケースが多く、オフェンスへ移行しやすい利点もある。ブロッカーが少ない分、強打に3人のディガーが備えており、複雑な攻撃の少ない強打中心のチームへの対応にも適している。しかし、センターの位置からファーストテンポで両サイドコーナーへフェイントされた場合などの対応が難しくなる。また、高速でサイドに振られてブロッカーが1人になった場合など、すでにフェイントに備えている選手とオフブロッカーの配置関係や役割を明確にしておく必要がある。

　図3-1（1：2：3）のように、ブロックできる選手が1人しか配置できない場合、フェイント対応に2人、強打対応に3人のディガーを配置する隊形も考えられる。1人のブロッカーで強打コースを制限し、ディガーを5人配置することによって、相手スパイカーの攻撃力が弱く、ディガー5人のレシーブ能力が高いときなど、場合によっては大いにディフェンス力を発揮できる。しかし、相手チームのスパイカーが人数・技能ともに充実しており、強打や多彩な攻撃をしてくる相手などには、ブロック対応が難しく、ディフェンス力を発揮しにくい場合もある。

　図3-2（1：3：2）は、図3-1の弱点であるコート中央のスペースに、ディガーを増やした配置である。強打が少なく、フェイントや変則的な攻撃（返球）を多用してくるチームに対しては力を発揮する場合もあるが、コート深く強打を打つチームには対応が難しくなることがある。

*

　ベースポジションはあくまでもディフェンスフォーメーションのスタート位置として考え、1本目の返球やセッターのツー攻撃、セットまでしっかりとみきわめた後に、リード（レディ）ポジションへと移行していくことが重要である。相手チームの選手構成やローテーション別の攻撃の強弱等に合わせて、ベースポジションを使い分けることも有効であると考えられるが、フォーメーションが増えた分だけ、その後のリードポジションへの移行も多様化し、機能させるまでの道のりが長くなることを忘れてはならない。例示したものが全てではないが、それぞれのベースポジションの意図を読み取り、自チームの選手構成やめざすディフェンスシステムに合わせ、ベースポジションを決定する際の参考としていただきたい。

## 4. リード（レディ）ポジションへの移行とフォーメーション（シフト）の種類

　チームで採用するディフェンスシステム（ブロックとディグのシステムの組み合わせ）に合わせて、ベースポジションからリードポジションへ、前衛・後衛それぞれの選手が動き出す。また、ブロックシステムにおいてコミットやリード反応、ステイやアジャストシフト等を使い分けるように、相手のファーストレシーブの状況やオフェンスパ

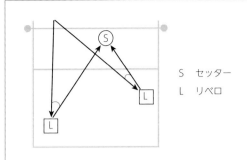

図4 スパイクコースと返球角度の関係

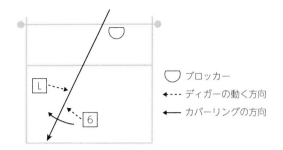

図5 ディガーの動く方向とカバーリングの方向

ターンによって、対応の優先順位を決めておくことも、スムーズにリード（レディ）ポジションへと移行を進めるうえで有効である。

その際、各選手が勝手な憶測に頼って動くのではない。ディフェンス完了までのわずかな時間の中にも、相手に近い位置からの順次性と動きの約束があり、常にチーム（集団）全体で一つのディフェンスフォーメーションを完成させることが重要である。逆にオフェンスサイドから考えると、効果的な攻撃のために、ディフェンス側のベース→リードの移行時間を与えない（完了させない）よう、攻撃の高速化が進んだともいえる。

また、ポジショニング後のディグは、基本的に攻撃の起点となるセッターへの返球をめざすが、ここで大切なのは、各ディガーの守備範囲の把握とポジショニング後のスパイクコースに対応する動きの方向、そして実際に攻撃されたボールにどのような順序で対応するか（順次性）である。

ディガーは相手のセットやスパイカーの状況により、スパイクの球種やコースを予測し、そのうえでブロッカーによるコース制限を踏まえて守備位置を調整する。加えて、ディグする位置と返球目標の角度（図4）を瞬時に把握して、そのために必要な構えをとる。これは、実際のゲーム環境に近い状態で練習を積み重ねる必要がある。また、コースが明確でなく、2人のディガーの対応範囲が重なる場合に「ボールの譲り合い」が起きないように、2人のボールを追う動きの方向や順次性（カバーリング）を約束事として確認しておくことも重要である（図5）。

以下では、前衛の3人がブロッカーとして配置できる場合を取り上げ、レフト、センター、ライトの3ヶ所からの初歩的な攻撃を対象とし、おもにセカンドテンポ以上の攻撃に対して、ブロッカーの人数と関連づけたリードポジション完了までの動きを例示していく。

### ■—レフトサイドからの攻撃に対して

図6-1、6-2は、レフトサイドからの攻撃に対して、6ダウン（3：2：1）のベースポジションから2方向のローテート（スライド）を用いたリードポジション（2：1：3）への移行である。図6-3は、6アップのベースポジションからリードポジションまでの移行の動きを示したものである。さらに具体的にみていこう。

図6-1は、相手のレフト攻撃に対してポジション1（S）の選手がフェイントに対応し、ポジション4のオフブロッカーを含め、各ディガーが左回りに動いて対応するシフト。逆に、図6-2に示すように、ポジション4のオフブロッカーがフェイントに対応し、右回りにシフトするフォーメーションもある。しかし、ポジション4のオフブロッ

カーがフェイントボールに対応するシフトは、結果として前衛の3選手を相手のレフト寄りに配置することとなり、ポジション4の選手がフェイントを処理した場合など、その後のオフェンス展開（とくにレフトサイドからの切り返し）に影響するシフトであることを忘れてはいけない。ローテートを用いた移動は、もっとも一般的なリードポジションへの移行方法であるが、常にリードポジションまでの各ディガーの動きと実際にボールを追う動き、そして返球する方向との関係を理解したうえで、ポジショニングを素早く完了しなければならない。

　図6-3に示した6アップからのリードポジションは、常にフェイント対応の選手（ポジション6：S）がいることで、各ディガーの位置取りや役割が明確になりやすい。なお、ポジション6は、オフェンスへのスムーズな移行等も考慮してセッターがその役割を担うことが多い。

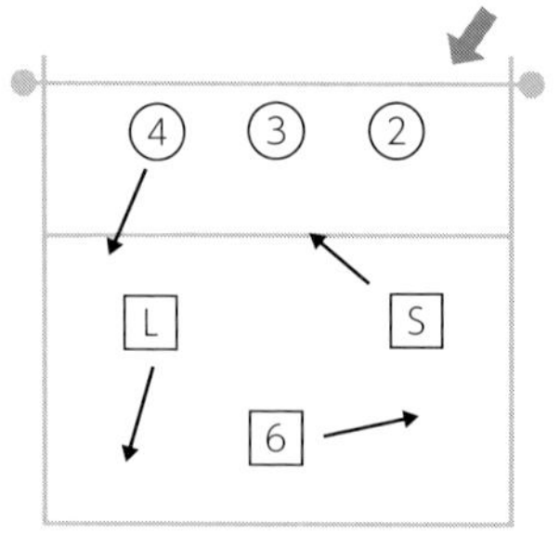

図6-1a　ベースポジション（6ダウンから） 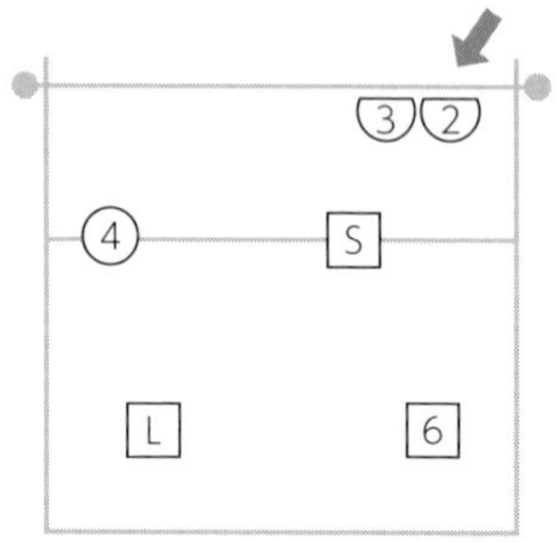
図6-1b　レフト攻撃に対するリードポジション（左回り）

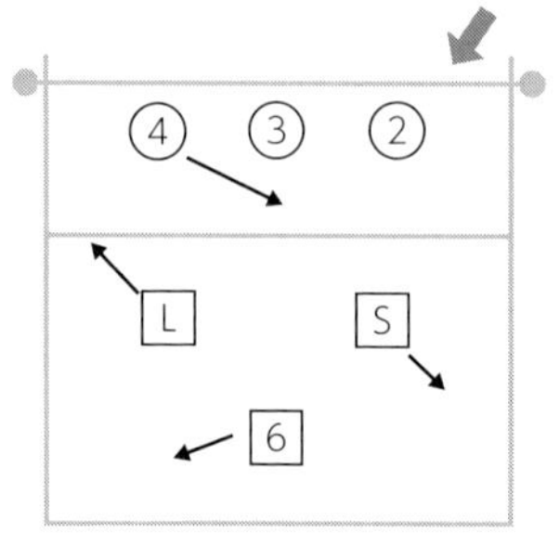

図6-2a　ベースポジション（6ダウンから） 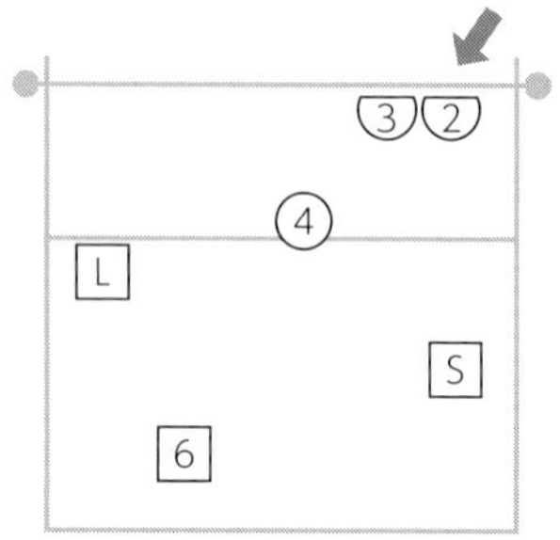
図6-2b　レフト攻撃に対するリードポジション（右回り）

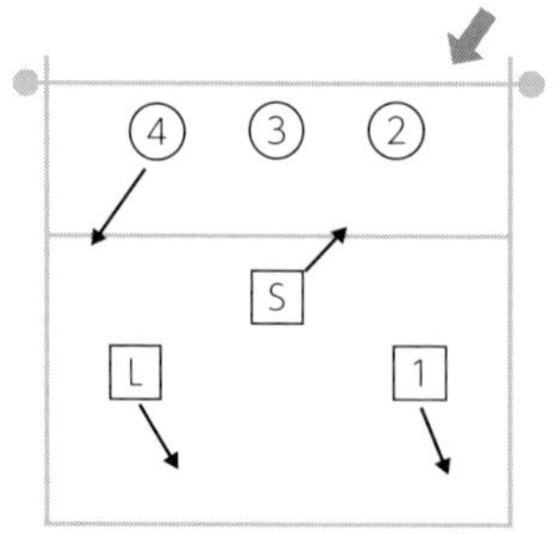

図6-3a　ベースポジション（6アップから）
図6-3b　レフト攻撃に対するリードポジション 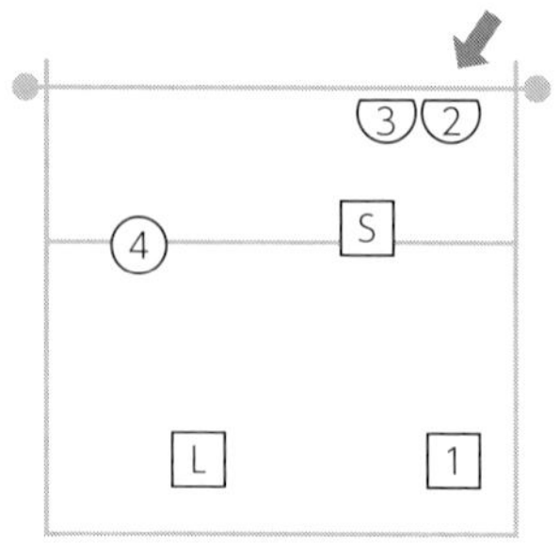

## ❷―ライトサイドからの攻撃に対して

　図7-1、7-2は、ライトサイドからの攻撃に対して6ダウン（3：2：1）のベースポジションから、2方向のローテート（スライド）を用いたリードポジション（2：1：3）完了までの各選手の動きである。

　一般的にセッターが後衛時のディフェンスフォーメーションにおいて、6ダウンのときにはポジション1、そして6アップのときにはポジショ

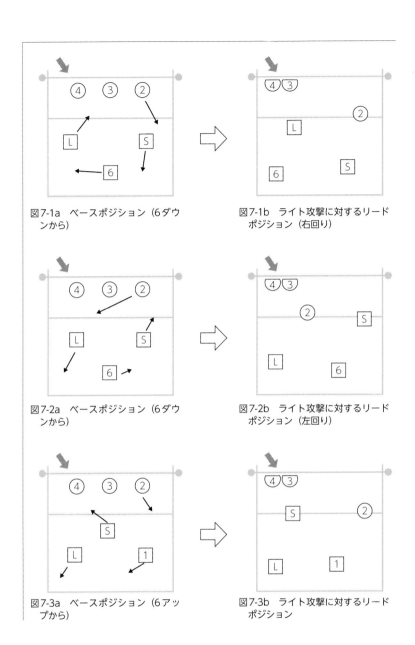

図7-1a　ベースポジション（6ダウンから）
図7-1b　ライト攻撃に対するリードポジション（右回り）
図7-2a　ベースポジション（6ダウンから）
図7-2b　ライト攻撃に対するリードポジション（左回り）
図7-3a　ベースポジション（6アップから）
図7-3b　ライト攻撃に対するリードポジション

としての役割を課すことも重要であるが、その際の返球場所や、セッターの代理を務めるプレイヤーからの攻撃オプションを考えておくことも大切である（図7-2も同様）。

また、図7-3aに示すように6アップでポジション6にセッターを配置し、ライトサイドへのフェイントやワンタッチボールを処理した際にも、上述と同様の課題が生じる。よって、ワンセッターシステムを用いる場合、ライトサイドからの攻撃を受ける際には、①ディガーとしてのセッターの責任範囲、②ディグしなかった場合のセット位置までの動き、③ディグした場合の返球場所からの攻撃オプションについて考えておく必要がある。

ン6にセッターが配置されることが多いが、図7-1に示すように、ポジション1にセッターが配置された場合に右回りでリードポジションに移行すると、ライト対角の深い位置でのディグを担うことになる。その際にセッターは、たとえディグをしなくてもセットアップに時間を要することに気をつけなければならない。セッターにディガー

### 3 ― センターからの攻撃に対して

図8-1、8-2、8-3は、センターからの攻撃に対して、6アップ・6ダウンそれぞれのベースポジションからリードポジション完了までの動きを例示している。センターからの攻撃は、両サイドよりもセット位置からスパイクヒットまでの距離が近く、

競技レベルによっては、とくに攻撃テンポも速くなり、またスパイク・フェイントコースもサイドの90度から180度と広くなる。

図8-1b、2bは、それぞれポジション2、4の選手をフェイントに対応させることで、強打に対応するディガーが3人確保できるが、フェイントに対応するオフ・ブロッカーの守備範囲が180度と広くなり、ファーストテンポで斜線部へフェイントされた場合の対応がとくに難しくなる。そのようなフェイントを多用する相手の場合には、図8-1c、dに示すようにフェイント対応を1人増やした2：2：2のリードポジションも考えられる。

図8-2は、ミドルブロッカーにポジション2の選手を加えた2人ブロックの場合の例示であり、図8-1の場合と対称的な動き・考え方となる。図8-3に示すように、6アップのベースポジションから2人のブロッカー対応となった場合、両サイドどちらかのオフブロッカーがフェイントやワンタッチボールのディガーとなり、最終的には2：

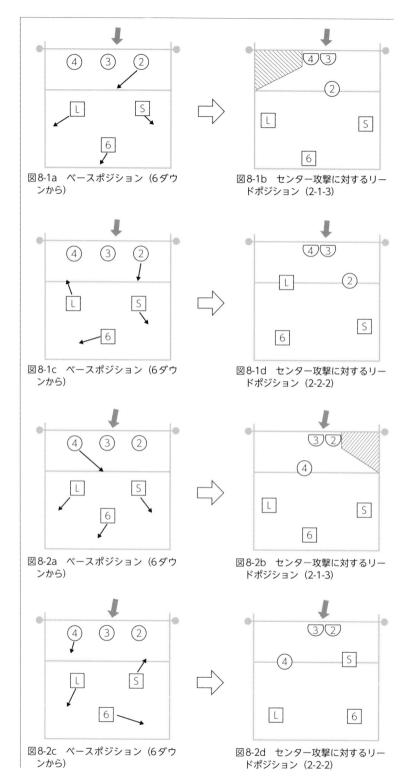

図8-1a　ベースポジション（6ダウンから）

図8-1b　センター攻撃に対するリードポジション（2-1-3）

図8-1c　ベースポジション（6ダウンから）

図8-1d　センター攻撃に対するリードポジション（2-2-2）

図8-2a　ベースポジション（6ダウンから）

図8-2b　センター攻撃に対するリードポジション（2-1-3）

図8-2c　ベースポジション（6ダウンから）

図8-2d　センター攻撃に対するリードポジション（2-2-2）

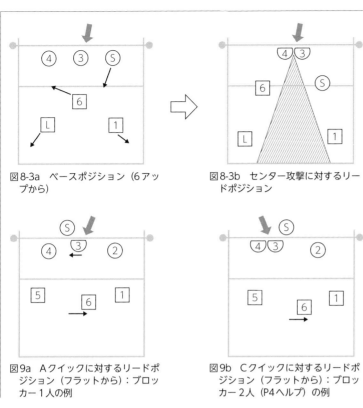

図8-3a　ベースポジション（6アップから）

図8-3b　センター攻撃に対するリードポジション

図9a　Aクイックに対するリードポジション（フラットから）：ブロッカー1人の例

図9b　Cクイックに対するリードポジション（フラットから）：ブロッカー2人（P4ヘルプ）の例

練る必要があるが、サーブやブロックのみの対策では限界がある。わずかな時間でディガーも対応することが求められるが、自チームのサーブが弱く、相手がファーストテンポの攻撃を多用してくる場合などには、図9aに例示するように、フラットのベースポジションからミドルブロッカーによってクイッカーの助走ラインの強打コースにプレッシャーをかけ、わずかではあるがポジション6の選手がターンコースをディグするためにシフトする動きや、図9bのように、コミットブロックでミドルブロッカーにサイドブロッカーがヘルプした場合、ヘルプサイドの逆側にディガーが移動する等のシステムを組むことで、コート左右のエンドコーナーへのコースに対応する方法もある。

また、2段（ハイセット）攻撃などスパイクヒットまでに時間があり、十分にリードポジションへの移行を完了させた状態で相手の強打に備える場合、図10aに例示するように3人のブロッカーで対峙し、ディガーはサイドエンドライン付近に位置取りする、「ペリミターフォーメーション」と呼ばれる配置を用いることがある。ディガーはブロッカーと離れた位置取りのため、フェイントや軟打ボールに関してはフライング対応などが必要となるが、ネットからセットが離れた状況で広角に強打が打てるような場合にも、ブロッカーを3人に増やして広いコースにより強いプレッシャー

2：2のリードポジションとなるシフトが一般的である。よって、斜線部に示すような2人のブロッカーの真裏やコート中央ラインのエリアをディグする動き（サイドから中央への動き）の意識を高めつつ、各ディガーの動きの順次性を整理しておく必要がある。

## 5. クイックと2段トス（ハイセット）に対するリード（レディ）ポジション

セッターのセットから短時間でスパイクヒットするファーストテンポ（クイック）の攻撃に対しては、必然的にベースポジションからの大きな移動が行えない。相手がファーストテンポの攻撃に展開しにくいような戦術的なサーブやコミットブロックで対応するなど、局面の早い段階で対策を

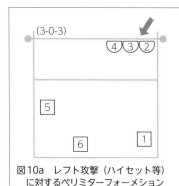
図10a レフト攻撃（ハイセット等）に対するペリミターフォーメション

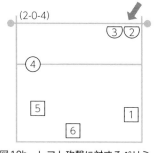
図10b レフト攻撃に対するペリミターフォーメション

をかけ、また強打によって遠くへ弾かれたワンタッチボールへの対応など、コンディションによっては有効と考えられる。

また、2段（ハイセット）攻撃の場所やスパイカーの強打能力・助走コースなどによっては、図10bのように2人のブロッカーで対峙し、フェイント対応の選手をおかず、オフブロッカーを加えた4人のディガーが強打スパイクに備える配置もある。強打中心のチームには有効なフォーメーションであり、男女を問わずトップレベルチームの多くが採用しているフォーメーションの一つである。

## 6. トータルディフェンスとしての考え方

バレーボールはテニスやバドミントンなどネット型競技の中でも、攻防のラリー過程で3回のコンタクト（ブロックを含めると4回）が許される点に特徴がある。この3つ（4つ）の局面がつながってラリーが形成される以上、各局面に必要なスキルは互いに関連しており、ここで扱ったディグフォーメーションが独立して存在することはない。

ラリーを時間軸でとらえれば、ディフェンスは相手の攻撃に対して、まずブロックフォーメーションシステムによって制限をかけ、これに即した形でディグフォーメーションシステムが遂行され、ディグからオフェンスへとつながっていく、という局面のつながりを理解できる。

現在のバレーボールは、高速化を図りながらバックアタックを取り入れてアタッカーの数的優位な状況を作り出すオフェンスが主流になっている。この流れの中では、ブロックとディグをコーディネートさせたディフェンスシステムの重要性が高まっているといえる。また、数的優位な攻撃でオフェンスに主導権を奪われる前に、攻撃テンポを抑えるサーブを重要視する傾向も強まっている。

サーブなどの個人技能の向上がフォーメーションやシステムの充実につながり、それを土台として多様な戦術を創り上げ、また戦術の充実がめざす戦略の達成へとつながっていく。ディグフォーメーションが単なる隊形づくりの自己満足に留まらず、前後の局面と調和させた"トータルディフェンス"として機能させることを忘れてはいけない。

（土岡大介）

[引用・参考文献]
(1) 国際バレーボール連盟『FIVB Coaches Manual 2011』バレーボール・アンリミテッド、2011
(2) 日本バレーボール学会編『バレーペディア』日本文化出版、2010
(3) 日本バレーボール協会編『バレーボール指導教本』大修館書店、2004
(4) 日本バレーボール協会編『最新バレーボールコーチ教本』大修館書店、2005
(5) 吉川正博『試合に勝つためのバレーボールフォーメーションBook』日東書院本社、2013

# 6-7 基礎的ゲーム管理論
## 戦術を考えた選手交代、タイムアウトの取り方

### 1 ― レギュレーションを考える

試合を行うにあたり、競技形式などが書かれたレギュレーション（競技要綱）を確認しなければならない。その競技形式を理解したうえで、登録選手を決定する。とくにローカルルールを採用している場合には、試合ごとに登録選手の変更が認められることがあるので、確認が必要となる。

### 2 ― 自チームのメンバー構想について考える

登録選手を選定するにあたり、現行のルールではリベロの登録人数により、メンバー数が決定するので、はじめにリベロの登録人数を決定しなければならない。リベロを含めた登録人数が決まったら、ポジションごとの人数を決めたうえで、登録メンバーを決定し、スターティングメンバーを決定する。その後、以下の通りメンバー構成を考えなければならない。

〈メンバー構成〉
①登録人数の決定（リベロの人数により変動あり）。
②ポジションごとの人数の決定。
③登録メンバーの決定。
④スターティングメンバーの決定、ポジションの決定。
⑤ローテーションオーダーの決定。
⑥スタートローテーションの決定。

### 3 ― 相手チームのメンバー構想について考える

自チームだけを考えてメンバー等を決定するのではなく、相手チームの登録選手やスターティングメンバー、タイムアウト構想、選手交代構想などを予測して（過去のデータがある場合には分析し）、メンバーを決定しなければならない。

## ❹―メンバーチェンジ構想

　メンバーがどのような状況になった場合、どのメンバーを起用するかについて、あらゆる場面を想定し、しかも必ずその理由が明確でなければならない。
①チーム力を加速させることを目的にする。
②チーム力を安定させることを目的にする。
③チーム力を本来の状態に戻すことを目的にする。
④1点欲しい場面で得点を獲得できる選手を入れる。

　上記のような場面において、プレイヤー自身の役割ができていない場合やゲームの流れを変えたいと感じたのであれば、以下のようなことを観点とするとよい。
①プレイの成績が芳しくないプレイヤー。
②相手に対応できていないプレイヤー。
③プレイヤーは悪い状態ではないが、チームにリズムや流れを作るためにあるプレイヤーを交代する。

　　　　　　　　＊
　メンバーチェンジの目的に応じて、ポジション・役割・配置・構成を考える

**ポジション**　①ウィングスパイカー（アウトサイドアタッカー）、②ミドルブロッカー、③オポジット、④セッター、⑤リベロ

**役　　割**　①アタックなどのオフェンス、②レセプションやディグなどのディフェンス、③セット（トス）、④ブロック、⑤サーブ、⑥オールラウンドプレイヤーとしてなど、各技術のスペシャリティー（リリーフアタッカー、リリーフレシーバー、リリーフブロッカー、リリーフサーバー、リベロ同士など）

　　　　　　　　＊
　選手交代は最大6回までできるが、何回使用するか（リベロは回数制限なし）、元に戻すメンバーチェンジを行うか、それはいつ行うか、戻さないのか、などを考える。

## ❺―タイムアウト構想

　タイムアウトは、1セット2回、各30秒である（大会によりテクニカルタイムアウトが採用される場合がある。1セット2回、各1分）。

　ヘッドコーチは、効果的なタイムアウトを取ることにより、ゲームをよい方向へコントロールすることが可能である。その際に重要なことは、タイムを取るタイミングである。どのタイミングで取るかというタイムアウト構想は、ゲームの開始前までにできあがっていなければならない。

　第一に、自チームは対戦相手と比較して客観的な競技力がどうであるかを検討しなければならない。両チームにおける競技力の関係は、①自チームの方が対戦チームより上と考えられる場合、②自チームと対戦チームがほぼ同じと考えられる場合、③自チームの方が対戦チームより下と考えられる場合、の3つである。両チームの客観的な競技力を3つから検討し、把握しておくことでゲーム中における両チームの状況分析が容易になるので、タイムアウトをとるタイミングは難しくないだろう。したがって、ゲームの開始前までに、何点離されたら、あるいは詰められたらタイムアウトを取るのかをあらかじめシミュレーションしておかなければならない。

### ①―タイムアウトにおけるマネジメント

　第一にプレイヤーは興奮状態にあることを理解しなければならない（逆U字曲線、図1）。試合状況にかかわらず、こころと身体を休ませることが必要である。その休憩の際には、スタッフはプレイヤーに対して声掛けをせず、水分補給や汗などを拭いてリフレッシュさせる。その後、スタッ

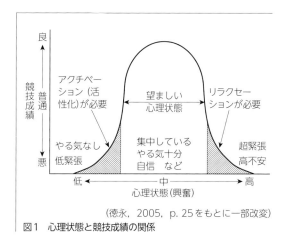

図1 心理状態と競技成績の関係
(徳永, 2005, p.25をもとに一部改変)

フは自分たちのすべきことを再度明確にする。また、多くの指示を出すことは好ましくないので、ポイントを絞って必要最低限度のことだけを話すようにするとよい。また、試合を行っている状況であることから、勝利を達成するためにポジティブな部分にフォーカスする。また、プレイヤーを叱咤激励することもときには有効である。ただし、細心の注意を払い、自尊心を高めることを忘れてはならない。

### 2 ― セット間におけるマネジメント

セットの取得、セット数目にかかわらず、プレイヤーは休憩をさせて、こころと身体を休ませる。

治療などがある場合には、早めに行いその後休憩させるのがよい。また、タイムアウトよりもセット間の休息時間は長いため、水分補給や汗などを拭きリフレッシュをする。また、セットが多くなるにしたがってユニフォームを着替えることがあるので促す。セットを落とした際には、プレイヤーの気持ちを落ち着かせて、短時間で前セットのできている点・改善点などの状況確認をし、次セットですべきことを再度明確にする。その際は、ポジティブな部分にフォーカスして指示を出す。その後、ローテーションオーダーを伝達する。最後に、オフェンスおよびディフェンスについての戦術を確認する。

＊タイムアウト間におけるマネジメントと重なることが多い。

### 6 ― ゲーム間におけるマネジメント

1日2試合以上ある場合のマネジメントであるが、1試合終了後はタイムアウト・セット間と同様に休憩をさせて、こころと身体を休ませる。休憩させながら、すぐにユニフォームからリラックスできるウエアに着替えさせる。試合を落とした際には気持ちを落ち着かせ、前試合の振り返りを行い、心身ともに次試合への準備を行う。軽食等を摂らせなければならないときには、的確に指示をし、摂り損ないや過量にならないようにする。次試合に向けてのウオーミングアップ開始時間等の指示を出す。

(松井泰二)

[引用・参考文献]
(1)徳永幹雄編『教養としてのスポーツ心理学』大修館書店、2005

VOLLEYBALL
COACHING THEORY

# 7章 基本的なゲーム分析法

# 7-1 データ収集の基本的な考え方

## 1. バレーボールの競技特性およびゲーム構造を理解する

### ■1―バレーボールの競技特性について

　データを収集するうえで、バレーボールとはどのような特徴をもっている競技なのかを理解しなければならない。たとえば、バスケットボールやサッカーは自陣と敵陣を隔てたネットがなく、自陣と敵陣に両チームの選手が入り乱れてボールを奪い合う。その奪ったボールを敵に奪われずにゴールに入れる競技である。つまり、競技特性を知ることにより、どのような攻撃戦術が必要で、どのようなディフェンス戦術が必要であるかが明らかになるであろう。

　バレーボールは以下のような競技特性を有している。

- ネットによって、敵味方がはっきりと区別されている。
- 相手によって自己のプレイが直接妨害されない。
- 味方コートにおける3回の間は、自由意思によってプレイすることができる。
- 動いているボールを扱い、落とすことや静止させることはできない。
- 3回の間（ブロックの接触時は4回）に相手コートにボールを返球しなければならない。
- 道具を使用しない。
- ネットの障壁により360度の自由度がないため、高度な技が必要である。
- 個人的な技能とともに、集団としての守備のフォーメーションや攻撃システムを身につけることで、より楽しむことができる。
- ローテーションがある。
- コート上での1人当たりの専有面積が狭い（バレーボールは約14㎡、サッカーは375㎡）。

以上のようなことから、敵が自陣に侵入してくることがないため、敵陣から送られてきたボールを自チームの自由意思でボールコントロールすることができる。また、ボールを静止させることや床・地面に落とすことができないため、味方同士でのコミュニケーションが重要になることから、声を出したり、大きなジェスチャーで意思表示することが必要な競技であるといえる。コートの大きさに対する1人当たりの専有面積はサッカーでの自陣の11人とバレーボールの6人を比較すると、バレーボールはサッカーと比較して狭いコートに多くの人数を配置している競技であることがわかる。それゆえにシステマチックな動きが求められるのだろう。

## 2 ─ バレーボールのゲーム構造について

ゲーム構造とは、ゲームを構成している諸要素のことである。たとえば、バレーボールは日本代表クラス等の試合においては、5セットマッチで行われ、3セットを先取した方が勝ちとなる。また、2セットをお互いに取り合った場合には5セット目に入り、15点先取(得点が14-14である場合は2点差がつくまで)となる。このようにゲームにはさまざまな制約があるため、そのボールゲームの制約を理解し、それに応じたデータ分析が必要である。

以下、簡単に一例を挙げてみる。

- 時間制：前半30分、後半30分など。
- 回数制：1回表、1回裏など。
- 得点制：25点までなど。
- 取得セット制：3セット先取など。
- 取得ゲーム制：1ゲーム4ポイント先取→1ゲーム獲得、それを6ゲーム先取で1セット獲得など。
- トータルポイント制：前半と後半、第1ピリオドから第4ピリオドまでの総得点など。
- 得点方法：どのような手段で得点しても得点は

表1 1セット当たりのパフォーマンス概要

1セット当たりの本数（本）

| | | | トータル | | 勝ちセット | | 負けセット | |
|---|---|---|---|---|---|---|---|---|
| | | | 本数 | 標準偏差 | 本数 | 標準偏差 | 本数 | 標準偏差 |
| アタック | トータル | 打数 | 29.9 | 6.8 | 29.0 | 6.6 | 30.8 | 6.9 |
| | | ポイント本数 | 12.6 | 3.2 | 13.6 | 3.0 | 11.7 | 3.1 |
| | | ミス本数 | 2.9 | 1.8 | 2.2 | 1.5 | 3.5 | 1.8 |
| | | 被ブロック本数 | 1.7 | 1.5 | 1.2 | 1.2 | 2.2 | 1.5 |
| | 第1・第2テンポ | 打数 | 12.2 | 7.1 | 12.2 | 6.6 | 12.2 | 7.6 |
| | | ポイント本数 | 6.1 | 3.8 | 6.6 | 3.8 | 5.6 | 3.7 |
| | | ミス本数 | 1.3 | 1.4 | 1.5 | 1.4 | 1.2 | 1.3 |
| | | 被ブロック本数 | 0.8 | 1.0 | 0.5 | 0.7 | 1.0 | 1.2 |
| | 第3テンポ | 打数 | 17.3 | 8.1 | 16.5 | 7.6 | 18.1 | 8.5 |
| | | ポイント本数 | 6.6 | 4.1 | 7.0 | 4.1 | 6.1 | 4.1 |
| | | ミス本数 | 1.9 | 1.6 | 1.4 | 1.3 | 2.3 | 1.7 |
| | | 被ブロック本数 | 0.9 | 1.1 | 0.7 | 0.9 | 1.2 | 1.2 |
| サーブ | | 打数 | 22.3 | 3.6 | 24.9 | 0.8 | 19.7 | 3.4 |
| | | ポイント本数 | 1.8 | 1.7 | 2.4 | 1.7 | 1.3 | 1.5 |
| | | ミス本数 | 2.2 | 1.6 | 2.3 | 1.7 | 2.2 | 1.6 |
| ブロック | | ポイント本数 | 1.7 | 1.5 | 2.2 | 1.5 | 1.2 | 1.2 |
| その他 | | 返球 | 6.6 | 3.2 | 6.4 | 3.1 | 6.7 | 3.2 |
| | | その他のミス | 1.2 | 1.1 | 1.1 | 0.9 | 1.3 | 1.2 |

※平成16年度全日本中学校バレーボール男子選手権大会　53試合121セット

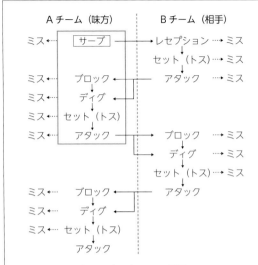

図1　Aチームにおけるディグアタック局面

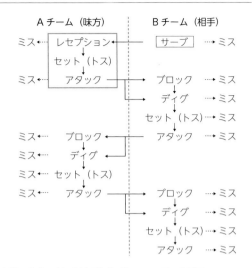

図2　Aチームにおけるレセプションアタック局面

1点／ランナーがいる場合は、本塁を踏んだ人数だけ得点が入る／3ポイントエリア外からのシュートは3点／タッチダウンは4点、その直後のコンバージョンは2点など、1プレイにおける得点変化の有無など。

　コーチはゲームにおける1セットあたりの得点・失点比率やパフォーマンス概要を基礎的データとして手元においておかなければならない。バレーボールのゲームの場合、総得点の約60%がアタックによるものであるので、約15～16点がそれにあたる。つまり、1セットを獲得するためには、アタックの良否が重要な要素となっているといえる。

　また、表1は全日本中学校選手権男子大会の1セット当たりのパフォーマンス概要である。自身が関わっているカテゴリーについて、このようなデータを知ることは重要である。それは1セット当たりのパフォーマンス概要を知ることにより、練習課題や練習目標が明確となるからである。

　さらに、バレーボールは大きく分けて2局面から成り立っている。一つは味方チームのサーブで始まる相手の攻撃に対するディグアタック局面であり（図1）、もう一方は、相手のサーブで始まる味方のレセプションアタック局面である（図2）。

　この2局面において、まずマネジメントしなければならないのは、レセプション局面でのファーストサイドアウト率のマネジメントである。図3は勝敗セット別によるファーストサイドアウト率とトータルサイドアウト率の関係を示したものである。

　この図からわかるように、中学男子全国レベルカテゴリーではファーストサイドアウト率が勝ちセットでは55%以上となっていることが多く、負けセットの場合には50%以下であることが多い。つまり、バレーボールはレセプションアタック局面における第1回目の攻撃（ファーストサイドアウト）の決定率が高くなるほど、それに引きずられてトータルサイドアウト（ファーストサイドアウト以外のラリー）率も高くなり、勝ちセットにつながっている。

　バレーボールではファーストサイドアウトで得

点を取ることで、ゲームを有利にすることができ、さらにファーストサイドアウト後のサイドアウトや味方チームのサーブから始まるディグアタック局面での得点を取ることにより、得点差が広がりセット獲得に近づくことが知られている。

バレーボールではラリーポイントスコアリングシステムが採用されている。サッカーやバスケットボールでは、シュートが枠外になり失敗しても相手の得点になることはないが、バレーボールでは得点になることも忘れてはならない。

（松井泰二）

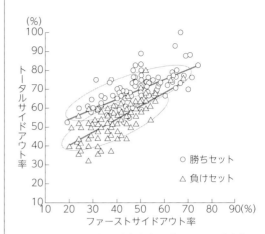

図3　勝敗セット別ファーストサイドアウト率とトータルサイドアウト率との関係

## 2. データ収集・分析の方法について

### １ データ分析はなぜ必要か

ゲーム分析とは、スポーツの試合で表れる競技パフォーマンスを特定の項目を定めて分析することである。一般に、映像データなど質的側面から主観的に分析する定性分析と、統計データなど量的側面から客観的に分析する定量分析がある（図4）。

バレーボールでは、サーブ、レシーブ、セット、アタック、ブロック、ディグなどの諸々のプレイ事象を数量化することによって、客観性のある情報を作り出す定量分析が用いられ、これを「ゲーム分析」と呼んでいる。

ゲーム分析の手法は、バレーボールの指導現場で広く用いられるだけでなく、バレーボールの学術的研究の一つとして発展をみせている。国際的には、国際パフォーマンス分析学会（International Society of Performance Analysis）が認知されており、日本では日本バレーボール学会（Japanese Society of Volleyball Research）においてゲーム

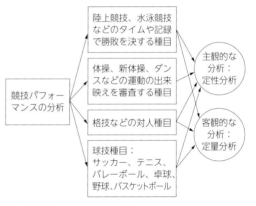

図4　競技パフォーマンスの分析

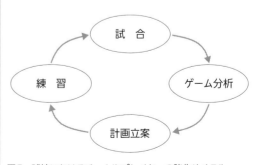

図5　球技におけるチームやプレイヤーの強化サイクル

分析に関する研究が盛んに行われている。

試合で表れたゲームパフォーマンスを、チームあるいはプレイヤーの立場から評価することは、チームの強化サイクルの中で重要な意味をもつ（図5）。

単に練習を行えば強化が進むというわけではなく、試合で表れたゲームパフォーマンスをゲーム分析によって適切に評価し、その評価結果をもとに計画立案された練習が行われないと、強化サイクルは促進されない。

すぐれたコーチは実践現場で感覚的にこの強化サイクルを回している。しかし、バレーボールのゲームパフォーマンスの構造は単純ではなく、多面的で複雑である。指導者を志す者は、ゲームのパフォーマンスを正確に評価し、練習に活かす方法を身につける必要がある。

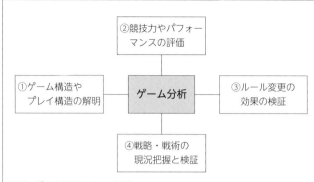

図6　ゲーム分析の4つの目的

## 2 ─ 目的によって分析方法は異なる

バレーボールにおけるゲーム分析の目的は、大きく4つに分類される（図6）。

### 1 ─ ゲーム構造やプレイ構造を解明して、競技の発展に貢献する。

たとえば、テクニカルタイムアウト時の8点、16点を先取したチームの勝率はどのくらいに変化するかを研究するような分析や、レセプションの返球率とアタック成功率にはどのような関係性があるかを解明する確率論的な分析である。

### 2 ─ 競技力やゲームパフォーマンスを評価して、メディアや個人表彰の資料とする。

この分析は、メディアへ提示するデータや試合直後の公式記録などが代表的である。おもに国際バレーボール連盟やVリーグ機構などで分析活動が実施される。

### 3 ─ ルール変更の効果を検証する。

ルール変更によってゲームの様相がどのように変化したかを比較・検討し、競技力向上や、今後のトレーニング・戦術決定の資料とする。

### 4 ─ 相手チームに勝つために、戦略的・戦術的な現況把握と有効性の検証を行う。

自分のチームと相手とを特定の視点で比較し、対戦相手の弱点や試合での戦術的ポイントを検討するために行う。また、自チームの技術レベルなどを客観的に抽出し、目標を達成するためになにが足りないのか、なにが必要なのかといった練習課題を明確にし、チームを勝利に導こうとする。

## 3 ─ ゲーム分析の簡便な方法

ゲーム分析というと一見、高度なものをイメージするかもしれないが、中高生レベルでも、簡単な図や表を用いれば、手書きでも情報を収集し、分析することは可能である。

以下に各技術パフォーマンスの分析方法と、プレイ局面と関連づけたパフォーマンスの分析方法を紹介する。

### 1 ─ サーブの分析

サーブの総打数に対して、何本のエースを取ったのか、ミスをしたのかを収集し、相手のレセプ

| NO. | NAME | カウント | | | | | 打数 ○ 得点 | × 失点 | 得点率 | 失点率 | 効果率 |
|---|---|---|---|---|---|---|---|---|---|---|---|
| | | | | | | | A | B | C | B÷A | C÷A | $\frac{B-C}{A}$ |
| | | 1 | 2 | 3 | 4 | 5 | | | | | | |
| | | 6 | 7 | 8 | 9 | 10 | | | | | | |
| | | 11 | 12 | 13 | 14 | 15 | | | | | | |

図7 選手ごとのサーブ得点率

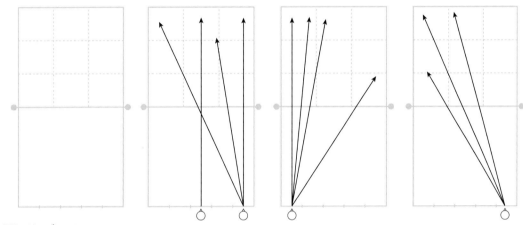

図8 サーブコース

ションを崩せたか、崩せなかったかで、評価を行う。

サーブの分析で欠かせないのは、どの場所から打ったのか、どのコースに打ったのかを記録することである。とくに、相手チーム側のサーブにおいては、各プレイヤーの得意・不得意コースをチェックしておくと、レセプションの戦術に活かすことができる。サーブの始点は、エンドラインを5分割すると、マーキングしやすい（図8）。

コート図を描いた用紙をプレイヤーごとに分けて記す。サーブポイントを取ったコースは赤、ミスは青と色ペンで工夫してマーキングを行い、サーバーの得意・不得意コースが一目でわかるようにマーキングする。

### 2 ─ レセプションの評価

図9のように、セッターから1mの範囲内に返ったパス、セッターがすべての攻撃に対してセットを上げることが可能なレセプションを「Aパス」といい、最高レベルのレセプションとして評価する。次に、セッターの正面にレセプションが返らなくても、セッターがクイックに上げられるパスを「Bパス」、セッターが大幅に動いた状態でセッ

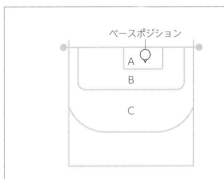

図9 レセプションの評価

| NO. | NAME | カウント | | | | | 受け数 A | ○ 成功 B | △ 失敗 C | × 失点 D | 成功率 B÷A | 失点率 D÷A |
|---|---|---|---|---|---|---|---|---|---|---|---|---|
| | | 1 | 2 | 3 | 4 | 5 | | | | | | |
| | | 6 | 7 | 8 | 9 | 10 | | | | | | |
| | | 11 | 12 | 13 | 14 | 15 | | | | | | |

図10 選手ごとの返球率

| NO. | NAME | カウント | | | | 攻撃の種類 | 成功 ○ | 失敗 × | 総数 | 成功率 | 失点率 |
|---|---|---|---|---|---|---|---|---|---|---|---|
| | | Ⓛ | Ⓡ | Ⓛ | Ⓡ | | | | | | |
| | | | | | | | | | | | |
| | | | | | | | | | | | |

図11 セッティングの配球率

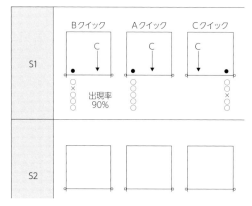

図12 アタッカーの攻撃の種類とコース

ティングに入り、二段攻撃になってしまうパスを「Cパス」、アタッカーが攻撃できないパスを「Dパス」と評価する。4つの評価段階のうち、どこまでを成功とし、失敗とするのかは、チームのレベルに合わせて基準を設定し、返球率を割り出す。

### ③ーセットの分析

収集する際は、いつ、どんなセットを上げて、だれをおとりに使ったのかという情報に加えて、アタッカーの攻撃の成功数、失敗数も記録する。

また、セッティングのデータを収集するうえで重要なのは、セッターの選択肢があるときの配球である。レセプションがセッターに返ったAパス、Bパス時のセッティングの傾向、アタッカーの結果が、セッティングの評価として有益な情報となる。

〈セットの分析項目例〉
- いつ、どこで、だれに上げているか。
- だれがどれだけ決めているか。
- おとりを使ったときの配球の傾向。
- Bパス時のセッターのアプローチと配球の傾向。

### ④ーアタックの分析

アタック情報の収集は、各アタッカーの総打数、成功数、失敗数を収集して、決定率、効果率を出す。試合中に分析を行う場合、計算に時間がかかる場合があるので、図12は各アタッカーがどこから攻撃し、どのコースに打ったのかを簡単にマーキングする。決まったコースは赤、ミスしたコースは青と色分けして、一目でわかるようにしておくとよい。

〈アタックの分析項目例〉
- アタック総数、成功数、失敗数
- アタック決定率、効果率
- プレイヤーごとの効果率
- ポジションごとの効果率
- ローテーションごとの効果率

| NO. | NAME | カウント | | | 打数 | ○ 得点 | × 失点 | 成功率 | 失点率 |
|---|---|---|---|---|---|---|---|---|---|
| | | | | | A | B | C | B÷A | $\frac{B-C}{A}$ |
| | | | | | | | | | |
| | | | | | | | | | |

図13　選手別の決定率と効果率

| ローテ | NO. | NAME | カウント | 打数 | ○ 得点 | × 失点 | 決定率 | 効果率 |
|---|---|---|---|---|---|---|---|---|
| | | | | A | B | C | B÷A | $\frac{B-C}{A}$ |
| S1 | 3 | 〃 | | | | | | |
| | 10 | 〃 | | | | | | |
| | 5 | 〃 | | | | | | |

1ローテ6人分出す

|  | 決定率 | 効果率 |
|---|---|---|
| S1 | | |
| S2 | | |
| S3 | | |
| S4 | | |
| S5 | | |
| S6 | | |

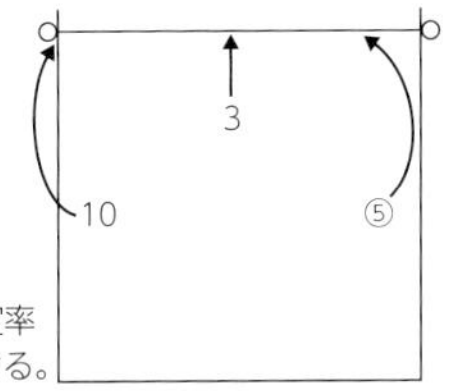

このローテーションのフォーメーション割合、決定率を出す。多いところには○をつけてイメージをつける。

図14　ローテーションごとの決定率と効果率

- チームブレイク時の効果率
- レセプションアタックの効果率
- 攻撃の種類（オープン、平行、クイック、移動など）
- 助走のアプローチとコースの傾向

### 5 ─ ブロックの分析

　ブロックの収集は、単純にブロックポイントの数だけを切り分けて評価するのは難しいスキルである。たとえシャットアウトを量産しなくても、ディグの守備範囲を限定してボールが上がったり、ワンタッチを取って攻撃につなげたりすれば、ブロックは成功といえるからである。プレイヤーの技術を把握するのであれば、ブロックの配置、反応などを記録し評価する。

〈ブロックの分析項目〉

- だれが、どこで、どれだけシャットアウトしたか
- 配置（バンチ、スプレッド、デディケート、ス

| NO. | NAME | カウント | | | 総得点 |
|---|---|---|---|---|---|
| | | Ⓒ | Ⓒ | Ⓡ | 3 |
| | | | | | |
| | | | | | |
| | | | | | |

図15　選手別のブロック得点

| | レセプション | おとり | 配球 | レフト | センター | ライト |
|---|---|---|---|---|---|---|
| 1-2 | A | A | A | | Ⓒ | |
| 3-5 | B | B | L | R | ← | |
| 15-10 | B | C | L | R | | R |
| 19-18 | | | | | | |

ブロックの動き

C：コミット、R：リード、⇄：ヘルプ、○：決定

図16　時系列によるブロックの傾向

タック）

- 責任範囲（ゾーン、マンツーマン）
- 目的（キル、エリア、ソフト）
- 反応（リード・コミット）

### 6―ディグ

ディグの収集は、ブロックとの連携もあるため、単純にディグの成功・失敗で切り分けて評価するのは難しいといえる。ディガーの得意・不得意なコースやエリアを把握するときは、その点に注意してディグの総数、成功数、失敗数を収集する。

相手チームのディフェンスフォーメーションも確認する。コート図を用いて、空いているスペースやウィークポイントを抽出して、攻撃の戦術に役立てる。

〈ディグの分析項目〉

- ディグ数、成功数、失敗数
- ディフェンスフォーメーションの傾向
- 軟打への対応力

| NO. | NAME | カウント | | | | | | 総数 | ○ | × | 成功率 |
|---|---|---|---|---|---|---|---|---|---|---|---|
| | | 1 | 2 | 3 | 4 | 5 | 6 | | | | |
| | | 7 | 8 | 9 | 10 | 11 | 12 | | | | |
| | | 13 | 14 | 15 | 16 | 17 | 18 | | | | |
| | | 19 | 20 | 21 | 22 | 23 | 24 | | | | |
| | | | | | | | | | | | |

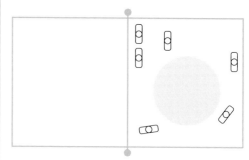

図17　選手別の成功率

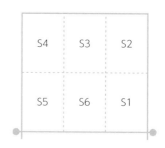

相手チームのフォーメーションで空いているスペースを収集

図18　ディグの収集：相手の配置図

## 4―プレイ局面と関連づけたパフォーマンスの分析

### 1―ローテーション局面

図19はセッターの位置によるローテーション局面を表したものである。セッターがS1にいるときは「S1のローテーション」と呼び、各技術パフォーマンスのデータをローテーション局面に分けて集計･分析する。たとえば､S1ローテーションのアタック決定率、S2ローテーションのサーブ効果率などである。

図19　ローテーションの局面

### 2―サイドアウト局面とブレイク局面

バレーボールの得点局面は2種類ある。サーブを打つチームが得点をする「ブレイク局面」と、レセプションしたチームが得点をする「サイドアウト局面」である。

ブレイク側からみれば、最初に得点を狙えるのはサーブポイントである。サイドアウト側は、相手チームのサーブを正確にレセプションしてセッターに返し、攻撃につなげることで、サイドアウトの成功を狙う。ブレイク側は相手の攻撃を守備し、攻撃のラリーにもち込んでブレイクの成功を狙う。このようにサイドアウトとブレイクは局面によって、得点の性質も異なる。

上記以外にも、ラリーが継続した局面を抽出す

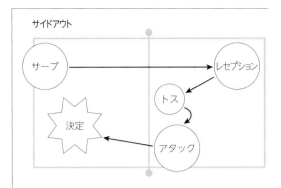

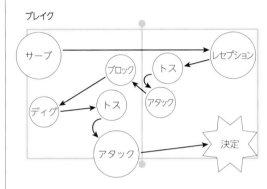

図20　サイドアウト局面とブレイク局面

図21　ゾーンの分類

ることもある。

### 3──得点局面

1セットを8点、16点、25点と分ければ、ゲームの序盤、中盤、終盤に分けて各パフォーマンスを分析することもできる。スタートダッシュのできる選手、勝負所に弱い選手など、選手の特徴が明らかになる。

### 4──ゾーン分類

コートの「どのゾーンから」、または「どのゾーンへ」各技術が遂行されたかを集計することによりチームや選手の得意・不得意なコースやポジションが明らかになる。一般には図21のようにコートを9ゾーンに分割して集計する。

### 5──各技術（評価）後の局面

レセプション後の評価（Aパス、Bパスなど）にともなったアタックの成功率や、ディグ後のアタックコースのように、前に出現した技術（評価）と関連づけてパフォーマンスを分析する。

プレイ局面と関連づけたパフォーマンス分析は、1〜5をミックスさせて多岐にわたった分析が可能となる（図22、23）。指導者は、相手チームの上記データを関連・付随させながら分析し、最終的に自チームが採用する戦術、ゲームプランを決定する。その際、指導者はゲームを取り巻いているさまざまな条件、とりわけプレイヤーの能力と合致した分析を心がけるべきである。

「相手のミドルブロッカーがゲーム終盤にS6ローテーションでゾーン4へ返ったBパスの状況で繰り出すクイックのコースはどちらか？」のようなあまりにも細か過ぎる分析は、かえって選手を混乱させてしまう。

ゲーム分析はデータ収集が基本であるが、データを大量に収集しただけでは、選手の混乱を招くことになる。ゲームでは「今、生きる情報」の精選が必要で、分析では十分な対策が明確に立てられるデータに絞る必要がある。

つまり、「どのようなゲームをしたいのか」「どうすれば勝てるのか」「どんな練習が必要か」などの、練習プランやゲームプランの根拠となるデータを抽出できるようなゲーム分析をするべきである。

ゲーム分析は相手チームだけでなく、自分の

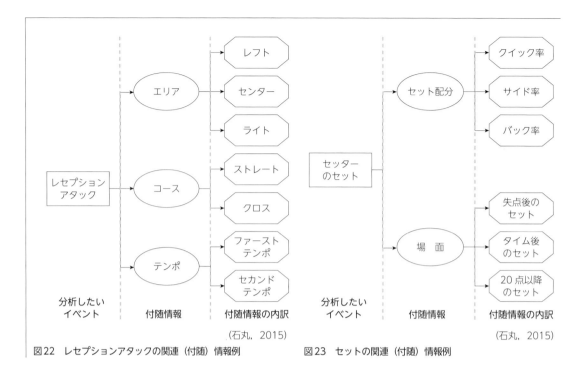

図22　レセプションアタックの関連（付随）情報例　（石丸，2015）

図23　セットの関連（付随）情報例　（石丸，2015）

チームを分析してゲームや練習に役立てるという利点もある。自分たちの力をあらゆる角度から自己分析、評価する能力が鍛えられる。自らが課題をみつけ、高い意識をもって克服していくトレーニングの一環として、ゲーム分析に取り組んでもらいたい。

## 3. ゲーム分析に必要な基礎用語

1—**オフェンス**

　自チームにボールがある状況で、通常レセプションするサイドを示す。

［おもな対象技術］レセプション、パス、セット、アタック

2—**ディフェンス**

　相手チームにボールがある状況で、通常サーブするサイドを示す。

［おもな対象技術］サーブ、ブロック、ディグ

3—**サイドアウト(率)**

　相手サーブ時の自チームの得点（率）。

4—**ブレイク(率)**

　自チームサーブ時の自チーム得点（率）。

5—**トランジション**

　相手の攻撃をつないで切り返す状況。

［トランジション後のアタックに関する指標］ディグアタック決定率、効果率

6—**アタック決定率**

　国際大会においては、この数値をもとに「ベストスパイカー（Best Spiker）」が、Vリーグなどの国内大会では「スパイク賞」が決定される。

7—**アタック効果率**

　アタック決定本数（チームの得点に関与したアタック数）から、被ブロック数とアタックミス本数の合計（＝チームの失点に関与したアタック数）を減じて、数値を算出する。

表2　おもな指標の算出方法

| | |
|---|---|
| サイドアウト率 | 相手サーブ時ラリーの自チームポイント÷相手サーブ本数×100（%） |
| ブレイクポイント率 | 自チームサーブ時ラリーの自チームポイント÷自チームサーブ本数×100（%） |
| アタック決定率 | 決定数÷総打数×100（%） |
| アタック効果率 | ［決定数－（ミス＋シャット）］÷総打数×100（%） |
| サーブ効果率 | (ノータッチエース本数＋ノータッチエースを除いたサービスエース本数)×0.8＋(相手チームのレセプションを乱した本数×0.25)÷サーブ打数 |
| レセプション成功率 | レセプション成功本数÷レセプション受け数 |
| レセプション効果率 | (レセプション成功本数－レセプション失点本数)÷レセプション受け数 |

### 8—サーブ効果率（Vリーグの場合）

サービスエース以外にも、サーブで相手チームのレセプションを乱した本数も加味して、数値を算出する。算出方法はいろいろ考えられるが、Vリーグでは表2に示した換算式にて算出される数値をもとにして「サーブ賞」が決定される。この換算式の場合、ノータッチエースがそれ以外のサーブポイントよりも数値に大きく影響する。

### 9—レセプション成功率

Vリーグなどの国内大会では、この数値をもとに「レシーブ賞」が決定される。レセプション成功本数とは一般的に、Aパス・Bパスの本数を表す。Aパス・Bパスであれば、セッターが全てのスパイクオプションを使用できるという前提である。

また、ノータッチエースを相手サーバーに奪われた場合には、レセプション受け数にカウントされない点も、この数値の評価を難しくするもう一つの要素である。

### 10—レセプション効果率

国際大会においては、この数値をもとに「ベストレシーバー（Best Receiver）」が決定される。レセプション成功率との違いは、レセプション成功本数から、レセプションが失点につながった本数を減じて、数値を算出する点である。失点につながったレセプションとは、①レセプション行為がキャッチボールなどの反則と判定された場合、②相手にサービスエースを奪われた場合（ただしノータッチエースは含まれない）、③レセプションしたボールが相手コートに直接返って、それをダイレクトアタックやブロックで決められてしまった場合、のレセプションをさす。アタック効果率同様、レシーブ成功率には反映されない「失点の少なさ」も加味した数値といえる。

（吉田清司）

［引用・参考文献］
(1) 石丸出穂「アナリスト育成セミナー 2015」資料
(2) 中村敏雄他編『21世紀スポーツ大事典』大修館書店、2015
(3) 日本バレーボール学会編『バレーペディア　2012年改訂版』日本文化出版、2012
(4) 吉田清司・渡辺啓太『考えて強くなるバレーボールのトレーニング』大修館書店、2016

# 7-2 ゲーム分析の実際

## 1. ゲーム分析におけるアナリストの役割

### 1 ─ アナリスト活動の概略

　技術の進歩により競技力の高度化と戦術の多様化が進むと、データ分析を用いた事前の予測による対策の構築が勝敗を分ける一つの大きな要因となる。近年、全日本女子の真鍋前監督の「iPad」に代表されるように、バレーボールといえばデータというほど、バレーボールにおけるデータ分析活動の認知が高まってきている。それにともない急速に需要が拡大した役職がアナリストである。現在、ナショナルチームをはじめ、日本のトップリーグであるVプレミアリーグのほぼ全てのチームや多くの大学でアナリストがパソコンを駆使して情報収集活動にあたっている。アナリストも今やコーチ、トレーナーなどと同等に強化の現場に欠かすことのできない重要なポジションとして位置づけられている。

　アナリストの活動として、試合期には大会期間中の可能な限りすべての試合の情報を収集し、その膨大なデータに対して緻密な分析を重ね、対戦試合前に数度設けられるミーティング等で選手に情報を伝達する。実際の試合中には、会場の統計担当者席でインプットされたデータをベンチに送信し、数値的な情報を提供するだけでなく、トランシーバーなどを利用して自チームがあらかじめ立てた戦術が遂行されているのか、ミーティングで伝えた相手チームの特徴が現れているのか、相手チームが普段とは違う戦術を採用してきた場合にその場で対策を講じる。

　準備期には技術練習中にもデータを収集し、技術項目の統計等から改善点や課題の克服などに役立つ情報を提供する。ときには1シーズンの統計

図1　スカウティングデータの用途

的な情報から達成系ドリルの目標値の設定や、ゲーム構造の分析結果から練習やトレーニングの負荷設定まで多岐にわたって提案を行う。

　オフ期には次シーズンへ向けた課題の抽出やフィードバック資料の作成、対戦国のデータ収集を行う。オフ期におけるアナリストの活動はとくに重要で、長期的なビジョンでチームをどのように強化するのか、チームスタイルともいえる戦略をどう構築するのかを監督やコーチングスタッフと議論していく。戦略は戦術や戦法と違って試合期において変更することは難しく、再構築には時間がかかるものなので、とくに慎重にデータを精査していく必要がある。

## ❷—アナリストの役割

　アナリストの担う役割はバレーボールに関するあらゆる情報を収集し、緻密に分析を重ね、分析から得られた情報をチームへ効果的・効率的に提供することである。また、監督やコーチングスタッフは独自の視点でさまざまな仮説を立てている。しかし、それらの仮説は主観的であることが多いので監督、コーチ自らで裏付けをとることは難しい。そこでアナリストは客観的に判断できる統計データからそれらの仮説に対しての検証を求められる。また、膨大なデータから抽出された新事実や新戦術の考案など、監督やコーチングスタッフが気づかない規則性や細部の情報の提示、問題解決策の提案もアナリストに期待されている。

## ❸—情報収集

　現在、アナリストの多くは「Data Volley」というバレーボール専門のスカウティングソフトを使って情報収集、分析を行っている。このソフトは1980年代にイタリアで開発された後、世界のバレーボール界でシェアを広げ、2014年に国際大会に参加した世界の男女ナショナルチームのうち94％がData Volleyのユーザーであった。

　手作業でデータを収集する場合、データの集約に労力を費やされる。加えて、あらかじめ項目を詳細に決定しておかなければ収集後に状況別や時系列別で検索をかけることが難しい。Data Volleyのすぐれた点はこの情報の集約と情報検索の際に詳細な条件づけが可能ということにある。よってアナリストは情報の収集においては入力技術の習熟度を上げ、とにかく多くの情報を入力することに努めている。

　一例を挙げると、ブロックのミス評価を入力する場合、デフォルト機能でブロックアウトしたボールをサイドライン側に弾いたのか、エンドライン側に弾いたのか、ブロックに当たって自チームのコート内に落ちたのか、吸い込んでブロッカーとネットの隙間に落ちたのか、腕と腕の間を抜けてしまったのか、ブロッカーがタッチネットをしてしまったのか、飛ぶべき場面で飛ばない判断をしてしまったのかなどがある。さらに、ブロッカーの左右のどちらの手に接触したのか、ブロックのシステムとしてリードブロックとコミットブロックのどちらだったのかといった項目もデフォルトでは備わっていない機能だが、独自にコードを作成して記録することができる。

## 4 ― 情報の分析

収集したデータを分析する際の分析用途として大局的にみると2つに分けることができる。

### 1 ― 直面する試合に対して有効な戦術、戦法を講じるための分析

#### (1) 統計分析

ボールゲームのような複雑なスポーツを定量的にとらえるための手がかりであり、試合場面の事象を数量化することによって、客観性のある情報を作り出す方法である。絶対値では伝わりにくいので、配分率や決定率といったように百分率にし、グラフなどで表すことが多い。

#### (2) 動作分析

たとえばセッターの場合、体の傾きや向き、ボールをとらえる位置（前後・高低）といった形態的特徴を検証したり、ウィングスパイカーの場合はレセプションしたとき、しないときでのスパイクアプローチの進入角度の違いから特徴を検証したりする。おもに情報収集で集めた類似する場面の映像を比較して検証を行う。

### 2 ― オフ期、準備期におけるチーム強化、戦略の構築のための分析やゲーム構造の分析

限られた練習時間を効果的、効率的にチームの強化に結びつけなければならない。そのために強化すべき技術項目に優先順位をつけ明確にする必要がある。また、選手個々のシーズンフィードバックを行い、それぞれの課題と強化の方向性を探る。

2015年ワールドカップ男子の統計を参考にしてみると、スコアリングスキル（アタック、ブロック、サーブ）の得点率とセット率との相関関係が強い（アタック得点率0.750、ブロック得点率0.711、サーブ得点率0.788）が、ノンスコアリングスキルであるディグの効果率[=（ディグ成功数－ディグ失点数）／トータルディグ数]の相関係数も0.714と高くなっており、近年の男子バレーのトップチームはフロアディフェンスも機能しているといえる。

## 5 ― 情報の伝達

近年はSNS（ソーシャルネットワーキングサービス）の発達により、画像や動画は簡単に大勢に送信することができるようになったので、秘匿性の低い情報はこのようなサービスを利用して伝達することも有益である。試合のための戦術など、秘匿性が高く、重要な情報や確実に全員に伝えなければならない情報はチームミーティングでプレゼンテーションを行い選手に伝達する。

情報分析の段階ではアナリストは深く広くさまざまな状況の分析を保持しておくべきだが、伝達の段階では分析したデータにいくら特徴があったとしても、その戦術は本当にチームにフィットするのか、緊張感の高まるなかで実戦で迷わず実行可能なのかどうかといったフィルターを常に通し、情報を取捨して伝達しなければならない。

## 6 ― 分析項目

下記の内容は2015年のシーズンで男子ナショナルチームが実際に試合前のミーティングで伝達していた項目とそのための分析内容の一部である。

### 1 ― サイドアウトフェイズ

#### (1) 相手サーブコースと特徴

男子のトップレベルはサーブの技術が進歩してきている。非常に強力なスパイクサーブとジャンプフローターサーブを同じトスアップのモーションから打ち分ける選手が増えてきているので、レセプションは常に3人以上のフォーメーションを組まなければ対応が難しい。ビッグサーバーに対しては、サーブのコースに特徴が出ている場合は、全体のフォーメーションを集中しているゾーンに

アジャストさせることがある。広角に速いサーブを打ってくる場合はレセプションへの参加人数を4人に増やして対応できるように、ローテーションの当たりを考える対策が必要になる。ショートサーブを織り交ぜ緩急をつけてくる場合は、ミドルブロッカーにも注意を促す必要がある。

(2)相手ブロックシステムと特徴

　相手のベースとなるブロックシステムと各ブロッカーの動きの特徴を把握しておく必要がある。サイドのブロッカーが速攻に対してアシストに来るのか、アシストせずサイドにリリースするのか。ミドルブロッカーはリードブロックなのか、コミットブロックをしてくるのか。ネット際でサイドライン方向へずれたB評価のパスに対してフロントリードするのか、動かずにステイするのかによって有効な攻撃の組立を考える。ブロックの形が悪かったり、接触しても失点の多かったりするブロッカーに対してはブロックをかわすだけでなく、敢えて力強くぶつけてブロックアウトを狙う戦法が有効な場合もある。

② ブレイクフェイズ

(1)自チームのサーブの打ち方、狙い所

　サーブの狙いは基本的には、レセプションの返球率が低い選手を狙うことで、相手の攻撃参加人数を減らすこととコンビネーションを組ませないことを優先する。また、オーバーハンドでのレセプションとアンダーハンドでのレセプションによる返球率の違いや、体の左右どちら側かで処理した場合の返球率の違いなどのデータから狙い所を定めていく。レセプションした場合、しない場合でその後のスパイクのパフォーマンスに影響が出るのか、スパイクコースが限定されるのか、そもそもレセプションしたらセッターの攻撃選択対象として外されやすくなるのかといったデータをもとにしながら戦術的なサーブを指示する場合もある。

(2)相手セッターの分析と特徴

　さまざまな状況が発生するトランジションアタック局面と違って、相手のサーブをレセプションした後のレセプションアタック局面はセットプレイの要素があり、もっともセッターの特徴が表れる場面である。加えて男子トップレベルのゲーム構造ではトータルアタック数におけるレセプションアタック数の割合は約60％以上を占め、セット取得との相関関係もトランジションアタックよりも強い。このため、ミーティングの大部分を占めるのが下記に例示したような相手セッターの特徴について説明する内容である。

- ローテーション別のトス配分
- ミドルブロッカーがアプローチした速攻の種別によるトス配分
- 1試合をセット別に分解した場合のトス配分
- 1セットを序盤（0〜8点）、中盤（9〜16点）、終盤（17点以降）に分解した場合のトス配分
- レセプションしたゾーン別でのトス配分
- レセプションした選手別でのトス配分
- 被ブレイク後でのトス配分
- 相手のサーブ種別でのトス配分
- セッターのムーブメント（前進、後退、アタックライン方向へ動く等）別でのトス配分

(3)相手スパイクコースの特徴

　男子のトップレベルになるとアタックボールが速く、後から反応するディグでは対処しきれないので事前の位置取りが重要になる。ブロックで抑える位置と抜けたボールをディグするブロック＋ディグ関係の構築、また、ブロックの高さを相手が超越してくる場合にはブロックとディグの2段構えで相手の得意なコースに対応するということもある。

　フェイントやオフスピードショットの有無によ

り、ブロックに参加しないフロントアウトサイドのオフブロッカーはインナースパイクのディグに入るのか、軟打の処理に入るのかデータによって事前に決めておき、全員で隙間のないディフェンスの関係を構築する。

（伊藤健士）

## 2. ソフトを用いたゲーム分析の実際

### ■1—世界トップレベルのスタンダード「Data Volley」

トップレベルのバレーボールにおけるゲーム分析で、多くのチームが基幹システムとして採用しているのが、ソフトウエア・Data Volleyである。製品の開発元であるイタリアのData Project社によれば、オリンピック出場チームの9割以上が採用しており、トップレベルのバレーボールチームではトップシェアを誇る。日本でもナショナルチームをはじめVリーグの多くのチーム、さらには大学などでも使用されている。

Data Volleyではデータの記録、分析、出力などが可能で、分析もバレーボールに特化した分析メニューがあらかじめ多数用意されている。また、Data Volleyで記録された各プレイデータには時間情報がキーボードのタイピング入力と同時に自動的に付与されており、後に映像と同期することで、映像の中からみたいプレイシーンを瞬時に抽出したり、編集したりするなど、映像を用いたゲーム分析を効率的に進められるような仕組みになっている。現在はこの映像を用いたゲーム分析にはData Videoというソフトが使われているが、Data Volleyの最新バージョンとなるData Volley 4では、今後映像を用いた分析機能もData Volleyに統合されることになっている。

### ■2—Data Volleyを用いたゲーム分析の実際

Data Volleyを用いたゲーム分析は、おもに①記録（入力）、②分析、③出力の3段階に分かれる。記録はコート上で行われているプレイをすべて記号化してPCのキーボードを用いたタイピングで入力する。入力コードの定義は各チームによって異なる場合もあるが、一例として、入力コードの意味を解説すると表1のようになる。

コートは片方のチームのコート内を45に分割して割り振られたゾーン（図2）で、評価はスキルごとに6段階に分けて評価されており、入力には瞬時の判断力と正確なタイピング技術が求められる。

分析はおもに数値を扱ったデータ分析と、実際の映像を確認するビデオ分析に分けられる。データ分析においてもローテーションや選手ごとに分析することで、より傾向をつかみやすくなることが多い。

Data Volleyに組み込まれている分析手法は多

表1 入力コードの一例

| | a10SM55B.3# KA 16PV6B#.13/ a10D- | |
|---|---|---|
| | ① ② ③ ④ ⑤ ⑥ ⑦ ⑧ | |
| ① | a10 | 相手チームの背番号10の選手が、 |
| ② | SM55B | ジャンピングフローターサーブを5の位置から相手コート5Bゾーンに打ち、 |
| ③ | .3# | 自チームの背番号3の選手がAパスを返し、 |
| ④ | KA | ミドルブロッカーのAクイックへのアプローチをおとりに、 |
| ⑤ | 16 | 自チームの背番号16の選手が、 |
| ⑥ | PV6B# | レフト平行トスを相手コート6Bゾーンに向かって打って決めた。 |
| ⑦ | .13/ | スパイクの決定の前には相手の背番号13の選手のブロックをかすめ、 |
| ⑧ | a10D- | 最後は相手の背番号10の選手がその球を体に当てたもののディグできなかった。 |

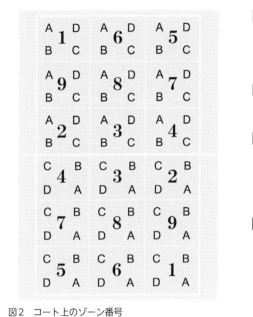

図2 コート上のゾーン番号

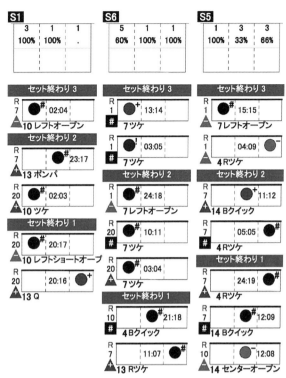

図3 Data Volleyを用いたセッターの配球分析
(ローテーション別の配球の偏りなどを把握しやすい)

岐にわたり、ゾーン別のチャート、サーブやアタックのコースを図示するディレクションチャート、セッターの配球を示すチャートなどさまざまなアプローチができ、さらに選手別、ローテーション別、セット別、得点シチュエーション別、コート内にいる選手の指定、点数域の指定、前後のプレイの指定など、細かい条件設定ができるようになっている（図3）。

大量に蓄積されたプレイ記録のコードを用いて、分析者はさまざまな切り口でデータを引き出すことができ、ほとんどのニーズに応えられるようになっている。たとえば、あるウィングスパイカーの選手のレフトからの攻撃のアタックコースを分析する際、①その選手が直前にレセプションせずに打った場合はどういった傾向があるか、②その

選手が直前にレセプションしてから打った場合はどういった傾向があるかを比較して分析し、傾向を把握することが簡単にできる。

ビデオ分析では、Data Volleyの機能を用いて、ローテーションごとや選手ごとにビデオを編集してみることで、より特徴を把握しやすくなる。さらに映像を再生する際にもスローモーション再生やコマ送り、区間繰り返し再生などの機能をうまく使うことで、よりいっそうわかりやすく表現することが可能になる。

実際には、Data Volleyを用いた分析結果を実際の動画イメージで確認するために映像をみることもあれば、逆にData Videoで映像をみながら気になったことや得られたヒントをもとに、Data Volleyで数値データなどによって確認したり、

裏付けとなるデータで補足したりするアプローチがある。

分析結果の出力もさまざまな方法があるがData VolleyおよびData Videoを使う最大の利点は任意に選択したシーンを集めてすぐにみることができたり、さらにそれらを一つのビデオとして出力できる機能もあったりすることである。近年ではソフトウエアの恩恵を受けて、作業ではなく、分析に時間を割きやすくなった。

また、Data Volleyでもあらかじめ決めておいた複数の分析要素を1枚にまとめて定型資料として出力する印刷コンポジションという機能や複数の分析要素を自動的に一括出力させる連続印刷という機能がある。また、デフォルトの分析出力だけに限らず、ワークシートと呼ばれる機能を使うことで、エクセルのように任意の数式を埋め込んだオリジナルシートを作成でき、ユーザー（チーム）ごとに独自のフォーマットで資料を出力することなどが可能になっている。

## 3 ― 高度情報化社会の中でのゲーム分析

ソフトウエアを用いたゲーム分析は、試合前の準備や試合後の反省にのみ使われるのではなく、試合中にも活用されている。前述のData Volleyはベンチコネクションと呼ばれる、ベンチ内外にある複数端末でリアルタイムにデータを共有・分析できる機能を備えており、試合中も常に最新の情報をもとに分析活動を行うことができる。高度情報化社会の中で、このリアルタイムでのゲーム分析はすっかり定着してきており、選手起用や戦術の意思決定や実際に今行われている試合の現状把握などに役立てられている。

また、対戦相手も同様にリアルタイムで分析していることも多いため、ただ単にデータに基づくゲームプランを複数もつだけでなく、レベルが高度になればなるほど相手との駆け引きが非常に重要になってくる。1つの戦術だけで終始うまくいくということはほとんどなく、ジャンケンにたとえていえば、グーを出せば次に相手はパーを出してきて、その先ではチョキを出すことまで求められるといった具合に、常に駆け引きや対応が重なりあい、その中でいかに先手をとれるかが鍵となる。

## 4 ― 無料でできるゲーム分析ツール

Data VolleyやData Videoは非常にすぐれた分析ソフトウエアではあるが、専門的な作業が発生し、価格も決して安価ではないためか、全てのチームが簡単に手を出せるようなものではない。とくに映像の編集は骨が折れる作業で、インプレイ時間が試合時間の約5分の1の時間といわれているバレーボールで、撮影されたビデオからゲーム分析のために、みたいシーンを抽出することは非常に手間がかかる。そこで、無料ソフトウエアを用いたビデオ編集（シーン抽出）の方法を1つ紹介する。

GOM Playerという無料の動画再生ソフトウエアのブックマークという機能を使うことで、映像のなかにシーン情報を付け足し、後でみたいシーンを簡単に引き出すことができるようになる。具体的な手順は次の通りである。

①GOM PlayerをPCにインストールする。
②撮影した動画ファイルをPCに取り込み、GOM Playerで開く（再生する）。
③動画を再生しながらプレイ記録をつけたいところでキーボードの「N」キーを押す。
④説明欄に後で抽出しやすいように、どんなプレイなのか説明を言葉や記号で入れる（図4）。
⑤上記③〜④を繰り返して、動画にシーン情報を付け足す。

図4 ブックマークの追加画面

図5 シーン情報の一覧表示

⑥動画再生画面でキーボードの「B」キーを押すとこれまでにつけたシーン情報の一覧が出てくるので、その中でみたいシーンをクリックする（図5）。

このように既存の無料ソフトウエアなども工夫して使うことによって、効率よくゲーム分析を行えるようになる。記録の付け方などには工夫が必要だが、選手別のアタックシーンであったり、ローテーション別のサイドアウトシーンであったり、目的とアイディア次第でその活用方法はかなり広がるだろう。

（渡辺啓太）

[引用・参考文献]
(1)日本バレーボール学会編『バレーペディア　2012年改訂版』日本文化出版、2012

VOLLEYBALL
COACHING THEORY

# 8章

# バレーボールの競技概要とルール

# 8-1 基本的なルールの考え方と審判法の基礎

## 1. 基本的なルールの考え方

バレーボールは1895（明治28）年、アメリカのマサチューセッツ州ホーリーヨーク市のYMCA体育主事であったウィリアム・G・モーガン（William G. Morgan）によって考案された。秋のフットボールと春のベースボールとの中間のシーズンに上手く適合するゲームの出現が強く要望されているなか、モーガン自身の言によると、「なにか適当なゲームを、と探しているうちに、ふとテニスのことが頭に浮かんだ。しかし、テニスはラケットやボール、ネットその他の器材が必要になるのでこれを捨てた。しかし、ネットを使用するというアイデアはもち続けた。そのネットを当時の男性の頭の高さの平均値であった6フィート6インチの高さに張った。次にボールが必要となったが、最初にバスケットボールのチューブを使ってみたところ、これは軽過ぎるうえに動きもスローで満足できなかった。次いでバスケットボールそのものを使ってみたが、これは大き過ぎると同時に重過ぎた。そこで最後にボールを新たに作ることを考え、スポルディング兄弟会社のチコッピー工場にその作製を依頼した」と述べている。

第1章歴史の項にある通り、モーガンは中高年の男性でも気軽にできるスポーツということを念頭にミントネットを開発した。そのコンセプトや工夫は次のように表される。

- なるべく用具を使わない簡易的なスポーツ
- 既存のスポーツのルールや用具の応用
- 接触プレイがなく安全
- 激しい運動ではなく、あくまでレクリエーションとして気軽にできるスポーツ
- ボールを落としてはいけないという新たな発想

表1　オリジナルルール（抜粋）

1. ネットは幅2フィート、長さ27フィート、高さは地上から6フィート6インチとする。
2. コートの大きさは25フィート×50フィートとする。
3. ゲームは1イニング制によって行われる。
    a. 1人対1人のゲームのサービスは各サイドで1回ずつ行う。
    b. 3人あるいはそれ以上のプレイヤーによるゲームの場合は、各サイドで3回ずつサービスを行う。そしてサービスは味方がボールを打ち返すのに失敗するまで継続され、また各自交代して行う。
4. ボールはゴム製のチューブを皮で被ったもので、その円周は25～27インチ、重量は9～12オンスとする。
5. サーバーとサービス
    サーバーは片足をバックライン上に置いて立ち、ボールは片手で打たなければならない。
    サービスはテニスのように2回打つことが許されるが、少なくとも10フィート打たなければならない。また、ドリブルは許されない。
    サーブされたボールがネットに当たりそうな場合、ボールがネットに当たる前に味方の他のプレイヤーによって打たれ、そして相手方コート外に出た場合は2回目を打つことは許されない。
6. ポイント
    サーブされたボールが返球されなかったり、プレイ中のボールがレシービングチームによって打ち返すことができなかった場合、サービングチームに1点記録される。
    チームのプレイヤーがボールを打ち返すことができなかった場合、サーバーはアウトとなる。
7. ネットボール
    第一サーブを除いて、ネットにボールを打ち込んだ場合、ボールはデッドとなる。
8. ラインに触れたボールはアウトとなる。
9. プレイとプレイヤー
    1チームのプレイヤーは何人でもよい。
    プレイヤーがネットに触れた場合はアウトとなる。
    ホールディングは禁止される。
    ボールがコート外の物体に当たってコート内に跳ね返った場合は、そのボールはグッドとされる。
10. 味方のコート側で何回プレイしてもよい。

　これらのことを勘案したうえで、このゲームの基本的概念を示す10項目のオリジナルルールを作った（表1）。

　ビジネスマンの間にレクリエーションとなるような、そして競技的なタイプのスポーツとして考案されたミントネットの当初のルールは、集まった人たちを同じ数の2チームに分けてボールを打ち合い、ボールを落とした方が負けという非常に単純なものであった。

　翌年の1896年、全米YMCA体育主事会議が開催され、モーガンは彼が考案した新しいゲームのデモンストレーションを行った。デモンストレーションゲームを観察し、モーガンの報告を聞いたスプリングフィールドカレッジ教授のアルフレッド・ハルステッドは、ヴォレー（Volley）でボールを打ち合う動作に着目して、このゲームを"VOLLEY BALL"と呼ぶことが内容的に相応しいと名称の変更について提案した。

　この提案はモーガンや会議出席者たちにも受け入れられ、かくしてここに新競技"VOLLEY BALL"が誕生したのである。その後、この"VOLLEY BALL"という呼称は、1952（昭和27）年アメリカバレーボール協会理事会の決議によって"Volleyball"と一語で綴られるようになって今日にいたっている。

　誕生5年後の1900（明治33）年、YMCA体育主事会議でオリジナルルールに最初の修正が加えられ、ゲームはイニング制を改め21点制となり、

表2 第2回目の改正ルール（抜粋）

[第6条　用語の定義]
第11項　キャッチングあるいはホールディング
　ボールがプレイヤーの手あるいは腕に瞬間的に止まり、明瞭に打たれなかったときは、そのプレイヤーはボールをキャッチあるいはホールドしたとみなされる。
第12項　ドリブル
　ボールを2回あるいはそれ以上続けてプレイしたプレイヤーはドリブルをしたとみなされる。
[第11条　禁止]
第3項　ドリブル
第4項　ボールをキャッチあるいはホールドすること

サービングチームのみ得点が与えられるようになった。

　1912（明治45）年の第2回目のルール改正で6人制の採用やローテーションの導入、オーバーネットの禁止などが採用され、いわゆる6人制の基礎が固まり各条項の整備も行われルールとしての体裁が整ってきた。これが1913（大正2）年にアメリカYMCAから派遣され、東京YMCAの体育主事として着任したフランクリン・ブラウンがバレーボールを日本に導入したときのルールということになる。

　第2回目の改正ルールには、表2のように規定されている。

　バレーボール競技は、「ネットによって分けられたコート上で、2チームにより行われるスポーツである」ことに加え、ユニークな競技の特性はヴォレーでボールを打ち合い「ボールを保持できない」ことである。それは短時間に次から次へとボールを落とさず連続的にプレイすることを意味している。「ドリブル」と「ホールディング」の2つの禁止ルールは、ボールをプレイするときの反則として、現在は、「ダブルコンタクト」と「キャッチ」として規定されている。

　アジアでは、フィリピンを中心に独特な発展をとげた極東ルールは、チームの人数が最初は16人であったが、12人に変わり、続いて9人となり現在の9人制バレーボールに近いものができあがった。1927年に大日本排球協会（現在の日本バレーボール協会）が設立され、同時にフィリピンや中国を中心に開催されていた極東選手権大会（1913〜1934年）の正式種目として日本が提案した9人制バレーボールが採用され、競技スポーツとして普及していった。

　当初、フィリピンでのゲームはボールを落とすことなく打ち続けることを競う戦いであったが、一方のコートでボールが実に52回連続してプレイされる状況をみて、フィリピン体育協会のルール委員会は"プレイの回数は3回まで"という制限を加えた。これを機に、ゲームがよりスピーディーに、そして技巧的なものに変わっていった。アメリカで誕生したバレーボールに、近代化のきっかけを最初に与えたのはフィリピンによって開発された極東のバレーボールであった。この極東ルールが1920年のルールに採用された。

＊

　1947年4月、パリにおいて国際バレーボール連盟（FIVB）が結成された際にアメリカ式のルールを修正し採択され、初の競技規則が成立した。バレーボールの国際競技規則は、その後数次にわたる改正や修正が加えられ今日にいたっている。

　近年FIVBは、「Keep the Ball Flying」を提唱し、ファーストレシーブのダブルコンタクトの廃止、

全身プレイの許可、ボールの内圧の低減、サービスのネットインの許可、リベロの導入、タッチネットの反則の緩和などの改正をすすめてきた。1999年には試合時間短縮のため、サイドアウト制から5セットマッチのラリーポイント制に変更した。

攻守のバランスがとれたゲーム作りをはじめ、技術や戦術をさらに高め、観衆や視聴者を熱狂させるルールの研究が今後も求められている。

\*

9人制バレーボールの競技規則については、「9人制競技の特性を保ちつつ審判上の取り扱いは可能な限り6人制と共通にする」という基本的な考えのもと、「全国講習会」「ブロック講習会」などで審判規則委員会に寄せられた意見を参考にして改正・修正を行っている。

ルールの詳細については、公益財団法人日本バレーボール協会（JVA）から年度ごとに発行される各種別（6人制、9人制、ビーチバレー、ソフトバレー）のルールブックを参照していただきたい。

## 2. 審判法の基礎

選手のナイスプレイを引き出し、ラリーの継続を尊重し、バレーボールのダイナミックさ楽しさを追求する。そのために審判員はどうあるべきか。

### 1 ──ルール適用の基本原則

#### (a) 試合の公正で公平な条件

もっとも基本的な原則として選手が個々最高の力を出し切った状況でプレイができる可能な限りの適切な状況と機会を与えることである。パフォーマンスのレベルがそのスポーツのレベルを示すのである。選手は試合に出場するために何年もかけている。試合こそがトレーニング効果や自分の真の能力を発揮し、公正に評価される大切な機会なのである。選手レベルの公正な評価や試合の正しい結果は、選手の最大限の力の発揮と最高のパフォーマンスがあってこそのものである。審判員は、一つひとつの技術的判断が選手に心理的影響を与えることを自覚する必要がある。心理的影響は正または負の結果をもたらす。そのため審判員が要求される重要な要件の一つは、選手が最高レベルのパフォーマンスができる適切な機会を与えることである。この観点からいうと、審判員のジャッジについてもっとも重要な点は均一性である。判定の均一性の具体的な基盤は、正確さであり公正さである。審判員にとってもう一つのポイントは、高いレベルのパフォーマンスを促進するために、試合の速さをコントロールすることである。それは速過ぎても遅過ぎてもいけない。

#### (b) 見応えのある試合の奨励

壮観さはスポーツを普及促進するためにもっとも中心的な要素である。観客を熱狂させることも審判が考慮しなくてはならない要素である。たとえば、審判は試合の中断をどのように少なくしたり短くしたりするか、さらに試合で多くのハイライトをどのように引き出すかを考えなくてはならない。審判員は観客を興奮させるイニシアチブをとることはできないが、少なくとも観客を落胆させたり興奮を冷ますことをしてはならない。審判員はバレーボールを発展させる責任もある。

#### (c) 審判員の協力

すぐれた審判業務や適切な試合運営の管理基盤は、審判団の協力である。審判団のそれぞれのメンバーは、ルールに規定された個々の責務と権限をもっている。審判団のそれぞれのメンバーには、割り当てられた責務を遂行するための最適なコート上のポジションがある。このポジションはその

審判員にとって試合の全体像をみるには限界があるかもしれないが、それは審判チームが試合全体をよりよくみることができるよう示されている。このように審判員の間での十分な協力は、正しい判定を保証し割り当てられた責務を正確に遂行する唯一の方法である。

審判員は試合進行の義務を負い、ルールを的確に適用するだけでなく、試合の心理的、社会的、技術的要因の影響を考慮すべき立場にある。審判員は主催者や審判というだけでなく、教育者でもあり、プロモーターでもあるのだ。

## ❷ 審判技術

### 第一段階「基本的技術の習得」

吹笛の仕方、ハンドシグナル、位置のとり方（ポジショニング）。

### 第二段階「判定基準の確立」

ボールハンドリング、ボールイン・アウト、ネット際のプレイ。

### 第三段階「ゲーム運営能力の習得」

ただ単にプレイの判定をするだけが審判ではない。ゲームをスムーズに運営するために審判団の協力はできているか、選手はゲームに集中しているか、言動に問題はないか、審判が余計なストレスを与えていないかなど、コート全体への目配り・気配りをしながら、ゲームを進める運営能力が求められる。

## ❸ 基本技術の習得

### (a) 吹笛の仕方

吹笛は主審と副審だけに許される。試合中選手に合図する方法は吹笛とハンドシグナルが全てである。そのために選手や観衆にはっきりとわかるような強い大きな音色が要求される。まずは力一杯吹いて音の最後が流れないように、舌で笛の口を押さえる練習をする。判定により強弱、長短、音色を使い分け、タイミングよく吹笛することが重要である。

### (b) ハンドシグナル

ラリー終了の吹笛後やチームからの中断の要求時に吹笛した後は、その理由をハンドシグナルで示す。ハンドシグナルは万国共通で公式シグナル以外は使わない。選手や観衆にわかるようにはっきりと大きくシグナルを示すことが重要である。

### (c) 位置のとり方（ポジショニング）

主審はゲーム中、審判台の上から全てを管理しなければならない。狭い台上を有効に使って常に判定しやすい位置をとらなければならない。左右、上下、前後に身体を動かすことでオプチカルポジションを確保し、必要に応じて動きを静止して判定する。

副審は、サービス時にポジショナルフォルトを監視し、サービスが打たれた後は目をボールに移しネット上のボールの通過を確認しながらボールの反対側に移動する。ネット際でプレイするときはブロック側のネット際に位置して、ブロッカーとネットの間に起きる反則に責任をもつ。

## ❹ 判定基準の確立

### (a) ボールハンドリングの判定

バレーボールはボールを身体で止めたり投げたりすることなしにヒットすることが原則である。プレイによってはどこまでを限度とするか基準が必要なものがある。試合をする選手のレベルによっても違いがあるが、試合においては同じプレイが前半では反則にならなかったのに、後半の大事なところで反則にとられたのでは、選手は納得できない。自分で信念のもてる判定基準をもつことが統一した基準で判定できる条件となる。JVAが決めた基準で、統一性のある判定ができること

が審判員の責任である。

### (b)ボールイン・アウトの判定

ラインの近くにボールが落ちたときには、チームは自分の方に有利にみえる。そこで審判の判定が遅れるとアピールの原因になるので、タイミングよく判定することが重要になる。主審として、ラインのどの位置にボールがあればアウトかの基準をもち、ボールが落ちたらまず吹笛し、自分の判定をしたうえで担当のラインジャッジのシグナルを確認して最終判定を行う。

### (c)ネット際のプレイの判定

バレーボールのようにネットを挟んで行うスポーツでは、タッチネットやオーバーネット、アンテナにボールが当たるケースなど、ネット際で起きる反則の判定基準を身につけることが必要となる。ラリー中、主審はボールを追っているのでボールをプレイするときの反則はみえるが、ブロックの上がり際やスパイク、ブロック後の反則はみえない。これを判定するのが副審の任務となる。そのため副審は、ボールを追わないで目をネット際に残して判定を行う。

＊

審判員はルールを実際的に運用する人である。ルールの正確な適用のために審判員は完全にルールを理解していなければならないし、ゲームの状況の中でルールを厳格にかつ正確に適用しなければならない。ルールには「主審は競技規則に明示されていない全ての問題を含めて、競技上のあらゆる問題を解決する権限を持っている」と記載されている。このことは、審判員にはルールの組み立てや適用の基本原則の十分な理解が不可欠であることを意味している。

日頃から技術の進歩に照らしてプレイを客観的に分析し、判定基準を把握するとともに、向上心をもって自ら積極的に技術強化の場を求める姿勢が必要となる。バレーボールの審判は身体的には運動量が少ないが、注意力や集中力、判断力や決断力など精神活動はかなり激しいものがある。動体視力、持久力など身体面も鍛え、心身両面のコンディションを調整してベストの状態で審判を行うよう心掛けるべきである。

（水谷孝義）

[引用・参考文献]
(1)池田久造『バレーボール　ルールの変遷とその背景』日本文化出版、1985
(2)FIVB『CASEBOOK - 2012 Edition』

# 8-2 競技会の運営とその管理

## 1. 大会概要の決定

　バレーボールの大会運営には、計画性と実行力が必要である。大会を成功に導くためには、組織編制から始めなければならない。また、競技参加者は、試合に勝った喜びや新たな課題をもち帰ることになる。そのような場を演出する大切な役割を担う、という自覚が必要である。それは、地域の小さな大会であっても、全国規模の大会であっても、同じ姿勢で臨むことが求められる。ここでは、大会運営について紹介するとともに計画や準備で心がけることを紹介する。

　まず、大会概要を決定することから着手しなければならない。大会の期日、会場、参加対象、競技形式（予選の有無）、参加チーム数、必要なコート数、専門委員会を含めた大会組織、後援や共催、協賛などについて検討をしておく必要がある。それぞれには、締切日や事前の相談や報告といった、乗り越えなければならないハードルがあるので、成功へのステップを確実に踏んでいくことが大切である。

　期日については、他競技の大会との重複や周辺のイベント等の情報を入手しておく必要がある。また、会場については、大会の規模によって、メイン会場とサブ会場など、必要なコート数に合わ

図1　大会運営を支える各種専門委員会

せて準備する必要がある。会場の申込方法や、調整会議の日程などを事前に調査しておくことも必要であろう。会場と期日が決まれば、あとは専門委員会を設置し、大会当日までの行動予定表を作成する必要がある。

　大会準備委員会で各専門委員会より行動予定の進捗状況の報告、調整、是正を議論していくこととなる。また、会議後に発生した事柄は、大会委員長に相談し決定することが望ましい。

## 2. 準備

　準備委員会は、大会会長や協賛会社の担当を招き、準備状況の報告と今後の方向性を決定する大事な会議である。大会委員長名で会議を招集し、会議室の手配や会議資料の準備、議事録の作成は、総務委員会がその任に当たる。また、各専門委員会の委員長、副委員長の出席は必須であり、都合のつかない場合は代理人の出席を要請する必要がある。この会議を積み重ねることによって大会は形作られていく。

　大会を準備するうえでもっとも大切なものは、各専門委員会の作成する行動予定表である。見積もり、業者決定、発注、納品、支払いなどの予定を決めておくことにより、滞りなく準備を進めることができる。

　前述の通り、大会委員長は各専門委員会の仕事内容について熟知していることが望ましい。ここでは、各専門委員会の仕事内容を紹介する。

○総務委員会
　・大会日程の決定、予算の編成および執行
　・大会役員の委嘱
　・準備委員会の招集、運営
　・参加チームの受付、確認
　・決算の確定

○競技委員会
　・競技日程の検討、競技形式の決定
　・競技上の確認事項の検討
　・用具の点検、コート主任の仕事内容の検討
　・順位決定方法の告知

○審判委員会
　・審判員数の決定
　・審判員の委嘱
　・レフリークリニックの開催
　・審判上の注意事項の検討

○式典会場委員会（総務委員会内に設置している大会も多い）
　・来賓への招待状発送と出欠確認
　・式典次第の決定
　・開閉会式リハーサル
　・表彰に関係する用品の発注と納品

○広報委員会
　・プログラム、ポスターの作成
　・記者発表のセッティング
　・新聞社への結果連絡
　・ホームページの作成と更新

　各専門委員会が、大会の期日から逆算した行動予定表を作成し、準備を進めることが大切である。

## 3. 前日の準備

　各委員会の予定表にしたがって準備を進め、予定した備品等に忘れ物がないかを確認する。また、発注したプログラム等が納品されているかを確認する。各委員会のおもな前日の準備の仕事内容を紹介する。

○総務委員会
　・チーム受付の設置

- ・代表者会議の会場設営と進行の確認
○競技委員会
- ・コート、記録席の設営
- ・エントリー変更の受付
- ・記録用紙の確認
○審判委員会
- ・クリニックの開催
○式典会場委員会
- ・開閉会式リハーサルを行い、進行の確認
- ・発注した表彰関係品（メダル、トロフィー等）の確認
○広報委員会
- ・プログラムの最終確認（落丁はないか）

## 4. 代表者会議

　大会前日に各チームの代表者を招聘し開催する。大会会長をはじめ大会委員長、各専門委員会の委員長の出席のもと開催する。

　《次第》
- ・開式通告
- ・大会会長挨拶
- ・大会委員長歓迎の言葉
- ・大会日程の確認
- ・審判上の注意事項の説明
- ・競技上の確認事項の説明
- ・質疑応答
- ・閉式通告

　大会を円滑に運営するためにも、競技上、審判上の注意事項の説明には、十分な時間を確保する必要がある。質疑応答も活発に行われ、一同が納得したうえで、大会を迎えることが望ましい。

## 5. 監督情報交換会
## （設定されていない大会もある）

　大会役員と指導者が情報を交換し、大会の円滑な運営に役立てる。指導者の意見には、大会運営に有益なものも含まれており、来年度以降の大会の運営や準備を進めるためにも記憶しておくことが大切である。

## 6. 当日の運営

　大会当日は、憂いなく、晴れ晴れとした気持ちで迎えたいものである。しかし、トラブルやハプニングもつきものであり、粛々と対処し、適切に判断していく必要がある。そのためにも、積み残しのない準備が大切である。

　準備内容は以下の通りである。
○開会式準備
- ・放送設備の準備、音量のテスト
- ・掲揚塔の操作確認
○来賓接待
- ・接待係による湯茶準備
- ・プログラム、記念品等の配布物を準備
○総務委員会
- ・各控え室の準備、明示板の設置
- ・来賓の案内、接待
- ・チーム受付の開始、出場チーム数の確定
○競技準備
- ・記録用紙、用具の準備および確認
- ・練習の管理（コート、コート外、屋外）

## 7. 事後処理

　大会終了後、速やかに取りかからなければならない事項を列挙してみる。
- 競技結果の作成：正式な大会結果を競技委員会が作成する。
- 礼状の作成：大会役員、協賛、協力者に対し発送する。
- 貸借対照表の作成：支払いが残っているもの、支払いがすんでいるもの、未収金を明確にする。
- 決算書の作成：専門委員長会議の資料として作成する。
- 専門委員長会議の招集：大会会長、大会委員長も招聘し、大会を総括する。来年度以降の大会運営に反省点を活かすためにも、各専門委員長からの報告を議事録に残し、情報を共有しておく必要がある。

（蓮　一臣）

［引用・参考文献］
(1) JVA競技要項2013
(2) 全国高等学校体育連盟『全国高等学校総合体育大会・全日本バレーボール男子選手権大会プログラム』2000

VOLLEYBALL
COACHING THEORY

# 付録

## ゲーム分析の簡便な方法

# ゲーム分析の簡便な方法

## 1. 数値による分析

ここでは手書きで分析できる方法を紹介する。データスコアシート（次頁図1、p.263）を使えば、試合の流れをスコアで追うだけでなく、サーブ、レセプション、アタック、ブロックなどのデータを記入できる。分析項目と算出方法は表1のようになる。1セットだけでなく多くの試合のデータを集めた後、表2の例のように自チームや相手チームの個人データを集計すれば、各選手が各技術でどのようなパフォーマンスを発揮しているのかの評価を下すことができる。

これらのデータは、おもに試合での個人評価として用いる指標であるが、練習時にアタック決定率やレセプション成功率などを記録することにより、選手のコンディションや課題の抽出にも役立つ。

## 2. チャート（図）記録による分析

相手チームの特徴を選手が理解できるようにするためには、視覚化したチャートを収集することも必要である。

図2は、相手チームのレセプションからの攻撃パターンを書き込んだチャート記録の一例である。どのようなレセプション隊形で、アタッカーがどう動き、どういう攻撃をどの方向に打つかといった情報をローテーションごとにまとめるとよい。別の紙を用意すれば、図3のように、コートにサーブコースを記入したり、図4のように自チームのアタックの成否を書き込んだりすることもできる。

表1　個人技術の分析項目と算出方法

| 分析項目 | 算出方法 |
| --- | --- |
| レセプション返球率（SR%） | 成功本数÷総本数×100 |
| アタック決定率（A%） | 決定本数÷総打数×100 |
| ブロック決定数（B本） | 決定本数÷出場セット数 |
| サーブ効果率（S%） | 決定本数÷総本数×100 |

表2　個人記録集計表

| 名前 | アタック | | | ブロック | | | サーブ | | | レセプション | | |
| --- | --- | --- | --- | --- | --- | --- | --- | --- | --- | --- | --- | --- |
| | 打数 | 得点 | 決定率 | セット数 | 得点 | セット平均 | 打数 | 得点 | 決定率 | 受け数 | 成功数 | 成功率 |
| 松井 | 65 | 30 | 46.2 | 8 | 4 | 2.0 | 77 | 4 | 5.2 | 100 | 70 | 70.0 |
| 吉田 | 51 | 24 | 47.1 | 9 | 8 | 0.9 | 189 | 4 | 2.1 | 36 | 22 | 61.1 |
| 渡辺 | 11 | 3 | 27.3 | 4 | 1 | 0.3 | 246 | 6 | 2.4 | 22 | 17 | 77.3 |
| 伊藤 | 61 | 25 | 41.0 | 6 | 12 | 2.0 | 77 | 2 | 2.6 | 68 | 51 | 75.0 |
| 川口 | 19 | 8 | 42.1 | 9 | 9 | 1.0 | 14 | 0 | 0.0 | 0 | 0 | 0.0 |
| 遠藤 | 44 | 11 | 25.0 | 5 | 1 | 0.2 | 19 | 2 | 10.5 | 46 | 40 | 87.0 |
| 石丸 | 39 | 13 | 33.3 | 4 | 1 | 0.3 | 63 | 5 | 7.9 | 59 | 34 | 57.6 |
| | | | | | | | | | | | | |
| | | | | | | | | | | | | |
| | | | | | | | | | | | | |
| | | | | | | | | | | | | |

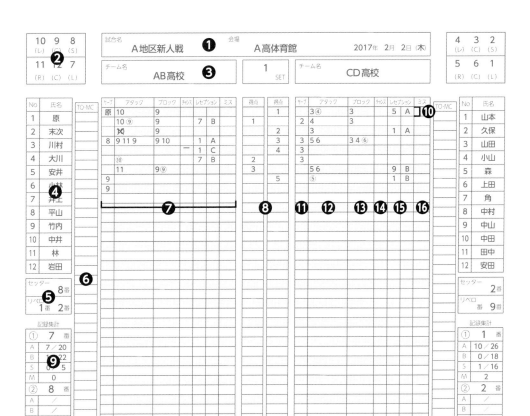

❶試合名、会場、日時を記入。
❷スターティングラインナップを記入。
❸チーム名を記入。
❹エントリーメンバーを記入。
❺セッターとリベロの背番号を記入。
❻タイムアウト、メンバーチェンジを記入。
❼ゲームの流れを記入。
❽得点を記入。
❾スターティングメンバーのサーブ順に記載。A欄の右にはアタックをヒットした回数、左には決定本数、B欄の右にはブロックを行った回数、左には決定本数、S欄の右にはサーブを打った回数、左にはポイントを記入し、それぞれ左÷右で決定率を出すことができる。Mにはネットタッチなどのミスの回数を記入する。
❿アタック、ブロック、チャンスボール、ミスはワンラリー中に行われたすべてのプレイを書いていく。左の最初のラリーを例にすると、
AB高校 ▶ 7番のサーブでスタート
CD高校 ▶ 5番がAのレセプション→(トス)→3番がスパイク
AB高校 ▶ 9番がブロックに跳ぶ→(レシーブ)→(トス)→10番がスパイク
CD高校 ▶ 3番がブロックに跳ぶ→(レシーブ)→(トス)→4番がスパイク→決定○

⓫サーブ：サーバーの背番号を記入。サービスエースは背番号を○で囲み、ミスをした場合は×をつける。
⓬アタック：アタック（スパイク、軟攻、フェイントなど）を行った選手の背番号を記入。ポイントは○で囲み、ミスした場合は×をつける。
⓭ブロック：ブロックした選手の背番号を記入。ポイントは○で囲み、ミスをした場合は×をつける。
⓮チャンスボール：チャンスボールで返球した回数を「正」の字で記入。
⓯レセプション：レセプションをした選手の背番号と評価を記入。
[基準例] A＝セッターが1歩も動かずセットアップができた／B＝セッターが2、3歩動いてセットアップした／C＝セッターがかなり動いた、あるいは、二段トスになった／D＝攻撃につながらなかった／E＝サービスエースをとられた
⓰ミス：タッチネット、ダブルコンタクト（ドリブル）、ヘルドボール（ホールディング）などの行為のあった選手の背番号および内容を記入。

図1 データスコアシート

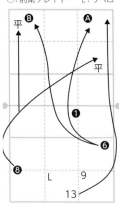
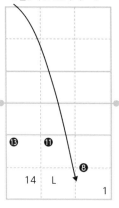

図2　レセプションからの攻撃チャート　　図3　レセプションのコースと球種のチャート　　図4　アタックのディレクションチャート

## 3. データ活用の方法

　集計して算出されたデータと、チャートによる分析から、次の試合での戦術や戦い方の要点を簡潔にまとめる。つまり、「どのようなゲームをしたいのか」「どうすれば勝てるのか」などの具体的な考察が必要になる。その際、いきなりすべて

の技術を分析するのではなく、最初は技術別にサーブとレセプション、アタックとブロックといったように、個々の技術に分けてやっていく方がよい。

　図5は、高校生レベルでできる試合中のデータ活用を、初級レベルから上級レベルに分けたものである。それぞれのレベルでデータを活用する背景を考えてみる。

### ❶──初級：サーブとレセプションに関する分析

　監督インタビューで、「相手サーブにレシーブが崩されたのが敗因だ」というコメントをよく耳にする。それほどバレーボールのゲームのなかでサーブとレセプションは、ゲームを左右する大切な技術である。

　相手サーブがコートに入り、3回のプレイで攻撃につなげるとき、攻撃の起点となるのはレセプションである。レセプションがセッターに正確に返球されたときのサイドアウト獲得率は高校生でも7割を超えることがある。

　つまり、サーブ側は相手のレセプションを崩さ

**初級レベル**
- 自チームのレセプションが崩されていないか
  ⇨ SR%、S%から分析
- 相手チームのサーブで狙う場所はどこか
  ⇨ SR%とチャートから分析

⇩

**中級レベル**
- 自チームはどのアタッカーを使うべきか
  ⇨ A%から分析
- 自チームはどんな攻撃が有効か
  ⇨ A%、B本とチャートから分析

⇩

**上級レベル**
- 自チームのディフェンスフォーメーション作り
  ⇨ すべてのデータから総合的に分析

図5　各レベルでのデータの活用方法

ない限り、連続得点して勝利することは困難となる。バレーボールのゲームはいかに相手のレセプションを崩し、自チームのレセプションを崩されないようにするかが重要となる。

バレーボールは、他のネット型競技（テニス、卓球、バドミントン）と比較すると、ラリーが続く回数が少ない競技である。高校生でもレベルが上がれば上がるほど、ネット上をボールが行き交う回数は少なくなる傾向にある。サーブ側からみれば、攻撃のチャンスはサーブとディグアタックのほぼ2回に限られる。だからこそ、1回目の攻撃のサーブは重要となり、逆の立場ではレセプションが重要となる。

そのためにも、常に相手サーブ（S%、図3）に対する自チームのレセプション成功率（SR%）を高めることと、自チームのサーバーの特徴（S%）を活かしてして相手のレセプション（SR%、図2）を崩すことが大切となる。

## ❷―中級：サイドアウトに関する分析を加える

ラリーポイント制では、セットを勝ち取るには少なくとも2点差をつけなければならない。そのため、両チームがサイドアウトを繰り返す限り、そのセットは終了しないことになる。サーブ権を最初にもったチームが、相手チームのサイドアウトによって1点先行されたとしても、その後にサイドアウトを奪い返せば、同点となる。このようなサイドアウトの応酬を繰り返す限り、両チームの点差は最大でも1点にしかならない。両チームがミスなくサイドアウトを獲得し続ければ、両チームの点差は2点以上にならず、ジュースが繰り返されることになる。

つまり、ラリーポイント制ではサイドアウトを確実に獲得し続ければ、理論上は負けないことになる。実際のゲームでは、両チームに何回かのサイドアウト失敗が起こり、25点以内で決着がつくケースが多いわけであるから、サイドアウトの能力を高めるということは「負ける確率が低い」、つまり「チームの勝率を高める」ことにつながる。

チームのサイドアウトの能力を高めるには、レセプションからの攻撃力を高めることが重要である。自チームの個人別アタック決定率（A%）、相手ブロックのデータ（B本）との対応から、有効な攻撃パターン（図4）を選択することが、サイドアウトに必要である。

## ❸―上級：ブレイクに関する分析を加える

サーブを打つ側が得点することをブレイクと呼ぶ。国際試合などでは、サーブ権をもたないチームのサイドアウト率は7割近い確率となる。したがって、サーブ権をもつ側のチームは、相手側に1点を獲得される可能性が非常に高いわけである。

上級レベルの分析では、何度も続くサイドアウトの均衡状態を破ろうとして、ブレイクに関する分析に力を注ぐ。中級レベルでのサイドアウトに関する分析が、どちらかというと「相手に得点で離されないバレー」をめざしていたのに対して、上級レベルのブレイクに関する分析は「相手を突き放すバレー」や「積極的に得点を挽回するバレー」をめざす。つまり、自分たちにサーブ権があるときに、相手に簡単にサイドアウトを許さず、いかにしてサーブ権をキープしてブレイクするかを目的とした分析を行なう。

この段階になれば、サーブ、ブロック、ディグの各技術が、相手のチームの長所を抑え、短所を的確に突くように関連性をもち、総合的な戦術として機能するよう分析しなければならない。相手チームのレセプション（図2）を崩し、システム化されたブロックとディグのフォーメーション作りが必要となるわけである。

たとえば、どの選手がどのコースにどんな種類のサーブを打つことによって、相手の得意とする攻撃パターンを回避することができるか。さらにブロッカーのマークの仕方や跳ぶタイミングと、ディガーのポジショニングを組織化することによって、攻撃を封じ込めようとするのがブレイクに関するゲーム分析である。

## 4. ゲーム分析の注意点

ゲーム分析は誤った形で導入すると、さまざまな問題が生じる。最後に、ゲーム分析を現場で実行する際の注意点を紹介する。

### 1──データの量を減らし、質を高める

ゲーム分析はデータ収集が基本であることは当然であるが、データを大量に収集しただけでは選手の混乱を招くことになる。ゲームでは、「今、生きる情報」の精選が必要となる。分析にあたっては、十分な対策が明確に立てられるデータに絞るべきである。

とくに高校生では十分な対策が明確に立てられるデータのみを扱うべきである。つまり、「どのようなゲームをしたいのか」「どうすれば勝てるのか」「どんな練習が必要か」などの、練習プランやゲームプランの根拠となるデータのみを精選・加工し、分析すべきである。

### 2──データは「生もの」である

相手チームに対応したチーム戦術やゲームプランが決定したら、練習でチームメイトやOBに協力してもらって仮想チームをつくり、攻防形式の「シミュレーション練習」を行うと効果的である。キーとなるプレイに対する明確な対応策を練習して試合に臨むわけである。

ところが、本番の試合では相手がデータ通りに攻めてくると限らない。相手は絶対こう攻めてくると確信しても、「絶対」はあり得ない。過去のデータはあくまでもデータでしかなく、賞味期限のある「生もの」のようなものであることを忘れてはいけない。

ゲーム分析に必要なことは、いかに柔軟性をもち合わせているかである。データは勝利へのヒントにすぎない。データに拘束されることなく、データを参考にして自分の判断で柔軟に行動できるプレイヤーを育成することが、ゲーム分析の最終目標と考えてもらいたい。

（吉田清司）

| | | | 試合名 | | | 会場 | | | | | | 年　月　日（　） | | | ( ) ( ) ( ) | |
|---|---|---|---|---|---|---|---|---|---|---|---|---|---|---|---|---|
| ( ) ( ) ( ) | | | | | | | | | | | | | | | | |
| ( ) ( ) ( ) | | | チーム名 | | | | | SET | チーム名 | | | | | | ( ) ( ) ( ) | |

| No | 氏名 | TO・MC | サーブ | アタック | ブロック | チャンス | レセプション | ミス | 得点 | 得点 | サーブ | アタック | ブロック | チャンス | レセプション | ミス | TO・MC | No | 氏名 |
|---|---|---|---|---|---|---|---|---|---|---|---|---|---|---|---|---|---|---|---|
| | | | | | | | | | | | | | | | | | | | |

セッター　番
リベロ　番　番

記録集計
① 番
A /
B /
S /
M
② 番
A /
B /
S /
M
③ 番
A /
B /
S /
M
④ 番
A /
B /
S /
M
⑤ 番
A /
B /
S /
M
⑥ 番
A /
B /
S /
M
○ 番
A /
B /
S /
M

セッター　番
リベロ　番　番

記録集計
① 番
A /
B /
S /
M
② 番
A /
B /
S /
M
③ 番
A /
B /
S /
M
④ 番
A /
B /
S /
M
⑤ 番
A /
B /
S /
M
⑥ 番
A /
B /
S /
M
○ 番
A /
B /
S /
M

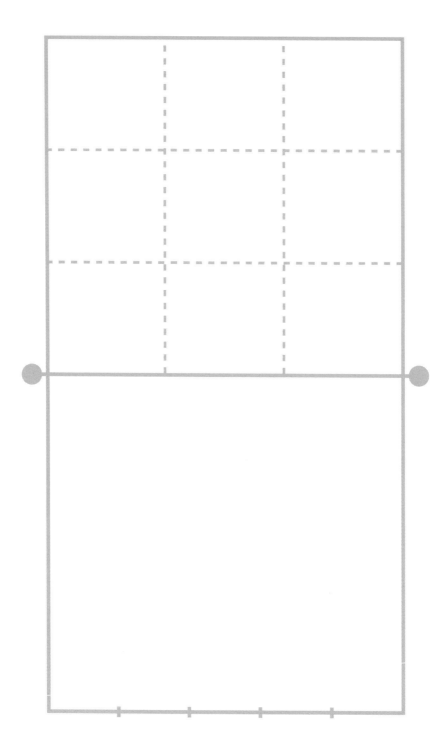

# 個人記録集計表

| 名前 | アタック | | | ブロック | | | サーブ | | | レセプション | | |
|---|---|---|---|---|---|---|---|---|---|---|---|---|
| | 打数 | 得点 | 決定率 | セット数 | 得点 | セット平均 | 打数 | 得点 | 決定率 | 受け数 | 成功数 | 成功率 |
| | | | | | | | | | | | | |
| | | | | | | | | | | | | |
| | | | | | | | | | | | | |
| | | | | | | | | | | | | |
| | | | | | | | | | | | | |
| | | | | | | | | | | | | |
| | | | | | | | | | | | | |
| | | | | | | | | | | | | |
| | | | | | | | | | | | | |
| | | | | | | | | | | | | |
| | | | | | | | | | | | | |
| | | | | | | | | | | | | |
| | | | | | | | | | | | | |
| | | | | | | | | | | | | |

## ■編集委員会委員（執筆順）

| | | | |
|---|---|---|---|
| 編集委員長<br>遠藤俊郎 | | 山梨学院大学スポーツ科学部学部長・教授／日本バレーボール協会評議員／日本バレーボール学会名誉会長 | （第2章-2） |
| 河合　学 | | 静岡大学教授／日本バレーボール協会業務推進室情報企画委員会委員長／日本バレーボール学会会長 | （バレーボール用語の定義と解説、第1章-1・3） |
| 亀ヶ谷純一 | | 明治学院大学教授・学長補佐／日本バレーボール協会国内事業本部員・同指導普及委員会委員長／日本バレーボール学会員 | （第1章-4、第2章-1） |
| 橋爪　裕 | | 大阪府立大学工業高等専門学校准教授／日本バレーボール協会国内事業本部員・同指導普及委員会主事／日本バレーボール学会員 | （第1章-5、第2章-3、第6章-3・4） |
| 小柳好生 | | 常葉大学教授／日本スポーツ協会公認アスレチックトレーナー | （第3章-1・3） |
| 田中博史 | | 大東文化大学教授／日本バレーボール協会科学研究委員会／日本バレーボール学会理事 | （第3章-2） |
| 橋本吉登 | | 三ツ境整形外科院長／日本バレーボール協会メディカル委員会／日本バレーボール学会理事 | （第4章-1） |
| 緒方　良 | | 日本バレーボール協会指導普及委員会副委員長／日本バレーボール学会員 | （第5章-1） |
| 吉田清司 | | 専修大学教授／日本バレーボール協会科学研究委員会委員長／日本バレーボール学会理事 | （第5章-2、第7章-1、付録） |
| 積山和明 | | 東海大学体育学部学部長・教授／日本バレーボール協会指導普及委員会副委員長 | （第5章-6） |
| 蓮　一臣 | | 日本バレーボール協会指導普及委員会副委員長 | （第6章-1、第8章-2） |
| 松井泰二 | | 早稲田大学准教授／日本バレーボール協会科学研究委員会／日本バレーボール学会理事 | （第6章-2・7、第7章-1） |
| 湯澤芳貴 | | 日本女子体育大学准教授／日本バレーボール学会理事 | |

## ■執筆者（執筆順）

| | | |
|---|---|---|
| 高根信吾 | 常葉大学准教授／日本バレーボール学会事務局長 | （第1章-2） |
| 渡辺英児 | 龍谷大学教授／日本バレーボール協会科学研究委員会／日本バレーボール学会員 | （第3章-4） |
| 板倉尚子 | 日本女子体育大学健康管理センター／日本バレーボール学会理事 | （第4章-2） |
| 新堀加寿美 | 日本女子体育大学健康管理センター | （第4章-2） |
| 石川三知 | Office LAC-U代表／管理栄養士 | （第4章-3・4） |
| 布村忠弘 | 富山大学教授／日本バレーボール学会理事 | （第5章-1） |
| 縄田亮太 | 愛知教育大学講師／日本バレーボール学会編集委員 | （第5章-1） |
| 勝本　真 | 茨城大学教授／日本バレーボール学会員 | （第5章-3） |
| ヨーコ・ゼッターランド | 嘉悦大学准教授／日本バレーボールリーグ機構理事／日本バレーボール学会員 | （第5章-4） |
| 増村雅尚 | 崇城大学准教授／日本バレーボール協会科学研究委員会／日本バレーボール学会員 | （第5章-5） |
| 佐藤伊知子 | 東北福祉大学准教授 | （第5章-7） |
| 土岡大介 | 徳島文理大学准教授／日本バレーボール協会指導者育成委員会副主事／日本バレーボール学会員 | （第6章-5・6） |
| 伊藤健士 | 日本バレーボール協会科学研究委員会／日本バレーボール学会員／アナリスト | （第7章-2） |
| 渡辺啓太 | 日本バレーボール協会女子強化委員会主事／日本バレーボール学会員／日本スポーツアナリスト協会代表理事 | （第7章-2） |
| 水谷孝義 | 日本バレーボール協会国内事業本部員・同審判規則委員会委員長 | （第8章-1） |

※所属と役職は2019年9月時点のもの

| | | |
|---|---|---|
| バレーボール指導教本 | 1977年4月20日 | 初版発行 |
| 新訂バレーボール指導教本 | 1988年10月1日 | 初版発行 |
| バレーボール指導教本 | 2004年7月1日 | 初版発行 |

コーチングバレーボール（基礎編）
©Japan Volleyball Association, 2017　　　　　NDC783/xix, 262p / 24cm

初版第1刷発行──2017年2月10日
　第6刷発行──2024年9月1日

| | |
|---|---|
| 編　者 | 公益財団法人 日本バレーボール協会 |
| 発行者 | 鈴木一行 |
| 発行所 | 株式会社 大修館書店 |
| | 〒113-8541　東京都文京区湯島2-1-1 |
| | 電話 03-3868-2651（営業部）　03-3868-2298（編集部） |
| | 振替 00190-7-40504 |
| | ［出版情報］https://www.taishukan.co.jp |

| | |
|---|---|
| 編集協力 | 日本バレーボール学会 |
| 本文デザイン | 井之上聖子 |
| 装　丁 | 石山智博 |
| イラスト | 落合恵子 |
| 技術写真撮影 | 荒川雅臣、三船貴光 |
| 組　版 | 加藤　智 |
| 印　刷 | 厚徳社 |
| 製　本 | ブロケード |

ISBN978-4-469-26811-9　　　　Printed in Japan

Ⓡ本書のコピー、スキャン、デジタル化等の無断複製は著作権法上での例外を除き禁じられています。本書を代行業者等の第三者に依頼してスキャンやデジタル化することは、たとえ個人や家庭内での利用であっても著作権法上認められておりません。